취업, 이제는 글로벌 기업이다!

취업, 이제는 글로벌 기업이다!

초판 1쇄 인쇄   2014년 02월 17일
초판 1쇄 발행   2014년 02월 24일

지은이   한 상 호
펴낸이   손 형 국
펴낸곳   (주)북랩
출판등록   2004. 12. 1(제2012-000051호)
주소   153-786 서울시 금천구 가산디지털 1로 168,
          우림라이온스밸리 B동 B113, 114호
전화번호   (02)2026-5777
팩스   (02)2026-5747

ISBN   979-11-5585-133-3 13320(종이책)
       979-11-5585-134-0 15320(전자책)

이 도서의 국립중앙도서관 출판시도서목록(CIP)은 서지정보유통지원시스템 홈페이지(http://seoji.ni.go.kr)와
국가자료공동목록시스템(http://www.ni.go.kr/kolisnet)에서 이용하실 수 있습니다.
(CIP제어번호 : 2014005474)

취업, 이제는 글로벌 기업이다!

전문 컨설턴트가 말하는 인재 채용의 비밀

지은이 한 상 호

프롤로그

Design Your Dream and Sell Yourself !

우리가 풍요롭게 직장을 다닌다는 것은 아주 중요한 일이다. 그러나 인생에서 가장 중요한 것은 풍요로움보다는 자신의 꿈이 무엇인지를 발견하는 일이다. 만일 그 꿈이 직장과 연결된다면, 직장 생활을 즐겁게 할 수 있는 가장 큰 축복을 받은 사람일 것이다. 과거와 현재를 통틀어 직장인들을 보면, 생계를 위해서 풍요로운 직장에 입사하여 근무하고 있으나 자기 적성(꿈)과 맞지 않아 직장 생활이 즐겁지 않은 까닭에, 이직 혹은 창업이라는 딴 마음을 품고 직장 생활을 하는 사람들이 너무나 많은 것 같다. 그러나 이런 사람들 중 많은 사람들은 여가 시간만이라도 자기의 꿈과 적성에 맞는 일이나 취미 생활을 통해 즐겁게 살고 있다. 그래도 이들은 행복하다. 그러면 그 나머지 사람들은 불행하다고 할 수 있을 것이다. 그래서 필자는 글로벌 기업에 채용지원 준비 안내에 앞서 자기의 꿈을 발견하도록 도와주기 위해 'Chapter 0 꿈을 디자인하자'를 먼저 소개하고자 한다. 부디 자신의 꿈을 발견하고 디자인하여, 즐거운 인생을 살기 위한 직장을 발견하기 바란다. 그리고 그 직장이 원하는 자질을 갖추기 위한 계획을 세워 자질을 갖춰 나가기를 바란다.

이 책에서 나는 성공적으로 자신의 적성과 꿈에 맞는 기업에 채용되기 위한 자세한 사항들을 소개하고자 한다. 특히 글로벌 기업에 취업하기를 원하는 글로벌 인재들에게 글로벌 기업에 채용되기 위해 준비할 사항들을 자세히 소개하고자 한다.

이 책은 전 세계에서 많은 글로벌 인재들에게 읽히고 있는 100여 권의 유명 전문 취업 가이드 책을 경험 많은 전문 컨설턴트들과 같이 한 권으로 만들어 보았다. 구직자의 처지에서 글로벌 기업이 찾는 직원은 어떤 사람이며, 내가 그 요구 조건에 부합하는 적절한 사람인지 스스로 찾아내어 보완하고 표현할 수 있는 여러 가지 정보를 담았다. 그 밖에도 최대한 정확한 해법을 제공하기 위해 많은 글로벌 기업의 인사 담당자 및 현직 임원들을 만나 채용에 대한 시각에서 다양한 사항들을 종합하여 반영했다.

그러나 이 책이 은을 금으로 바꾸는 책은 아니다. 즉 글로벌한 인재가 아닌 사람을 글로벌한 인재가 될 수 있게 하는 책은 아닌 것이다. 단지 이 책은 독자가 이 책을 읽고 자신의 부족한 부분을 보완하고 적용함으로써, 그것도 부족한 경우 전문 컨설팅으로 무장하여, 스스로 광산의 보석이 아니라 보석상에서 손님을 기다리는 잘 팔리는 빛나는 보석이 되도록 도와주는 책일 것이다.

이 책은 앞으로 직장을 찾기 위해 준비 중인 학사(대학생), 석사, 박사 학위 취득 예정자나 애타게 직장을 구하는 취업 준비생, 혹은 현재 다니고 있는 직장은 있지만 글로벌 기업 같은, 시간과 공간을 초월하여 세계적인 네트워크 간에 의사소통하며 젊음을 불태우고 싶어 하는 이직 희망자들을 대상으로 글로벌 기업 채용에 성공할 수 있는 방법을 설명하고 있다. 하지만 "일찍 일어나는 새가 먹이를 잡는다."라는 말처럼, 목표하는 글로벌 기업이 정해진 때부터 전략적인 취업 준비를 체계적으로 한다면, 특히 대학생이라면 대학 생활을 시작하면서부터 준비하고 자신을 글로벌 기업에 판매할 상품으로 진열하고 판매할 준비를 한다면, 글로벌 기업은 준비된 당신을 선택할 것이다.

당신이 상상하는 글로벌 기업은 어떤 모습입니까?

여기서 잠시 글로벌 기업이라는 것이 어떤 회사를 의미하는 것인지 짚고 넘어가야 할 것 같다. 영어만 잘하면 여유 있게 일하고 휴일과 연봉을 보장받으며 저녁 6시면 칼 퇴근해서 가족들과 여유로운 시간을 보낼 거라고 생각한다면 큰 오산이다. 글로벌 네트워크에 속한 각각의 국가들의 문화를 이해하며 소통해야 하고, 자율적인 분위기에서도 성과가 없으면 가차 없이 승진 기회를 박탈당하고, 끝없는 자기 개발과 조직에 대한 열정 없이는 절대로 살아남을 수 없는 직장이 바로 글로벌 기업이다.

그러므로 자신의 자질을 잘 파악해야 한다. 밤낮을 가리지 않고 내공을 쌓을 준비가 되어 있고, 조직의 일원으로 팀워크의 가치를 알고 있으며, 무엇보다 한 직장에서 인생의 승부를 걸 각오가 되어 있다면 글로벌 기업을 권하고 싶다. 자유롭고 유연해 보이는 글로벌 기업의 이면에는 은근과 끈기를 가지고 직장 생활에 끊임없이 도전장을 내미는 당찬 인재들에 대한 강한 열망이 숨어 있기 때문이다. 이런 인재에게는 철저한 보상이 따를 것이다. 즉 토종 기업에서는 누릴 수 없는 달콤한 시간적 여유는 물론 높은 연봉과 외국 생활까지 모두 가능하다. 그러나 글로벌 기업에 대한 단순한 환상이나 남들과는 달라야 한다는 막연한 호기심으로 글로벌 기업을 택한다면, 당신에게 돌아오는 것은 낙오와 실망뿐일 것이다.

구직자들의 제일 큰 문제는 글로벌 기업에 대해 너무 모르고 있다는 점이다. 거듭 말하지만, 글로벌 기업은 결코 호락호락한 곳이 아니다. 국내 대기업에 비해 상대적으로 조직이 작고 역사가 짧은 탓에 만만하게 보는 사람이 있을지 모른다. 하지만 실제로 그곳을 겪어보고 또 그곳에서 일할 인재를 뽑는 사람들의 이야기를 들어보면 딴 세상이다.

그들이 직접 체험하고 있는 글로벌 기업은 어느 대기업 못지않게 경쟁이 치열하며 원리원칙에 대해서 더욱 엄격한 잣대를 들이대는 곳이다. 그렇기 때문에 글로벌 기업에서 살아남으려면 개인적인 역량이 있어야 함은 물론 인간관계도 애써야 하고, 나아가 외국에 있는 글로벌 네트워크와의 관계까지 세심하게 챙겨야 한다. 그뿐인가. 영어는 당연히 뛰어나야 하니 이중 삼중으로 고생이 아닐 수 없다. 하지만 바로 그렇기 때문에 글로벌 기업이 경쟁력이 있는 것이고, 글로벌 기업에서 값진 경험을 한 우수한 인재에 대한 수요가 높은 것이다.

이제 글로벌 기업을 빼놓고는 한국뿐 아니라 전 세계 기업의 미래를 논할 수 없다는 것이 전문가들뿐만 아니라 기업인들의 생각이다. 그러나 정작 우리는 글로벌 기업에 대해 얼마나 알고 있을까? 글로벌 기업에 올인(all in)해보겠다는 사람이라면, 글로벌 회사에 대한 인식은 필수거니와 입사하기 위한 차별화된 전략이 필요함을 다시 한 번 강조하고 싶다.

다시 본론으로 돌아가 안타깝게도 서류 전형에서부터 인터뷰 요령에 이르기까지 글로벌 기업 입사에 관한 잡식성 지식과 자료는 난무하지만, 정작 글로벌 기업 채용 관계자들을 대비하는 것에 대해서는 정확한 정보가 부족한 형편이다. 이 책은 글로벌한 인재들이 글로벌 기업에 지원하여 채용 성공률을 높이도록 시간과 노력을 최소화할 수 있도록 요약 정리한 최적의 책이라고 자부하고 싶다.

여러분은 부디 꿈을 디자인하여 글로벌 인재로 성장하고, 이 책의 안내대로 채용 준비를 철저히 하여 자신의 자질과 능력을 잘 나타냄으로써 채용에 성공, 글로벌한 세계무대에서 자신의 꿈을 펼치며 즐겁게 인생길 살아가는 승리자가 되기를 기원한다.

Table of Contents

취업,
이제는
글로벌 기업이다!

Design Your Dream
꿈을 디자인하자!

활용 방법

이 chapter에서는 여러분의 꿈을 발견하고 수정해가며 실현 가능해지도록 도와줄 것입니다.

이 chapter에서 안내하는 대로 작성해 봄으로써 자신의 꿈을 키우고 실천하여 행복한 삶을 누릴 수 있길 바랍니다.

1 시간을 가장 많이 투자해온 분야

2 가장 자랑스러웠던 것들 3가지

3 할 수 있고, 하고 싶은 것들

4 5~10년 후 내가 되고 싶은 것

5 내가 디자인한 나의 꿈을 알자

Tip

　　우리는 직업을 구하기에 급급하다 보니 다소 자신이 좋아하는 것과 맞지 않는 직업을 선택하는 경우가 많습니다. 그렇기 때문에 이러한 사람 중에서 남은 여가시간에라도 자신이 좋아하는 것을 하는 사람은 매우 복 받은 사람이라 생각합니다. 그래서 여러분에게 구직을 위한 가이드를 시작하기 전에 Chapter 0을 먼저 소개하고자 합니다.

　　이 장을 통해서 자신이 이제껏 살아오며 시간을 가장 많이 보냈던 것이 무엇인지 또한 하고 싶었던 것은 무엇이었으며, 나의 향후 5~10년 후에는 무엇이 되고 싶은지를 알아보십시오. 그와 동시에 이러한 것들을 이루어 나가기 위해서 무엇을 해야 하는지도 생각해보세요. 이러한 과정 속에서 여러분은 자신을 다시 발견하게 될 것이라고 확신합니다. 이러한 과정을 통하여 자신의 꿈을 디자인하고 직업을 구한다면, 그 누구보다도 인생을 더욱 가치 있게 살 수 있을 것이라 생각합니다.

　　Chapter 0에서 안내해주는 대로 양식을 작성하고 여러분의 꿈을 디자인해보는 것이 매우 중요하다고 생각합니다. 어떤 독자는 Chapter 0의 내용을 가지고 매년 초마다 5개년 계획을 세우고 가족이나 지인들에게 공표하고 실행해 나가면서, 1년이 지나면 5개년 계획을 업데이트하여 다시 가족이나 지인에게 공표, 실행하는 것을 반복함으로써 성공적으로 사는 사람들이 있음을 알려드리고 싶습니다. 부디 이 Chapter 0을 자신에게 가장 알맞은 방법으로 활용하여, 여러분의 꿈을 디자인하고 실현함으로써 멋진 인생 사시길 바랍니다.

꿈을 디자인하자!

좋아하는 것을 디자인하고, 디자인한 것을 실행하자.

1. 대학, 직장 및 일상생활에서 가장 많이 시간을 투자해온 분야는 어디인가요?

  1) 대학, 직장 및 일상생활에서 각각 분야를 기입하세요.

    (예, 대학-전공, 부전공 및 별도 Study 분야. 단 석/박사의 경우 연구 분야 포함)

    (예, 직장-인사, 마케팅, 물류, 기술, 재무, 노무 등)

    (예, 대학 시절/직장 생활 시기의 일상- TV 시청, 독서, 등산, 수영 및 서클 및 동호회 등)

  2) 해당 분야에 대해 얼마만큼 시간을 투자해왔는지(기간) 표기하세요.

  3) 대학, 직장 및 일상생활의 총 8가지 분야 중 선호도 순으로 번호를 기입하세요.

    (①-매우 낮음 / ②-낮음 / ③-약간 낮음 / ④-보통▼ / ⑤-보통▲ / ⑥-약간 높음 / ⑦-높음 / ⑧-매우 높음)

대학			대학 시절 때 일상생활		
1	1) 분야		1	1) 분야	
	2) 기간(년)			2) 기간(년)	
	3) 선호도	①-②-③-④-⑤-⑥-⑦-⑧		3) 선호도	①-②-③-④-⑤-⑥-⑦-⑧
2	1) 분야		2	1) 분야	
	2) 기간(년)			2) 기간(년)	
	3) 선호도	①-②-③-④-⑤-⑥-⑦-⑧		3) 선호도	①-②-③-④-⑤-⑥-⑦-⑧
직장			직장 생활 때 일상생활		
1	1) 분야		1	1) 분야	
	2) 기간(년)			2) 기간(년)	
	3) 선호도	①-②-③-④-⑤-⑥-⑦-⑧		3) 선호도	①-②-③-④-⑤-⑥-⑦-⑧
2	1) 분야		2	1) 분야	
	2) 기간(년)			2) 기간(년)	
	3) 선호도	①-②-③-④-⑤-⑥-⑦-⑧		3) 선호도	①-②-③-④-⑤-⑥-⑦-⑧

2. 대학, 직장 및 일상생활을 해오면서 가장 자랑스러웠던 일은 무엇인가요?

  (대학 생활, 대학 시절 때 일상생활, 직장 생활, 직장 시절 때 일상생활 해당 분야로 3가지씩 적어주세요.)

대학		대학 시절 때 일상생활	
①		①	
②		②	
③		③	
직장		직장 생활 때 일상생활	
①		①	
②		②	
③		③	

3. 할 수 있고, 하고 싶은 것들

왼쪽의 각 항목에 대해 스스로가 <u>할 수 있다고 생각하는 것</u>(What you do)인지, <u>하고 싶다고 생각하는 것</u> <u>(What you like)</u>인지, 둘 중 한 곳에 체크해보세요.

항목	할 수 있다 (What you do)	하고 싶다 (What you like)
여행작가		
사진작가		
소설가		
시인		
화가		
여행 전문가		
탐험가		
전문 컬렉터		
파워 블로거		
SNS 스페셜리스트		
요리사		
바리스타		
쇼콜라티에		
파티쉐		
소물리에		
상담사		
전문 연사(강사)		
경영 컨설턴트		
디자이너		
캘리그라피 작가		
서예가		
요가 강사		
에어로빅 강사		
행글라이더		
운동선수		
과학자(연구 분야)		
가수		
배우		
모델		
아나운서		
직장인		
사업가		
프리랜서		
통 · 번역사		
의사		
종교인		
기타( )		

4. 지금 이 순간 앞으로 5~10년이라는 새로운 시간이 주어졌다고 가정할 때, 각 항목에 대해 본
   인이 원하는 것을 생각나는 대로 적어보세요.

1) 가장 배우고 싶은 것 3가지
①
②
③
2) 가장 하고 싶은 일 3가지
①
②
③
3) 가장 이루고 싶은 목표 3가지
①
②
③
4) 가장 여행하고 싶은 3곳
①
②
③

5. 지금까지 각 항목을 통해 자신의 꿈(인생)에 대해 정리해보았습니다. 마지막으로 괄호를 채워
   보면서 나의 미래가 어떨지를 디자인해보세요.

나의 꿈은(   )을/를 배워
(   )을/를 하며,
나의 새로운 목표(꿈)인 (   )을/를 성취하는 것이다.

취업,
이제는
글로벌 기업이다!

Get the Right Job
자신에게 맞는 직장 구하기

활용 방법

이 Chapter는 취업을 위한 전반적인 단계를 살펴보는 것으로서, 자신의 장점 발견, 이력서 작성, 인사 담당자 접촉 및 인터뷰 요령과 준비방법 등을 개괄적으로 이해할 수 있게 도와줄 것입니다.

1 자기 평가

2 준비하기

3 일자리 찾아보기

4 구인회사에 연락하기

5 인터뷰

6 경력 관리

Tip

이 가이드북은 직업 개발 과정에 접어드는 과정에서 구직자들을 돕기 위해 만들었습니다. 완벽한 직업을 구하기는 매우 힘들고 혼란스러운 과정일 수 있습니다. 이 책을 읽는 분이 학생이든(학사, 석사, 박사), 처음 직장을 구하는 분이든, 장기 휴직 후에 복직을 하든, 또는 구직의 경험이 많은 사람이든 간에, 이 책에서 안내하는 단계를 따라가다 보면 여러분이 구인회사의 호감을 얻는 데 필요한 많은 것을 준비하거나 일깨우는 데 도움을 줄 것입니다.

이 가이드북은 여러분이 가진 역량을 찾아내 목록을 만들어 구직 포트폴리오 준비 및 일자리 찾기, 구인회사 접촉 및 인터뷰 통과 등, 각 단계별로 필요한 지침을 제공할 것입니다. 이 가이드북은 전체를 활용할 수도 있고, 필요한 몇 단계만을 활용할 수도 있습니다.

1. 자기 평가

이 평가는 여러분이 누구인지 알 수 있는 구체적인 특성을 포함하여 강점과 약점이 무엇인지 알아낼 수 있게 도와줄 것입니다. 여러분이 직장생활을 하는 동안 일상 활동 속에서 기술을 얻는 것이므로 자신의 전체 직장생활 동안 이런 평가를 여러 번 하는 것이 좋습니다. 이렇게 얻은 정보들은 여러분의 이력서, 커버레터, 인터뷰 등에서 자신을 대변하므로 나중을 위해서 꼭 필요한 것입니다.

구직 준비는 자기 평가로부터 시작됩니다. 여러분은 구직에 앞서 먼저 자신이 무슨 기량을 가지고 있는지 알아야 합니다. 그리고 여러분 스스로 처해 있는 상황을 평가해보아야 하며, 자신의 특성에 관한 목록표도 준비해야 합니다. 구직자로서 여러분은 자신의 주요 강점과 약점을 제대로 파악할 필요가 있습니다. 이런 작업은 직장을 구하는 것이나 도달해야 할 목표도 아닙니다. 이것은 여러분 자신의 발견 및 직업생활, 그리고 나아갈 길을 택하는 과정입니다.

좋은 직장을 찾고 얻는 데는 자신에게 맞는 직업 환경에 어떤 기술이 필요한지 알아내기 위한 탐구 작업이 필요합니다. 이러한 탐구적 자세는 자기 평가에 필요한 것으로, 자신이 원하는 직업과 의사소통방법을 알아내고, 자신을 어필하는 데 필요합니다. 이런 연습을 통하여 자신에 대한 이해를 돕고, 장래 취업할 회사 측과 의사 교환이 잘되도록 도와줄 것입니다.

이 단계를 끝내면 여러분은

1. 자신의 개인적 특성과 적성, 기술과 흥미를 설명할 수 있게 됩니다.

2. 자신이 구인회사 측에 제안할 수 있는 것을 분명히 밝히고 기술할 수 있게 됩니다.

3. 자신이 습득해야 할 기량과 지식, 경험을 요약할 수 있습니다.

1-1. 특성 목록

구인회사 측은 어떤 긍정적 특성을 가진 인력(사원)을 원합니다. 여러분이 가지고 있는 특성이 무엇인지 알아봅시다. 여러분의 각 특성에 대해 '보통', '때때로', '드물게'로 표시합니다. 머리에 먼저 떠오르는 대로 적어보세요.

보통	때때로	드물게	특 성	보통	때때로	드물게	특 성
			순응성 관리자 또는 팀장을 잘 지원해주는가?				**명확한 의견 표시** 생각을 말이나 글로 쉽게 잘 표현하는가?
			주도성 책임자의 위치에 있는가?				**쾌활성** 주변 사람들에게 친절한가?
			학습 능력 실수를 배움의 기회로 삼는가?				**능숙성** 마감을 잘 지키는가? 업무는 철저히 수행하는가?
			경청 다른 사람의 말을 경청하는가?				**성실성** 온전히 하루 동안 일하는가? 꼼꼼히 체크하여 일하는가?
			좋은 기억력 이름과 장소, 모양, 생각들을 정확하게 다시 떠올릴 수 있는가?				**협조성** 자원해서 돕는가? 조직 내에서 맡은 일을 하는가?
			자발성 감독이나 상사의 도움 없이 혼자 일할 수 있는가?				**용기** 도전을 받아들이며 신념을 지키는가?
			야심적 추가적인 업무를 잘 받아들일 수 있는가?				**창조성** 새로운 아이디어를 제시하는가? 또 가능성을 찾는가?
			결단력 중압감 속에서도 결정을 내릴 수 있는가?				**충성심** 모교의 명예를 드높이는 사람이 되려고 노력하는가?
			신뢰성 사람들이 당신을 신뢰하는가? 출석을 잘하는가?				**주의력** 개선 사항이나 필요한 것이 무엇인지 찾아보는가?
			외교적 어려운 상황을 의연한 태도로 지혜롭게 잘 대처하는가?				**짜임성** 깔끔하게 처리하는가? 논리적으로 계획을 세우고 준비하는가?
			신중성 다른 사람의 일에 간섭하거나 뒷말을 하지 않도록 주의하는가?				**참을성** 압력을 받아도 화를 내지 않고 차분히 있을 수 있는가?

			효율성 당신은 더 빨리, 더 잘하려고 노력하는가?				**꾸준성** 어렵고 시간이 오래 걸리는 일이라도 끈기 있게 해낼 수 있는가?
			감정상의 안정성 평정심을 유지하며 침착하게 자신을 컨트롤하는가?				**설득력** 상대방에게 내 아이디어를 이해시키고 제품을 잘 팔 수 있는가?
			공감력 다른 사람의 감정과 주변 상황에 귀를 기울이는가?				**상황 대처력** 문제가 생기기 전에 미리 대처하는가?
			열성적 자기 일에 흥미를 가지고 열심히 하는가?				**진취성** 어려운 상황에서도 자신의 방식대로 밀고 나갈 수 있는가?
			융통성 새로운 상황과 도전에 잘 적응하는가?				**책임감** 맡은 업무를 자신 개인사업의 일 처리하듯이 수행하는가?
			집중성 개인적인 어려움이 있어도 업무에 집중하는가?				**알코올 중독성** 음주로 업무에 지장을 받는가?
			관대성 다른 사람의 생각을 이해하고 인정하는가?				**검소성** 물품이나 장비를 아껴 쓰는가?
			정직성 진실을 말하는가?				**너그러움** 다른 유형의 사람들과도 잘 어울려 지내는가?
			근면성 최선을 다하여 열심히 일하는가?				

1-2. 직업 가치 목록표

다음은 여러분이 가장 중요하게 여기는 업무의 특성이 무엇인지 알아보겠습니다.

여러분이 원하는 업무의 특성을 골라보세요. 가장 중요한 것(상), 중요한 것(중), 중요하지 않은 것(하)이라는 기준에 따라 머리에 떠오르는 대로 해당란에 체크해보세요.

상	중	하	특성
			봉급 향후 자기가 받게 될 액수
			혜택 보험, 정년보장 등
			직업 안정도 직장을 안정적으로 유지할 수 있는지?
			근무시간 몇 시간 동안 일해야 하는지?
			직장 위치 어디서 일해야 하는지?
			직장 동료, 상사, 고객 함께 일하게 될 사람들이 맘에 드는지?
			배울 수 있는 기회 배울 수 있는지?
			일의 만족도 일이 보람이 있는지, 또는 재미있는지?
			업무 환경 일하는 곳이 안전한지?
			회사가 하는 일을 좋아하는 것 자기 회사에 대해 내가 자랑스럽게 생각할 수 있는지?
			승진의 기회 승진할 수 있는지?
			존경 괜찮은 대우를 받을 수 있는지?

1-3. 적성 평가

이제 여러분이 본래 가진 능력을 알아보겠습니다. 항목별로 상, 중, 하 중 여러분에게 해당되는
빈칸에 체크해보세요.

상	중	하	능력
			손재주 손가락을 빨리 움직이고 작은 물건을 정확하게 다룰 수 있는 능력으로, 기타를 치거나 퍼즐 맞추기, 단추 달기 등에 사용됨. 관련된 직업은 보석 세공인, 사진작가, 재단사 등이 있음
			운동 능력 눈, 손과 팔, 다리와 발을 정밀한 움직임에 빠르고 정확하게 사용하는 능력으로, 운동경기를 하거나 가구를 옮길 때, 춤출 때 사용됨. 관련된 직업은 헤어 디자이너, 운동선수, 기계 기술자, 목수 등이 있음
			형태 지각 능력 형태의 모양이나 선의 너비및 길이와 같이 물체의 세세한 부분을 보는 능력으로, 스케치를 하거나 사이즈별로 못들을 골라내기, 눈으로 면적 측정하기 등에 사용됨. 관련된 직업은 건축가, 예술가, 측량사, 정비사 등이 있음
			공간 인지 능력 공간과 공간 사이의 관계에 있어서 형태를 이해하는 능력으로, 설계도를 읽거나 기하학적 문제의 해결이나 또는 실내 가구배치 등에 사용됨. 관련된 직업은 인테리어 디자이너, 제도사, 엔지니어, 항공 교통 통제관 등이 있음
			사무 지각 능력 단어나 숫자가 포함된 글이나 구두로 표현된 자료에서 세부적인 내용을 식별할 수 있는 능력으로, 전화 메시지 받기, 철자 교정, 은행 거래내역서 확인 등에 사용됨. 관련된 직업은 회계장부 기록원, 편집자, 은행원 등이 있다.
			일반 학습 능력 이해하고 추론하고, 판단하는 데 필요한 '따라잡는' 능력으로, 사실을 기억하고, 결정을 내리고, 지침을 읽는 데 사용됨. 관련된 직업은 음악가, 역사가, 교사 등이 있음
			계산 능력 산수를 빠르고 정확하게 할 수 있는 능력으로, 수표책을 결산하거나, 음식 가격을 평가하거나, 이율을 계산하는 데 사용됨. 관련된 직업은 예산 분석가, 엔지니어, 회계원, 또는 대출 담당자 등이 있음
			언어 능력 말의 의미와 관련된 생각을 이해하고 효과적으로 사용할 수 있는 능력으로, 연설하기, 메시지 전달하기, 보고서 작성 등에 사용됨. 관련된 직업은 성직자, 상담가, 마케팅 관리자, 판매 담당자 등이 있음.

1-4. 기량 평가

이제 여러분들이 어떤 기량을 가지고 있는지 알아보기로 합시다, 두 가지 종류의 기량이 있는데, 하나는 다른 직업에도 적용할 수 있는 이전 가능 기술과 다른 하나는 전문 기술입니다. 이전 가능 기량을 때때로 '작업장 기술'이라고 부르는데, 이것은 여러 다른 직업에도 적용 가능합니다. 전문적 기술은 고도로 전문화된 기술이며 보통 구체적인 직업과 연결됩니다. 여러분은 매번 평가 후에 아래 목록에 없는 이전 가능 기량과 전문 기술을 목록에 추가할 수 있습니다. 아래 열거된 각 기량에 대한 여러분의 수준을 상, 중, 하로 해당란에 표시해보세요.

상	중	하	이전 가능한 기량	상	중	하	전문적인 기술
			의사소통				꽃꽂이
			관찰하기				그림 그리기
			식별력				아이 돌보기
			조직력				벽 칠하기
			창조력				요리하기
			설득력				악기 연주
			비판적 사고능력				유리 세공
			계획력				X레이 처리
			결단력				굴착기 운전
			예측 능력				청사진 판독하기
			연출 능력				트럭 운전
			문제해결 능력				레코딩(녹음)
			계산 능력				농사짓기
			이해력				지붕 이기
			고치기				안경 피팅
			조사하기				수질검사
			해석하기				환자 간호
			지도력				나무전지
			증명하기				카펫 깔기
			대중연설				용접
			기억력				
			연구하기				
			판매하기				
			들어올리기				
			방향 설정				
			경청하기				
			가르치기				
			관리하기				
			타이핑				
			중재하기				
			분류하기				
			쓰기				

2. 준비하기

이전 단계에서 여러분이 제공할 수 있는 경험과 기량에 대해 알아보았으니, 이제는 구직준비를 할 차례입니다. 이것은 스스로를 준비시키고, 도움을 받아 인터뷰에 대비하는 것을 말합니다. 이번 단계에서는 구인회사 측에서 여러분이 알고 있고 또 갖고 있길 바라는 몇 가지를 알려주어 스스로 준비할 수 있도록 도와줄 것입니다. 만일 오늘 어느 회사로부터 인터뷰를 하고 싶다고 연락이 온다면, 여러분은 준비가 되어 있습니까? 이제 준비 해두어야 할 때입니다. 이 단계를 통해 필요한 것들을 갖추어 자신을 준비시키세요.

이 단계를 끝내면 여러분은

1. 직장을 찾을 준비를 할 수 있게 됩니다.
2. 적절한 업무 복장과 필요한 물품들을 고를 수 있게 됩니다.
3. 구직에 필요한 지원체계를 만들 수 있게 됩니다.

2-1. 포트폴리오

포트폴리오는 채용 담당자에게 보여줄 수 있게 여러분이 한 일과 훈련 및 이수결과 등을 모아서 만듭니다. 포트폴리오를 준비하면 자신의 과거 업무실적 및 경험을 스스로 평가하는 데 도움이 됩니다. 또한 인터뷰 준비에도 도움이 됩니다.

샘플 포트폴리오	
목차	
이력서	p.1
추천서	p.2
성취 사례	
소비자 평가/의견	p.3
직업 평가	p.5
상	p.7
추천서	p.8
교육	
학위증	p.11
이수증	p.12
경력	
일과표	p.21
작문 샘플	p.17
수학 능력	p.19

경쟁에서 두드러져라.

채용 담당자들은
- 당신의 준비된 모습에 깊은 인상을 받을 것입니다.
- 당신이 정말 이 직업을 원하고 있다는 것을 알게 될 것입니다.
- 당신이 이 일을 잘해낼 수 있을 것이라고 믿게 될 것입니다.
- 당신을 기억할 것입니다.

포트폴리오 사용하는 법

- 이력서를 보낼 때 포트폴리오를 절대 같이 보내지 않기
- 인터뷰를 하는 동안, 대화와 관련된 내용 보여주기
- 면접관이 관심없어 보이면 넣어놓기
- 포트폴리오를 채용담당자에게 남겨두고 오지 않기

간략하게 필요한 것만 집어넣어라.

- 새로운 링으로 된 바인더(파일)을 사용하세요.
- 표지를 깨끗하게 유지하세요.
- 종이 보호지에 각각 끼워 넣으세요.
- 목차를 만드세요.
  (샘플 포트폴리오 참고)
- 색인을 이용해서 각 섹션을 구분하세요.
  (페이지를 보다 쉽게 찾을 수 있을 것이다.)

포트폴리오 만들 때 꼭 들어가야 하는 항목들

1. 경력란
2. 이력서가 활기 있어 보이도록 할 항목들
3. 직업과 관련된 항목들
4. 채용 담당자가 가지고 있어야 하는 중요한 내용들의 복사본
5. 관련된 봉사활동
6. 개인 정보는 넣지 않기

2-2. 실적 설명서 작성 요령

이력서는 자신의 실적목록과 같습니다. 그리고 이것은 자신의 강점을 확인하며, 인터뷰 준비를 하는 데 도움을 줍니다. 실적 목록 작성에 도움이 되도록 여러분의 과거 직장과 외부 활동, 자원봉사 활동에 관한 아래의 질문에 대답해보세요. 실적 목록을 만든 다음에는 그것을 문장으로 바꾸어 보세요.

각 문장에는 3가지 내용을 포함시키세요.

1. 문제점이나 기회로부터의 도전
2. 그러한 도전을 위해 여러분이 취한 행동
3. 실제 일어난 일 등 그 결과(달러 〔원〕 , 시간, 퍼센트, 수량 등을 사용해서)

자신에게 해당되지 않는 질문은 그냥 넘어가세요.

- 다른 사람보다 내가 더 잘할 수 있는 것은 무엇인가?
- 언제 내가 주도권을 가지고 일했는가?
- 승진을 했는가?
- 이달의 사원상과 같은 상을 받은 적 있는가?
- 좋은 업무평가를 받은 적이 있는가?
- 직장동료나 고객으로부터 칭찬하는 내용의 편지를 받은 적이 있는가?
- 출판물이나 제품을 출시한 적이 있는가?
- 정해진 시간과 예산 내에서 주요 프로젝트를 마무리한 적이 있는가?
- 효율성을 향상시킨 시스템을 시작한 적이 있는가?
- 회사 사원 제안 프로그램에 참여한 적이 있는가?
- 회사의 시간과 경비를 절약한 적이 있는가?
- 회사의 부회장, 사장 같은 주요 인사들과 함께 일한 적이 있는가?
- 일생에서 가장 최고로 잘해낸 일이 무엇인가? 그리고 그것을 이루기 위해 사용한 기술은 무엇인가?
- 적극적인 참여로 인정을 받은 적이 있는가?
- 매일 파일 정리를 잘하여 잔무가 생기지 않게 하였는가?
- 예상 기한보다 더 일찍 일을 완료한 적이 있는가?

실적 설명서의 예

실적 설명서에 숫자를 사용하면 더 효과적임.

- ▶ 회사가 신입사원 오리엔테이션 프로그램 개발한 것을 100% 채택
- ▶ 매일 85명이 넘는 고객전화에 대응하고 그들이 관심 갖는 문제의 90%를 해결함
- ▶ 고객에게 적극적으로 봉사함으로써 작년에 고객봉사상을 두 차례 받음
- ▶ 전화 및 메일을 이용한 채권수금 업무에서 신용조사부장을 도와 매출채권을 20% 증가시킴
- ▶ 지역 현장에서 일련의 헌혈 운동을 공동 주관하여 사용 가능한 혈액 1200인 분 이상을 확보함
- ▶ 멀티미디어 캠페인을 창안하여 1년 동안 등록을 45% 향상시킴

2-3 이력서

이력서는 일반적으로 채용회사에게 여러분에 대한 처음이자 유일한 인식을 줍니다. 인터뷰 요청은 회사 측이 이력서를 통해서 얻은 인상을 근거로 한 것이므로, 이력서에는 자신이 지원할 직책에 가장 부합하는 자질과 경력을 잘 반영해야 합니다.

마음을 끄는 이력서
- 지원하려는 포지션에 필요한 기량을 강조하세요.
- 직접 쓰세요. 이력서 또한 자신이 한 일의 샘플이기 때문입니다.
- 업무 경력에는 오직 현재의 정보만을 포함시키세요.
- 각 이력서는 읽기 전용 하나와 훑어보기용 하나로 총 2 개의 버전을 준비하세요. 훑어보기용 버전은 굵은 활자체나 이탤릭체 또는 다른 포맷팅(판형) 글씨를 써서는 안 되고, 오직 흰 지면에 검정색의 일반 글씨체로 쓰세요.
- 일관성 있고 시각적으로 보기 좋은 형식을 위해서 흰 여백을 활용하세요.
- 짧고, 간결하며, 읽기 편하게 쓰세요.
- 문법이나 철자 상 틀린 것이 없도록 하세요.
- 신입사원의 경우 1페이지를 한도로, 그리고 고도 경력직의 경우 2페이지 이내로 쓰세요.
  주의) 한국어 양식의 이력서는 자기소개서가 포함되므로, 신입사원의 경우 2페이지를 한도로, 그리고 경력직의 경우 3페이지 이내로 쓰고, 석사/박사급 이상은 연구 분야 요약을 별도로 준비해놓아야 한다.
- 정직하게 쓰세요.

사용 어휘들
- 이력서는 각 채용담당자들에게 맞추어 작성해야 합니다.
- 인터뷰 담당자가 이해할 만한 말을 사용하세요. 여러분은 자신의 이력서를 읽을 담당자가 혼동하지 않고 여러분의 능력을 이해할 수 있는 단어를 사용해야 합니다.
- '내가' '나' '나의'('I' 'me' 'my') 와 같은 대명사는 사용하지 않아야 합니다.
- '무엇에 대한 책임이 있는' '의무감 포함' 등과 같은 포괄적인 문구보다는 '개발했습니다' '관리했습니다' '만들었습니다'와 같은 서술동사를 사용하세요.
- 예를 들면 소매를 위한 판매 매장(관)이나 웹 프로그램을 위한 HTML(point of sale for Retail Sales 혹은 HTML for Web Programming)과 같은 전문용어를 사용하세요.
- 비속어, 문자 메시지용의 약어, 은어 등은 피하세요.

정직하게 써라
- 올바르게 쓰세요.
- 이력서는 한 사람으로서의 성실성을 보여줍니다.
- 거짓말을 쓰지 마세요. 대부분의 채용회사는 여러분이 한 말을 확인합니다.
- 만일 회사 측이 여러분의 실적과 능력이 과장되었다고 생각하면 여러분은 채용되기 어려울 것입니다.
- 만일 없는 경험과 능력을 토대로 채용된다면, 여러분은 스스로를 실패의 길로 몰아가는 것이 됩니다.

외관 The Look
- 전문적인 외관 – 흰색이나 매우 밝은 색상의 본드지
- 깨끗한 외관 – 얼룩이나 오염된 부분이 없게
- 깔끔한 외관 – 내용 부분 주변에 평평한 흑색 프레임 처리
- 진지성 – Times New Roman(맑은 고딕, 바탕…) 등과 같은 일반 글꼴을 사용하기
- 독특성 – 전형적인 컴퓨터 이력서 양식 사용은 삼가하기
- 읽기 쉽게 – 단락으로 만들지 말고 글머리 기호 사용하기
- 짜임새 있게 – 페이지 맨 위에 주요 사항 쓰기
- 반반하게 – 스테이플러로 찍지 말고, 가능하면 구김살도 없게 하기
- 간결성 – 경력이 10년 이하라면 두 페이지로 작성하기(경력10년 이상은 3 페이지)

이력서 사용법
- 일단 이력서가 완성되면 적절한 방법으로 제출하세요.
- 항상 커버레터를 첨부하세요.
- 이력서를 지원서 양식에 첨부하세요.
- 이력서는 목표로 하는 채용회사에게만 보내세요.
- 자신이 적어도 자격 요건의 70%를 갖춘 회사에만 이력서를 보내세요.
- 성적 증명서나 추천서 또는 사진을 첨부하지 마세요.
- 매 인터뷰마다 추가 복사본을 가져가세요.
- 구인회사 측에서 이력서를 받은 하루 또는 이틀 후에 전화를 걸어 항상 후속 조치를 취하세요.
- 이력서에 실수나 허술한 점이 있으면 채용에 결정적인 지장을 줄 수 있습니다. 따라서 이력서를 발송하기 전에 단어 하나하나 소리 내어 읽거나 친구로 하여금 신중하게 읽어보도록 부탁하세요.

2-4. 이력서 유형

지원하려는 직종과 업무 경험에 따라 제출할 이력서 양식을 정할 수 있습니다.

▶ **기능형 (유형)** : 기량에 초점이 맞추어진 이력서. 경력자와 신입 지원자들에게 적합한 유형. (견본 1 참조)

▶ **연대순 (유형)** : 일정 기간 동안에 걸쳐 직종과 임무의 변화에 초점을 맞춘 이력서. 특히 지원하는 분야에서 어느 정도의 업무 경험이 있는 사람을 포함하여 대부분의 구직자들에게 적합한 유형.

▶ **혼합형 (유형)** : 기능형과 연대순 이력서의 특성을 혼합한 이력서로서, 가장 관련성이 많은 경험들을 기량 분야에 체계적으로 정리함과 동시에 업무 경력을 간단히 연대순으로 기재. 이 유형은 직종을 변경하거나 휴직을 했던 사람, 또는 업무 경험이 별로 없는 사람에게 적합.

기능형 이력서 샘플

Jane Doe
1111 First Street, Sacramento, CA 99999
(00) 111-2222 • JaneDoe@yahoo.com

Objective:
Seeking a position as a Sales Associate with a wireless company using my education and experience in customer relations.

Education:
High School Diploma   expected May, 2010
Sacramento High School, Sacramento CA

Qualifications:
Knowledgeable in sales Knowledgeable in
customer service

Language Skills:
Fluent in Spanish

Extracurricular Activities:
Business Club   September 2008- Present
Choir   October 2007- June 2009

Relevant Skills and Knowledge Sales
- Assist Sales Team of 25 to achieve monthly and quarterly target sales.
- Perform inventory counts and verification in 12,000 square foot store.
- Ensure customer satisfaction throughout the sales process.

Communication
- Establish open and honest communication with a diverse team of 18 Sales Supervisors, Retail Consultants, Service Technicians, and Customers to create a positive environment.
- Listen to customers in order to assist them in the purchase of merchandise.

Customer Service
- Provide customers (20-25 per day) with attentive service in order to meet their requests and ensure a positive experience while shopping.

- Greet customers as they enter and exit the store.

- *Work History*
Floor and Sales Associate   Electronics Company, Sacramento CA   October 2008 – Present

연대순형 이력서 샘플

John Doe
1111 First Street, Sacramento, CA 99999
(00) 111-2222 • JaneDoe@yahoo.com

Objective:
Seeking a position as a District Sales Manager with a wireless company using my education and experience to motivate associates and exceed company goals.

Education:
Associate of Arts, Business Administration   May 2009
Sacramento City College, Sacramento CA

Qualifications:
Knowledgeable   in   Operations   Management
Knowledgeable in Organizational Behavior Cost Accountancy
Marketing, Public Relations, and Sales Management Finance and Risk Management

Language Skills: Fluent in Spanish

Work History Store
  Manager
Company Wire Free, Sacramento, CA   August 2006 - Present
  - Established open and honest communication with a diverse team of Sales Supervisors, Retail Wireless Consultants, Service Technicians, and Cashier/Greeters to create a positive environment.
  - Oversee all store operations including opening, closing, compliance, cash, & inventory, the hiring pro- cess, interviewing, training, and various associate lifecycle activities for store associates.
  - Encourage, support and facilitate the growth and development of all associates in retail stores.
  - Create an environment that motivates and inspires associates to exceed expectations and goals.

  Retail Wireless Consultant
Wireless Company XYZ, Sacramento CA   May 2005 - August 2006
  - Achieved and surpassed individual sales targets for new customer acquisitions, sale of essentials, and vertical features on a weekly/monthly basis while striving for the highest level of customer satisfaction.
  - Performed cash/inventory counts and verification, opened, closed and operated the retail facility including receiving, processing and depositing all payments received, according to standard procedures.

  Ski Instructor
Kirkland Ski Resort, Kirkland, CA   December 2003 – March 2005
  - Provided feedback to beginning and intermediate students on skiing skills.
  - Taught groups of 5-12 students proper skiing techniques related to safety and skill development.
  -

Professional Development
  Situational Leadership– Identified associate performance in relation to skill vs. will gap management.
    Sacramento, CA July 2006
  Manager Development Forum– Strategies for leading a group through organizational and industry changes.
    Sacramento, CA November 2005

Awards : Awarded "Rookie of the Year" 2005 Presidential Scholar

이력서에 포함해야 할 것으로는

▶ 희망직위 : 이력서 상단과 커버레터에 짧고 간결하게 쓰기

▶ 학력 : 학위, 전공, 부전공, 주 관심분야, 소속기관, 도시, 주, 졸업일(또는 졸업 예정일), 또 장학금, 상, 특별 훈련, 관련 과정, 인턴십, 외부 활동 등도 포함시키세요.

▶ 업무 경력 : 유급, 무급의 업무 경험, 직책 및 회사명, 도시, 주, 재직 기간을 기록하고, 희망하는 직위와 관련성이 가장 많은 담당 업무와 실적을 행위동사를 사용하여 적기

▶ 활동 및 관심사항 : 희망직위와 관련된 것이나 멤버십, 클럽, 조직, 지역사회 참여 등과 같은 자신의 독특성을 보여주는 사항

▶ 추가 정보 : 장비를 다루는 특정한 자질, 면허, 자격증, 언어능력(독해, 작문, 말하기), 여행, 출판물, 수상경력, 실적 등

▶ 추천서 : 각각 다른 용지에 작성하며, 요청이 있을 때 제출함. 3~5명 정도의 상사 또는 인사 담당자, 교수의 이름(사전 허락을 받고), 직책, 직장 주소, 전화번호, 이메일 주소를 기재

다음의 간단한 규칙을 따라해 보세요.

해야 할 것
- 근무한 회사 이름을 적고 근무 연도, 월, 도시, 주 등을 기재
- 현재 또는 가장 최근 업무를 시작으로 순서대로 업무를 기재
- 팀워크로 수행한 활동에 참여했던 내용 적기
- 항시 취업 희망직종과 회사에 대한 조사를 바탕으로 이력서를 작성

하지 말아야 할 것
- 내용 중복
- 나이, 키, 몸무게와 같은 개인 정보
- 막 졸업한 상태가 아닌데 고등학교를 적는 것
- 쓰고 싶지 않은 기량을 적는 것

2-5. 구직 활동에 필요한 사전 준비 List

사무용품 및 필요한 정보를 손쉽게 쓸 수 있게 갖추고 대비 하세요. 취업 예정 회사에서 지원서를 작성해야 할 경우, 이 정보는 특히 유용합니다.

▶ **기본 용품들**
- 펜, 형광펜
- 메모 용지, 봉투, 스탬프
- 종이 클립, 스테이플러
- 달력, 수첩
- 3링 바인더 및 포트폴리오를 넣을 투명 플라스틱 슬리브

▶ **도구 장비**
- 자동 응답기/음성 메시지
- 컴퓨터와 프린터를 사용할 곳
- 팩스를 사용할 곳
- 인터넷 사용이 가능한 곳

▶ **공식 서류**
- 자격증, 학위증 및 면허증 사본
- 주민등록번호(사회보장 카드 번호 또는 이민서류) → 최근에는 '개인정보법' 관련해서 생년월일만 기입하고, 추후 요구 시 별도로 제출하는 경우가 늘고 있다.
- 운전 면허증

▶ **학력 관계**
- 학교 이름, 소재 도시, 주
- 재학 기간
- 취득한 학위 및 증명서
- 성취 내용(학업 및 기타)
- 업무와 직접 관련되는 과목

▶ **직업/봉사 활동**
- 직책
- 기관명, 주소, 전화번호
- 슈퍼바이저의 이름, 직위, 전화번호
- 시작한 날짜와 끝난 날짜
- 주 당 봉사 시간
- 담당 업무
- 실적
- 중단 이유(지원서에 기재요청이 있을 시에)

▶ **주거지 관계**
- 지난 10년 동안 거주 장소의 주소와 전화번호
- 전입 및 전출 날짜

취업, 이제는 글로벌 기업이다!

▶ 복장

구직 활동도 영업과 같으므로 그에 맞는 복장을 갖추어 입어야
합니다. 만일 인터뷰 때 입을 만한 옷이 없으면 빌리거나 쓸 만한
인터뷰용 정장을 하나 마련하세요. 말쑥한 옷차림은 성취감을
주기 때문입니다.

▶ 추천서

추천서는 고객 추천과 같은 것입니다. 채용회사는 여러분의
성격과 한 일에 대해 아는 사람과 이야기하고 싶어합니다. 그렇기
때문에 지원서 작성 시나 인터뷰할 때 추천인 명단 제출 요청이
있게 됩니다.

▶ 추천인 물색하기

- 다음과 같은 사람 3~5명 정도의 목록 만들기
  - 존경하며 신뢰할 수 있는 분
  - 가족이나 친척이 아닌 분
  - 당신의 기술과 성격을 긍정적으로 말해줄 수 있는 분
- 사전에 허락받기
- 추천인 명단에 올려도 되는지 물어보기
- 추천인에게 지원자의 업무기술서를 보내며 인터뷰 할
  직장에서 연락이 갈 수도 있다고 알려주기
- 추천인들에게 여러분이 회사에 어필하고 싶은 자질과
  능력을 알려주기
- 추천인 수락에 감사의 뜻을 표하기

▶ 목록표 준비하기

- 추천인 이름
- 그들을 알게 된 경위(될 수 있으면 친척들은 피하기)
- 직책
- 고용주
- 주소
- 근무시간 동안 사용 가능한 전화번호
- 가능하다면 이메일 주소

▶ 추천서 요청하기

- 만일 추천인이 다음과 같은 경우라면 추천서를 써달라고
  요청하세요.
  - 다른 도시에 살거나
  - 문장력이 훌륭하거나
  - 바빠서 고용 회사로부터 걸려오는 전화를 받기 어려운 경우

▶ 간단하게 만들기

- 구직은 다중 작업을 요하기 때문에 일을 간소화 시키는
  게 좋음.
- 업무를 작은 부분으로 나누어 하기
- 자신이 해낸 일에 스스로 만족해 하기

▶ 지원 시스템

구직은 개인 사업을 시작하는 것만큼이나 힘든 일일 수 있습니다.
앞으로 마주치게 될 힘든 시간을 잘 극복하는 데 필요한 감정적,
사회적 지원을 확실히 받도록 준비하세요.

▶ 도움 요청하기

- 구직을 도와줄 수 있는 사람들을 찾아 적극적인 도움을
  요청하기
- 자신이 그럴 만하다고 여기면 지지자들에게 도움 받기
- 각 인터뷰 전후에 친구에게 전화걸기
  이렇게 하는 것은 여러분이 혼자가 아니라는 것을 상기
  시켜줌
- 구직에 관한 희망과 두려움을 공유하기
- 진행 중인 구직 작업을 제대로 잘하고 있는지 몇몇 사람들과
  정기적으로 체크하기

▶ 자신의 감정 다스리기

구직은 많은 감정을 유발할 수 있습니다. 감정에 말려들지 않도록
스스로 잘 통제하세요. 그 방법으로는,

- 여러분이 어떻게 느끼는지 파악하기
- 이런 감정을 친구들과 나누거나 글로 써서 건설적으로
  표출하기
- 이전 직장에 관해 갖고 있는 부정적인 감정을 떨쳐버릴 것.
  불평하는 사람을 채용할 회사는 없음

▶ 신체적인 건강 유지

도움받기 위한 좋은 방법은 자신을 잘 돌보는 것으로부터 시작합니다.

- 야간에 최소 7시간 반 잠자기
- 건강식 먹기
- 규칙적인 운동하기
- 술 삼가기
- 즐거운 시간을 갖기

▶ 지원 체계 확인하기

구직에 여러 방식별로 지원해줄 수 있는 친구 파악하기. 각 유형별로
가능하면 많은 사람의 명단을 만들어두기

- 급우 또는 친구– 당신을 잘 알고 좋아함
- 멘토 – 방향 제시 및 여러분의 성공 확신
- 정보 브로커 – 직장과 고용주에 대한 정보를 알려줌
- 홍보 담당자– 고용주와 연락을 취할 수 있음
- 관리인 – 아이를 돌봐줄 수 있으며, 교통을 이용해야 하는
  이동에 도움을 줌

> 미래나 과거가 아닌 오늘에 집중하세요.
> 바로 직장이 구해 질 거라고 생각하지 말고 항상 현실적으로 생각해야 합니다.

3. 일자리 찾기

이제 채용회사를 찾을 차례입니다. 많은 사람들에게 구직이란 구인광고를 보고 지원하는 것을 의미합니다. 광고를 통한 구직 말고도 다른 방법을 통해 일자리를 알아보는 데에는 몇 가지 이유가 있습니다. 구인광고 검토에만 한정시키지 않길 바랍니다. 일자리를 찾는 방법은 여러 가지가 있습니다. 인터넷의 발달에 따라 채용회사의 인력 찾는 방법도 많이 바뀌었습니다. 그러나 아직도 구직을 위한 가장 좋은 방법은 구직자의 친구나 가족 등의 인맥을 활용하는 것입니다.

이 단계를 끝내면 여러분은

1. 성공적인 구직 방법을 분석할 수 있을 것입니다.
2. 사람들과 연락하고 교류할 수 있게 됩니다.
3. 자신의 구직 활동을 추적할 수 있습니다.

3-1. 고용시장의 현실

구직하는 데 아래의 트렌드를 유념하기 바랍니다. 여러분에게 어떤 전망을 주고 여러분의 장래에 관한 현실적인 결정을 내리게 도와줄 것입니다.

- ▶ **평생 취업 가능성** : 실직되어도 다시 쉽게 취업할 수 있게 채용회사들이 중요하게 여기는 기술을 갖추도록 노력할 것
- ▶ **다양성** : 문화적 차이점을 존중할 것
- ▶ **컴퓨터 활용 능력** : 컴퓨터 활용 능력을 개발하고 꾸준히 향상시키기
- ▶ **영어, 수학, 과학** : 훌륭한 수학, 과학 및 의사소통 기술의 개발
- ▶ **고객 서비스/ 인간적인 면 발휘** : 고객과 슈퍼바이저, 동료들에게 항상 긍정적이고 협조적인 태도를 보일 것. 인간적인 사람이야말로 채용 회사들이 찾고 있는 핵심 소프트 기술 중 하나임을 늘 생각하고 실천하기
- ▶ **경제 인식력** : 지역 및 국가와 글로벌 시장과 그것이 특정 직종에 어떻게 영향을 미치는지 주의하기
- ▶ **평생 배우기** : 멈추지 말고 계속 배우기. 교육은 학교 졸업으로 끝난 것이 아니며, 채용 회사들은 교육 및 연수를 활용하는 직원들을 원함
- ▶ **목표교육** : 자신의 관심에 부합하고 수요가 높은 분야 연수 받기
- ▶ **교육 비용** : 자신을 연수시킬 채용 회사 찾기
- ▶ **임금의 평준화** : 기업들이 장기 근무사원을 값싼 인력으로 대체함에 따라 임금이 점차 평준화되고 있음
- ▶ **좋아하는 일을 하기** : 성취감과 흥미를 주는 일에 중점 두기

- ▶ **정규 근무 시간에만 얽매이지 않기** : 근무시간 자유 선택제와 교대근무, 휴대폰의 발달로 재택 근무와 출퇴근 근무의 경계가 많이 사라졌음
- ▶ **프리랜서** : 프로선수의 자유선택권처럼, 임금과 이득을 대가로 받고, 지식과 기술, 능력을 제공하는 것
- ▶ **높은 변화 가능성** : 직장생활 중 여러 다른 분야에 근무할 가능성을 염두에 둘 것
- ▶ **임시직** : 임시직이나 계약직이 될 수도 있음을 염두에 둘 것
- ▶ **국제적 경쟁** : 어떤 직종에서는 전 세계의 인력들과 경쟁할 것에 대비하기

3-2 일자리 찾는 방법

구직 방법에는 여러 다양한 방법이 있으며, 여러분은 이들을 모두 사용해야 할 것입니다. 예를 들면,

- ▶ **회사 사이트** : 취업하려는 회사 내에서 여러분이 갖고 있는 기술이 필요한 곳이 어디인지 알아보고 누구에게 연락을 해야 하는지 연구하기. 비록 인력 충원 계획이 없는 경우라도 전자 이력서를 보내거나 특정 회사 웹사이트에서 온라인 신청서를 작성하여 전화 통화에 관한 후속조치를 취해야 된다는 것을 유념할 것
- ▶ **인맥 쌓기** : 친구들, 이전 회사 동료 또는 그 외의 아는 사람들과 인맥을 쌓을 것. 그들에게 여러분이 구직 중인 사실을 알려주기. 고용주에게 훌륭한 사원을 뽑는 가장 좋은 방법은 회사 직원들의 추천을 통한 방법이기 때문임
- ▶ **일반 구직 사이트** : 구인회사들이 여러 종류의 일반 목적의

구직 방법의 성공률

(Booz, Allen Hamilton 2006 조사)

어떤 구직 방법이 가장 효과적인지 보여주는 설문 결과

회사 웹사이트 : 21%　　인맥을 통해서 : 19%　　일반 인터넷 취업 사이트 : 15%
채용 회사 : 10%　　신문 구인광고 : 6%

구직 포털 사이트에 구인광고를 내는 일이 늘어나고 있음. 이러한 일자리는 경쟁률이 높긴 하지만, 적어도 이 일자리를 찾을 수 있을 것임

▶ **채용** : 고용 관련 정부 기관이나 비영리 기관을 통해 전문적인 도움을 받을 것. 만약 여러분이 전문가 협회에 등록된 직업에 종사한다면 이 협회가 회원들이 이력서를 온라인으로 올릴 수 있도록 하고 있는지 알아보기

▶ **신문광고나 구인광고** : 구인광고에 연락해서 일자리를 얻는 것은 쉬운 방법이며 여전히 성공적인 방법 중 하나임. 그러나 이 방법에는 많은 경쟁자들이 있고 대부분의 일자리가 구인광고에 올라오지 않는 경우도 많다는 것을 유념해야 함

3-3. 정보제공 인터뷰
(Informational Interviews)

정보제공 인터뷰는 구체적인 일자리에 대해 알아보는 것이 아니고, 직업에 관한 일반적인 정보를 얻기 위한 것입니다. 여러분은 이 인터뷰 동안 두 가지의 목표를 가질 수 있습니다. 먼저 그 직업이 여러분에게 맞는지 아닌지를 알아보기 위해서, 두 번째는 당신이 인터뷰했던 사람과 연락망을 형성하기 위한 것입니다. www.roadtripnation.com 에서는 이러한 정보 제공 인터뷰 동영상을 볼 수 있을 것입니다.

▶ **이점**
- 연락하는 것 – 누군가와 연결되는 것
- 회사, 산업, 일자리에 대해 더 많은 것을 배우는 것
- 인터뷰 기술을 연습함으로써 자신감을 얻게 되는 것
- 광고에 올라와 있지 않은 일자리(hidden job)에 대해 알아볼 수 있는 가능성이 생기는 것

▶ **물어볼 사람**
- 친구, 가족, 이웃, 슈퍼바이저, 동료, 또는 이들이 알고 있을 만한 사람들
- 광고 전화번호부나 협회 명부에 기재된 사람들

▶ **Guidelines**
- 관심 분야 직업별로 세 사람씩 인터뷰하기
- 전화를 걸 때, 어떻게 상대방의 이름을 알게 되었는지 알려주기
- 이들의 경험을 바탕으로 조언을 얻고 싶다는 점을 설명하기
- 20분 정도의 면담을 요청하고 이것이 이루어지도록 노력하기
- 종이와 펜을 준비하여 이야기하는 내용을 메모하기
- 취업 인터뷰를 할 때처럼 정보제공 인터뷰를 위한 사전조사 하기
- 취업 인터뷰 때와 같은 복장을 갖추고 행동도 같이하기
- 어떤 식으로든 그 사람에게 일자리 요청은 하지 않기

▶ **예상 질문들**
- 어떻게 이런 종류의 업무와 일자리를 갖게 되었습니까?
- 어떤 유형의 준비/교육/연수를 받았습니까?
- 무엇이 필요합니까?
- 당신의 일중 가장 좋아하는 것과 가장 좋아하지 않는 것은 어떤 것입니까?
- 일할 때 가장 많이 사용하는 기술은 무엇입니까?
- 일상적인 하루나 한 주를 말해주세요.
- 무엇이 발전할 기회이며, 무엇이 한계입니까?
- 항상 경쟁력을 유지하기 위해 알고 있어야 하는 것은 무엇입니까?
- 일과 생활의 균형을 위한 전략은 무엇입니까?
- 전형적인 신입사원의 직책과 업무는 무엇입니까?
- 이 분야에서 제가 더 배우려면 어떻게 하라고 제안하겠습니까?

▶ **인터뷰 후**
- 필요할 때는 언제든 도움이 되고 싶다는 점을 말해주기
- 정보제공 인터뷰를 해줄 수 있는 다른 사람을 추천해 달라고 요청하기.
- 명함 받기
- 끝난 후 바로 감사의 카드 보내기
- 인터뷰한 사람의 말에 어느 정도 비중을 둘지 결정할 것. 들은 말을 가감하여 받아들이고, 자신의 판단을 가지고 소신 있게 결정하기

3-4. 인맥(네트워크)

대부분의 사람들은 인맥을 통해 취업을 합니다. 어디서 인맥을 형성하는지를 알게 되면, 이것은 쉬운 일이 될 것입니다. 이 사람들에게 당신이 구직에 관심 있다고 알려주세요. 또 당신에게 도움이 될 만한 정보가 있는지 물어보고, 이들 지인 중 정보를 제공해줄 만한 사람이 있는지 물어보세요. 이들에게 고마움을 표하고 진행사항에 관한 후속조치를 취하세요.

▶ **측근**
- 가족
- 친구
- 이웃

▶ **서비스업**
- 헤어 스타일리스트
- 우체부
- 세탁업자
- 정비사
- 회계사
- 여행사 직원

▶ **직장**
- 슈퍼바이저, 직장상사
- 동료
- 협회 회원

▶ **학교**
- 교사/교수
- 교우
- 학부모

▶ **단체**
- 자원봉사 회원
- 자립단체 회원
- 종교를 통해 알게 된 지인

▶ **여가 활동**
- 스포츠 팀 회원들
- 체육관 직원
- 취미 활동 파트너

3-5. 계속 추적(Tracking)

구직은 몇 날, 몇 주, 혹은 몇 달이 걸리는 작업입니다. 구직 과정에서 얻게 된 모든 정보와 서로 교환한 내용을 파악하기 위해서는

▶ **모든 것을 기록해둘 것**
- 연락처의 이름
- 기한
- 취한 조치 및 그 결과
- 잠재적 고용주에 관한 정보
- 제출한 지원서 사본
- 보낸 자기소개서 사본
- 직업 목록/직무설명서/광고의 사본

▶ **수첩을 사용할 것**
- 구인회사에 연락했던 날짜 기록하기
- 직장 당 한 페이지를 사용하기
- 연락한 각 사람의 직함과 이름 기록하기
- 전화, 이메일, 팩스 또는 대면 대화 내용 기록하기
- 각 대화의 요점을 기록하기

▶ **달력을 이용할 것**
- 각 직업에 대해 후속 조치를 진행하기
- 달력을 이용하여 매일 해야 할 일을 기록하기
- 해야 할 통화 및 취할 조치내용 기록하기
- 가장 효율성 있는 이동계획 세우기

취업, 이제는 글로벌 기업이다!

3-6. 비전통적 직업

비전통적 직업이란 임시직, 자원봉사, 프리랜서 등을 말합니다.

▶ 임시직

- 임시직은 하루에서 일 년 동안 잠정적으로 일하는 것을 말합니다. 여러분의 소속 기관이 여러분을 일거리가 있는 다른 회사로 파견합니다.

장점	단점
● 다양한 유형의 일과 활동 ● 새로운 환경에서 배울 수 있는 기회와 도전 ● 취업 여부에 관한 변동 가능한 스케줄과 선택권 ● 구직 기간 중 봉급 수입 ● 더욱 많은 인맥의 형성 기회 ● 정규 직원 전환 시 내부 인맥으로 분류	● 혜택(보험 등)이 매우 적음 ● 일자리 보장이 안 됨 　　– 사소한 경고만으로도 해고 대상 제 1호 ● 업무 거절 시 다른 업무 배당이 제한될 수 있어 현실적인 유연성이 떨어짐 ● 따분한 업무 배당 가능성

▶ 자원봉사 직

- 임시직처럼 자원 봉사는 고정직 취업에 앞서 그 업무나 일자리를 경험해보는 방법입니다. 이것은 또한 취업 분야 외부와 인맥을 맺는 방법을 제공합니다.

장점	단점
● 장점을 최대화하기 위해서는 조금 해보는 게 아니라 자신이 전념하고 있다는 것을 보여야 하며, 각 활동지에서 적어도 100시간은 전념해서 봉사해야 함	● 보수가 없다는 점

▶ 프리랜서

- 프리랜서는 헤드헌터가 개입되지 않는 임시직입니다. 헤드헌터 회사를 통하지 않고 직접 회사에 연락하고 계약직이나 임시직 근무를 제의합니다.

장점	단점
● 자신이 관리하게 됨 ● 임시직보다 더 많은 수입을 올릴 수 있음	● 자영업자로서 서류를 갖추어야 하고, 세금을 원천 징수해야 함 ● 항상 의욕적으로 일해야 함. 일하지 않으면 수입이 없음

4. 구인회사에 연락하기

취업 가능성을 확인했으므로 이제 취업할 회사와 연락해볼 차례입니다.

이 단계를 끝내면 여러분은

1. 효과적으로 구인회사와 연락할 수 있게 됩니다.

2. 커버레터를 준비할 수 있게 됩니다.

3. 전화나 1차 인터뷰를 수행할 수 있게 됩니다.

구인회사와 연락하는 4가지 방법이 있습니다.

4-1. 전화로 연락하기

▶ **기본적인 전화 가이드**

전화는 구직을 위한 기본 도구입니다. 전화 예절 때문에 여러분이 직업을 얻거나 얻지 못할 수도 있습니다.

> ▶ **해야 할 것**
> - 짧게 – 상대방의 바쁜 시간을 배려하는 태도를 보여주기
> - 전화는 업무 시간에 하기
> - 너무 자주 통화하지 않기 – 성가시게 하지 말기
> - 걸려온 전화는 상대방이 먼저 끊기 전에는 끊지 말기
> - 가능하면 먼저 전화 걸기 – 상황을 통제할 수 있음
> - 자동 응답기에는 간결하고 사무적인 메시지 남기기
> - 경청하여 듣기
> - 가능한 한 빨리 회신하기
> - 정확하게 이야기하기
> - 서서 전화 받기 – 여러분의 목소리가 더욱 전문적으로 들릴 것입니다.
> - 전화걸 때는 신속히 이야기하기. "바쁘실 텐데 잠시만 실례합니다." 또는 그와 비슷한 말을 하고 통화는 신속히 끝내기
> - 전화할 때는 여러분이 누구인지 즉시 이야기하고 전화를 한 이유를 설명하기
>
> > ▶ **하지 말아야 할 것**
> > - 운전이나 다른 일을 하는 동안 통화하는 것
> > - 통화 중 껌을 씹거나 음료수를 마시거나 음식물 먹는 것
> > - 쉴 새 없이 계속 말하는 것

▶ **전화 및 화상 인터뷰**

채용회사가 알고 싶은 것들

- 자질이 있는지
- 말을 똑똑히 잘하는지
- 진심으로 관심이 있는지
- 직접 대면하여 인터뷰할 가치가 있는지

▶ **전화(화상) 인터뷰 전에 준비해놓을 것들**

- 스크린(화상) 통화 – 준비가 안 된 경우 전화를 받지 말기
- 전화 옆에 노트북, 달력 및 이력서를 준비해놓기
- 통화할 때 쓸 문구나 질문 사항을 적어놓기
- 회사에 관해 기록한 노트를 읽어보기
- 인터뷰 후 '고맙다는 인사'를 잊지 않고 하기 위해 메모해놓기

4-2. 커버레터

커버레터는 자신에 대한 소개이자 설득을 위한 말이며, 앞으로 취할 조치에 대한 제안이라고 할 수 있습니다. 이것은 구인회사에 접촉하는 가장 중요한 도구입니다. 커버레터는 자신의 희망 직책과, 왜 그 회사에서 일하길 원하며, 어떻게 회사에 기여할 것이라는 것을 설명하게 합니다. 이것은 여러분이 이력서에 기재한 기량과 경험을 더욱 확대시키는 기회입니다(단, 한국 기업의 경우 일반적으로 커버레터를 쓰지 않는 경우가 많고, 주로 인터뷰 시나 자기소개서 내용에 포함하는 경우가 많음을 참조하기 바랍니다).

▶ 커버레터 작성 목표
이력서 앞에 붙이는 커버레터는
- 자신의 기술과 경험이 어떻게 회사에 도움이 될 수 있을지 명확하게 써야 합니다.
- 자신에게 인터뷰 기회를 주도록 회사 측을 설득시켜야 합니다.

▶ 커버레터의 유형
본질적으로 3가지 유형이 있으나 기본 형식은 모두 같습니다. 이 유형은 아래 세 가지입니다.
1. (예:신문광고) 광고에 대한 응답용
2. (장래 또는 광고되지 않는 사원채용계획을 묻는) 임의의 편지
3. 추천서(구직자와 구인회사가 함께 알 수 있는 사람을 언급하는 경우)

▶ 사전작업
- 쓰기 전에 알아보아야 합니다.
- (그들의 허락을 받고) 회사에서 근무하는 사람들 중 이름을 댈 만한 사람을 찾습니다.
- 편지를 보내야 할 사람이 누구인지 알아내야 합니다(인사 담당자, 위원회, 멤버스, 채용 관리자).
- 회사에 대해 알아보아야 합니다.

▶ 여러분의 커버레터를 성공적으로 이끄는 가이드라인

▶ 해야 할 것
- 깔끔하고 간결하며 전문적이고 정중하게 쓰기
- 어떻게 회사에 도움을 줄 것인지에 중점을 둘 것
- 추천인이 있는 경우 그의 이름과 직책을 첫 문장에 언급하기
- 이력서와 함께 특정 직종에 맞추어 가다듬어진 커버레터를 함께 구비하기
- 지원하는 회사에 대해 알아보았고 이 회사에 관해 알고 있음을 보여주기
- 원본 구분을 위해 파란색 펜으로 서명하기
- 행위 동사와 함께 직접적이며 간단한 용어 사용하기
- 편지는 본인이 직접 쓸 것. 이것은 또한 업무의 견본임

▶ 하지 말아야 할 것
- Dear Sir/Madam(관계자 제위…) 등과 같은 일반적인 호칭 사용하기
- 오타나 실수
- 한 페이지 이상의 긴 편지 쓰기
- 이력서의 내용 반복하기
- 부정적인 내용을 쓰기
- '그럼에도 불구하고'그러나' 등과 같은 표현으로 자신의 경력을 깎아내리기

J.J. Jean
1122 12th Street
Sacramento CA 99999
(000) 111-2222 jjjean@net.com

Date of Writing

Contact Name
Title of Contact
Name of Organization
Street Address
City, State Zip Code

Dear Mr. or Mrs.______________And/or Committee Members,

State the purpose for writing and the name of the position you are applying for. Say who referred you or how you heard of the position. Be as specific as possible. Write with enthusiasm.

Summarize your qualifications which you think would be of the greatest interest to the employer. Look at the job announcement and use your résumé along with the results of your assessments to help you find the skills and experience that makes you an ideal candidate. Cite relevant education and experience, competencies and interests as they relate to the position. This may take two or three paragraphs.

Sincerely state your interest in their organization. Show them you have done your research by including information that you know about the company or the position. Explain why you want to work for them.

Thanks them for taking time to review your enclosed résumé and/or application. Let them know you are looking forward to the next step in the process of the opportunity to meet with them in person. Tell them how they can reach you and thank them for their consideration.

Sincerely,

Your Signature

Your typed name

4-3. 온라인으로 일자리 알아보기

인터넷은 종래의 구직 과정의 속도를 상당히 높여놓았습니다. 온라인으로 직업을 찾는 몇 가지 비결을 알아보도록 하겠습니다.

▶ **온라인 검색 :**
구인회사에 대해 알아보기 위해 관심 있는 회사의 웹 사이트를 방문해보세요

▶ **온라인 지원서 :**
사원을 모집하는 대부분의 회사는 온라인용 지원서를 사용하고 있습니다.

▶ **온라인으로 회사와 연락하기 :**
이메일로 이력서를 보내 많은 회사와 온라인상으로 연락할 수 있습니다.

▶ **이메일 이력서 :**
이력서를 이메일 자체에 쓰거나 첨부물로 보낼 수도 있습니다.

▶ **이력서의 posting :**
전문 직종 사이트 또는 국내외 job 포털 사이트 같은 수많은 구직 사이트에 이력서를 온라인으로 등록하여 포스팅(post-ing) 해놓을 수 있습니다.

▶ **웹 이력서와 포트폴리오 :**
특히 웹디자인, 그래픽 예술, 혹은 관련된 분야에 전문성 이 있는 경우에 웹 이력서(이력서 웹페이지)와 포트폴리오(사진이나 글 같은 온라인상에 나와 있는 작품들)는 유용합니다. 여러분이 일단 그런 작품을 만든 경우에는 그 작품들을 계속해서 업데이트 시키세요.

▶ **구인회사의 연락 기다리기 :**
수동적으로 일자리를 알아보다가는 성공하기 어렵습니다. 하지만 만일 구인회사들이 여러분의 웹 이력서와 포트폴리오 검색 방법을 알고 있다면. 이를 통하여 여러분은 이미 관심을 가진 그들에게 어필할 가능성이 있습니다.

▶ **온라인으로 인터뷰하기 :**
온라인으로 인터뷰하는 경우는 아직 드문 일이지만, 많은 구인회사들이 지원자들과 직접적으로 얘기해보지 않고도 부적합한 지원자들을 골라낼 수 있다는 것을 인식함에 따라 점점 더 널리 사용되고 있습니다.

4-4. 지원서

많은 회사들은 취업지원자들이 해당직위에 적합한지 알아보기 위해 이력서가 아닌 별도의 지원서 양식을 사용하기도 합니다. 따라서 지원서를 작성할 때는 되도록이면 특별한 기량을 많이 써야 합니다. 업무설명서(직무기술)를 읽고 그 업무가 필요로 하는 기술과 장비를 결정한 후에 자신이 그 이상의 것을 가지고 있다는 것을 보여주도록 노력하기 바랍니다. 작성할 때 이전의 직장을 왜 그만두게 되었는지 간략하게 적고, 긍정적인 자세로 얻고자 하는 것이 무엇인지 강조하세요. 자신의 공식적인 직무가 아니라, 실제로 어떤 일을 했는지를 적어야 합니다.

▶ **지원서 양식 작성 요령**
- 지원서는 모든 직위에 공통적이기 때문에 여러 개를 작성할 수도 있습니다.
- 필요한 정보를 모두 파악하기
- 모든 지시 사항을 신중하게 읽기
- 정직하게 쓰기 : 거짓말은 하지 마세요.
- 깔끔하게 쓰기 : 대충 쓴 지원서는 여러분이 게으른 직원이 되리란 암시를 줍니다.
- 모든 항목을 빠짐없이 쓰기 : 여러분에게 해당되지 않는 부분은 '해당없음'이라고 쓰세요.
- 관련된 경력과 기술을 제일 먼저 쓰기
- 희망급여 란에는 '협의 가능'이라고 쓰기
- 이력서를 첨부하되 지원서도 작성하기

- 지원서의 모든 부분들이 이력서와 일치하게 쓰기
- 실수한 것이 없도록 교정 보기
- 가능하면, 복사본을 갖고 있기
- 회사가 제출 서류를 받았는지 일주일 후에 확인하기

▶ **후속 조치**
- 후속 조치는 여러분의 흥미, 독창성, 책임감을 보여줍니다.
- 지원한 후와 인터뷰 후 확인 전화는 수일에서 1주일 정도 기다린 후에 하기
- 지원한 작위와 스스로에 대해 알아보기
- 제출 서류가 모두 도착했는지 물어보기
- 언제 결정되며, 그 밖에 다른 필요한 사항은 없는지 물어보기

5. 인터뷰

인터뷰 약속을 잡아놓은 상태이므로 이 5번째 단계에서는 구인회사로 하여금 여러분을 채용하도록 납득시킬 비결을 제공할 것입니다. 인터뷰는 자신이 그 회사에 적임자라는 것을 증명할 기회입니다.

이 단계를 끝내면 여러분은

1. 효과적인 인터뷰를 수행할 수 있게 됩니다.
2. '인터뷰 전'과 '인터뷰 중', 그리고 '인터뷰 후'에 해야 할 행동들을 설명할 수 있게 됩니다.
3. 제안된 일자리를 평가하고 채용 조건에 대해 협상할 수 있게 됩니다.

5-1. 준비

고용회사의 목표와 자신의 목표를 효과적으로 파악하여 인터뷰를 준비하세요.

▶ **지원자의 목표**	▶ **채용 회사의 목표**
● 지원자의 목표는 다음 질문에 대답하는 것임 　• 이 직업을 원하고 있는지? 　• 자신이 이 근로 환경에 잘 들어맞는지? 　• 자신이 바로 채용 회사가 원하는 사람이라는 것을 증명해 보일 수 있는지?	● 계속 업무가 이어질 수 있도록 빈자리를 채우는 것 ● 능력 있고 신뢰할 만하고 열정적이며 사회성 있는 사람을 채용하는 것

5-2. 인터뷰 유형

여러 종류가 있으므로 모두에 대비해야 합니다.

▶ **예비 면접** : (가끔 전화상으로) 기본 자질 체크를 위한 인터뷰

▶ **전통 방식의 인터뷰** : 보통 지원한 회사에서 의자에 앉아 인터뷰 담당자와 이야기하는 형식

▶ **행동적 인터뷰** : 업무를 수행하거나 업무에 대한 테스트를 받거나 또는 어떤 구체적인 상황에서 어떻게 대처할 것인지 묻는 질문에 대답하는 형식

▶ **기술적 인터뷰** : 직업 요구사항, 장비, 기술적 숙달성과 관련된 구체적인 질문에 대답하는 형식

▶ **전화나 컴퓨터 인터뷰** : 전화나 이메일 혹은 온라인 형식을 통해 질문, 업무에 대답하는 형식

▶ **일대일 인터뷰** : 일대일로 인터뷰하는 형식

▶ **팀 또는 위원회 인터뷰** : 동시에 여러 사람들과 인터뷰하는 형식

▶ **그룹 인터뷰** : 다른 후보자들과 함께 동시에 인터뷰하는 형식

▶ **복수 단계별 인터뷰** : 일련의 인터뷰 계획에 따라 가각 다른 단계의 사람들과 일대일로 인터뷰하는 형식

5-3. 첫 번째 질문

인터뷰 요청을 받으면 바로 세부적인 사항을 파악해야 합니다.

● 인터뷰 장소와 가는 길 물어보기 : 위치와 이동 시간 파악을 위해 현장 답사해볼 것
● 인터뷰 시작 시간과 인터뷰 소요 시간을 물어보기
● 각 인터뷰 담당자의 이름과 직함을 물어보기
● 테스트나 수행 임무들이 있는지 물어보기
● 글이나 포트폴리오가 필요한지 물어보기

5-4. 행동 습성 파악 인터뷰 시 STAR를 이용해 답하기

성공적인 경력에 관한 이야기는 면접관으로 하여금 여러분을 기억하고 신뢰할 수 있게 해줍니다. 많은 구인회사들은 행동적 질문을 통하여 여러분의 성공적인 이야기를 할 기회를 줄 것입니다. 행동에 관한 질문은 "5-6. 지원자가 갖추어야 할 7가지 특성"에서 설명할 예정입니다.

인터뷰에 앞서, 아래에 설명한 STAR 시스템을 사용하여 각 질문에 대한 답을 적어보세요. 반은 여러분의 성취에 관한 것으로 쓰고, 그리고 나머지 반은 여러분이 잘 해결했거나 좋은 쪽으로 반전시켰던 안 좋았던 상황을 적어보세요.

S(Situation)　어떤 사건이나 문제가 일어났을 때의 상황을 구체적으로 적어보세요.

T(Task)　문제가 생겼던 업무를 적어보세요.

A(Action)　상황이나 업무로부터 생긴 문제를 다룰 때 취했던 조치를 적어보세요.

R(Result)　취한 행동의 결과를 적어보고, 이 같은 모든 과정들 속에서 배운 점이 무엇인지 적어보세요.

이 이야기를 할 때
결코 자신의 동료와 슈퍼바이저
또는 고객을 험담하지 말기

- 자신의 실적에 관해 이야기할 때 구체적이고 측정 가능한 세부 내용을 제공하기
- 가능하면 달러(원), 시간, 퍼센트 또는 수량을 사용하여 결과를 수량화할 것
- 편안하고 자연스럽게 느낄 때까지 이야기하는 연습하기

5-5. 채용 회사는 왜 질문을 하는가

기대할 수 있는 한 가지는 채용 회사는 여러분에게 많은 질문을 한다는 것입니다. 왜 그럴까요? 채용 회사들은 위험 부담을 줄이고 좋은 결정을 내리기 원합니다. 그들은 잘못된 채용으로 막대한 비용손실을 입는데, 거기에는 다음과 같은 것이 포함됩니다.

- ▶ 고용 : 광고, 이적에 관한 지출
- ▶ 시간 : 잘못 채용된 사원을 인터뷰하는 데 보낸 시간과 추천서 체크하는 데 보낸 시간
- ▶ 훈련 : 잘못 채용된 사원을 훈련시키는 데 보낸 시간
- ▶ 손해 : 잘못 채용된 사원이 회사 자산과 다른 직원들에게 해를 입혀 발생하는 손해
- ▶ 수리 : 잘못 채용된 사원이 해놓은 잘못된 업무를 다시 고치는 데 들어가는 시간
- ▶ 교체 : 잘못 채용된 사원을 교체하는 데 들어가는 시간 비용
- ▶ 생산성 : 해당 포지션의 공석으로 발생한 생산성 및 이윤의 하락에 따른 비용

5-6. 지원자가 갖추어야 할 7가지 특성

인터뷰할 때 면접관들이 여러분이 갖추었으면 하는 것이 바로 이 7가지 특성입니다. 여러분이 이 특성을 갖추고 있는지 가늠할 수 있도록 만들어진 아래의 질문에 대답할 수 있다면, 여러분은 인터뷰 담당자가 어떠한 질문을 하든지 잘 대답할 수 있을 것입니다. 질문에 대답할 때는 정직하게 해야 합니다. 그리고 원하는 직장을 얻게 되었을 때, 자신이 했던 대답에 부응할 수 있길 바랄 것입니다.

1. 여러분은 신뢰할 만한 사람입니까?
- **우려사항 :** 회사는 신뢰할 수 없거나 회사로부터 훔쳐내 갈 사람을 뽑고 싶어 하지 않습니다.
- **본질적인 면 :** 개인적 특성. '당신은 누구인가?'
- **대응 요령 :** 정직하게 대답하세요. 눈을 마주 보고, 진실성을 보이세요. 그리고 여러분의 외모, 용어, 말투, 톤, 몸짓 등이 진실로 받아들여지면 여러분은 신뢰를 받게 될 것입니다.

2. 이 일을 할 수 있습니까?
- **우려 사항 :** 회사는 무능하고 준비되지 않은 사람을 채용하고 싶어 하지 않습니다.
- **본질적인 면 :** 기술, 능력, 강점, 상황
- **대응 요령 :** 자신의 기술로, 그리고 어떻게 여러분이 지금 당장 또는 장차 이 조직과 회사를 도울 수 있는지에 중점을 두고 대응하기 바랍니다.

3. 여러분의 업무에 정말 열심히 하겠습니까?
- **우려 사항 :** 회사는 게으르거나 불성실하고, 혹은 열심히 일하지 않는 사람을 채용하고 싶어 하지 않습니다.
- **본질적인 면 :** 진취성, 태도
- **대응 요령 :** 일에 대한 열성과 열정을 보여주세요. 여러분의 착한 직업윤리에 관한 이야기를 해주세요.

4. 여러분에게 이 일이 잘 맞을 것 같습니까?
- **우려 사항 :** 회사는 다른 사람들에게 반감을 사거나 불행해질 사람을 채용하고 싶어 하지 않습니다.
- **본질적인 면 :** 관계, 동료, 상사, 고객
- **대응 요령 :** 과거에 슈퍼바이저, 동료, 고객들과 가졌던 긍정적인 상호관계를 설명하세요. 면접관과도 좋은 관계를 유지해야 합니다.

5. 곧 그만둘 것입니까?
- **우려 사항 :** 회사는 곧 그만두게 될 사원에게 시간과 돈을 투자하길 원치 않습니다.
- **본질적인 면 :** 미래, 계획, 목적, 목표
- **대응 요령 :** 이 회사에서 경력을 쌓고 당분간 이 회사에 계속 남아 있겠다는 계획을 말해주어야 합니다.

6. 안전한가?
- **우려 사항 :** 회사는 사람이나 자신에 해를 입힐 만한 사람을 채용하고 싶어 하지 않습니다.
- **본질적인 면 :** 분쟁, 스트레스
- **대응 요령 :** 몇몇의 질문이 이런 우려를 직접 다룹니다. 항상 친절해야 합니다. 겁을 주려고 해서는 안 됩니다. 깔끔하고 전문가답게 유연하고 편안한 인상을 주어야 합니다.

7. 내가 당신을 고용할 능력이 되는가?
- **우려 사항 :** 회사가 여러분을 채용할 조건이 되지 않는다면 시간을 낭비하길 원치 않습니다. 또한 여러분이 거절하지 않는다면, 그들은 당신에게 최소한의 임금을 지불할지도 모릅니다.
- **본질적인 면 :** 이윤, 급여, 초과 근무, 보상
- **대응 요령 :** 저에게 일을 맡기실 건가요? '네'라면 협상을 시작해도 좋습니다. '아닙니다'하고 말하면 보상에 관해 논의하기 전에 그 직업에 대해 여러분이 잘 맞는지 아닌지를 계속 이야기하고 싶다고 말하기 바랍니다.

5-7. 인터뷰 예상 질문

아래의 질문은 인터뷰 중에 나올 수 있는 것들입니다. 각 질문에 해당하는 대답을 적어보세요. 그리고 "5-4. 행동습성 파악 인터뷰 시 STAR를 이용해 답하기"를 꼭 사용해보기 바랍니다. 아래의 각 질문에서 "5-6. 지원자가 갖추어야 할 7가지 특성" 중 어느 것이 질문 사항으로 나올지 파악할 수 있습니까?

1. 자신에 대해 말해보세요.

2. 자신의 강점과 약점은 무엇입니까?

3. '시간을 잘 지키는 것'을 여러분은 어떻게 정의 내리실 것입니까?

4. 자신을 어떤 사람이라고 설명할 것입니까?

5. 굉장히 힘들었던 상황을 다루었던 때를 설명해주세요. (행동 질문)

6. 문제를 해결했던 때를 설명해주세요. (행동 질문)

7. 여러분이 목표를 설정하고 달성한 예를 말해주세요. (행동 질문)

8. 갈등을 어떻게 해결했습니까? (행동 질문)

9. 여러분이 동의하지 않는 정책을 따라야 했을 때를 설명해 주세요. (행동 질문)

10. 직장에서 여러분의 직무 범위를 넘어서는 일을 하도록 요청받았던 상황을 설명해주세요. (행동 질문)

11. 화가 난 고객이나 동료를 다루었던 최근 상황에 대해 설명해주세요. (행동 질문)

12. 최근 직위를 떠난 이유는 무엇입니까?

13. 왜 우리 회사에서 일하기를 원합니까?

14. 5년 뒤에 여러분은 어디에 있기를 원하십니까?

5-8. 지원자가 면접관에게 물어볼 질문

인터뷰 중 여러분은 면접관에게 질문할 수 있는 기회가 있을 것입니다. 질문을 한다는 것은 자신이 직장에 관심이 있고 일할 준비가 되어 있음을 보여주는 것입니다. 회사 매출, 비전, 운영 방침, 정책 등의 내용을 인터넷을 통해 검색하여 준비하고, 우선순위를 정하여 중요하다고 생각하는 리스트를 몇 가지 준비하기 바랍니다. 인터뷰 시에 준비해놓은 질문 중 1~2가지를 질문하고, 추가로 질문을 원할 경우에는 추가로 준비해놓은 1~2가지 질문을 하세요. 인터뷰 중간에 생각나는 질문을 해도 됩니다(다만, 모두 합쳐서 3가지 질문을 초과하지 않는 것을 권장합니다).

물어볼 가능성이 있는 질문들 :

이 직위에 입사하는 직원에게 무엇을 기대하고 계십니까?

이 포지션에 제가 채용되는 경우, 제가 어떤 연수 과정에 참가하게 됩니까?

이 회사는 어떻게 직원들을 오래 근무하도록 합니까?

이상적인 직원 상에 대해 설명해주십시오.

이 업무 수행에 어떤 기술이 필요합니까?

업무 실적을 어떻게 측정하고 조사합니까?

이 업무의 전형적인 하루 일과와 주중 일과에 대해 설명해주십시오.

이 업무의 장점과 단점은 무엇입니까?

이 직위에 보통 직원들이 얼마 동안 근무를 합니까?

가장 최근에 이직한 사람의 이직 사유는 무엇입니까?

어떻게 이 직책이 이 기관과 적합합니까?

이 부서에는 직원이 몇 명입니까?

당신은 여기서 근무한 지 얼마나 되셨습니까?

회사 문화에 대해 설명해주실 수 있습니까?

이 미팅 후 다음 단계는 무엇입니까?

언제 결정을 내리실 것입니까?

언제쯤 연락받을 수 있을까요?

취업, 이제는 글로벌 기업이다!

5-9. 조사

조사는 인터뷰 전에 여러분이 꼭 해야 할 중요한 일로서 회사에 관한 정보를 파악하는 것입니다.

직업에 관한 일반적인 요소

▶ 알아야 하는 것 :
  - 자신이 지원하려는 직업의 국가적, 지역적 평균 급여
  - 경제적 전망 : 이 분야가 성장 추세인가 아니면 하락 중인가?
  - 전형적인 발전 가능성

▶ 정보를 찾을 수 있는 곳 :
  - Career-oriented websites : www.oneton-line.org,
  - www.salary.com, www.payscale.com
  - 전문가 협회
  - 현재 그 직위에서 일하고 있는 사람

채용 회사에 관한 정보

▶ 알아야 하는 것 :
  - 그 회사의 제품
  - 조직 구조
  - 제공하는 서비스
  - 주식 가격 등 재정 상태
  - 경쟁사
  - 평판
  - 고용, 제품 믹스 또는 경쟁 포지션에서 최근의 주요 변화와 다가오는 주요 변화
  - 기업의 운영 방침, 정책

▶ 정보를 얻을 수 있는 곳
  - 공공 도서관
  - 회사의 뉴스레터와 홍보 간행물
  - 회사 웹사이트
  - 회사 연보(연차 보고서)
  - 인터넷 검색 엔진
  - 여러분의 지인이나 그들의 친구들
  - 기업 고객
  - 인사 담당 부서와 홍보 부서
  - 경쟁사와 전직 직원

5-10. 채용 전 필요 테스트

많은 채용 회사들은 지원자를 대상으로 채용 전 테스트를 합니다. 테스트는 바람직하지 않거나 부적절하게 숙련된 지원 후보자를 선별하는 데 도움이 됩니다.

테스트 유형

▶ 지식/능숙함 : 실직적인 업무를 완수하는 것. 예 : 타이핑 테스트. 알파벳순으로 파일 분류하기
▶ 식자율(읽고 쓸 줄 아는 능력) : 독해, 수학 테스트
▶ 성격 : 개인 선호 물어보기(예 : 마이어스 브릭스 평가〔MBTI〕)
▶ 정직과 성실성 : 여러분의 신뢰성과 정직성에 대해 묻는 필기시험
▶ 신체 능력 : 업무상 필요한 경우 체력과 유연성 테스트
▶ 지적 능력과 소질 : 회사가 직원의 학습 능력을 예측하는 데 쓰는 아이큐 테스트
▶ 건강 검진 : 체력 평가를 위한 의사의 진찰
▶ 신원 확인 : 범죄 기록과 운전 기록, 신용 기록 등의 검토

▶ 인터뷰 전에
  - 제 시간에 깔끔하고 준비된 상태 유지

▶ 무엇을 입어야 할지 알 수 있는 방법
  - 회사를 방문해서 다른 사람들이 입고 있는 것을 관찰하고, 한 단계 더 형식을 갖추어 입기
  - 인사과에 연락하여(고용 관리과가 아닌) 어떤 복장이 적절한지 물어보기
  - 실내업무 수행 시에는 남자는 검은 양복을 착용하고, 여성은 치마 정장을 착용할 것을 권장합니다.

▶ 옷을 사는 곳
  - 만약 입을 옷이 없고 경제적 형편도 좋지 않다면 :
  - 친구에게 옷을 빌려 입기
  - 중고품 가게에서 구매하기

▶ 가져가야 할 것
  - 깔끔하고 깨끗한 서류가방이나 포트폴리오
  - 날씨에 따라 우산이나 코트
  - 다른 사람을 데려가지 말 것. 누군가 함께 동행하는 경우, 회사 사람들 눈에 띄지 않는 곳에서 기다리게 하기

▶ **여성을 위한 기본 복장**
- 깨끗하고 손질한 머리
- 드러나지 않는 검소한 화장
- 지나친 향수는 삼가기
- 수수하고 작은 보석 패물 착용(가진 경우)
- 피부 톤의 양말 류 착용 : 흰색이나 광택 나는 것 제외
- 깨끗한 핸드백 휴대. 너무 많은 것을 넣어 부풀어 보이지 않게 할 것

▶ **남성을 위한 기본 복장**
- (수염은) 깨끗하게 면도하거나 적어도 단정하게 손질
- (머리는) 깨끗이 감고 단정히 손질
- 넥타이는 보수적인 것으로
- 단추를 채우는 흰색이나 푸른색 긴팔 셔츠를 입을 것
- 시계와 결혼반지, 졸업 기념반지를 제외하고는 장신구를 착용하지 않기

▶ **인터뷰 복장 체크 리스트**
인터뷰 복장 체크 리스트는 복장과 외모를 준비하는 데 참고해야 할 목록입니다.
- 덧대거나 찢어진 부분, 얼룩 등이 없는 단정한 옷
- 깨끗한 치아와 구취 없는 청결한 구강
- 깨끗하게 손질한 손톱
- 향수나 화장수는 피하기
- 깨끗한 정장 구두
- 모자는 쓰지 않기
- 글씨 새긴 옷은 피하기

▶ **마음의 준비를 하기**
- 긍정적인 마음 가지기
- 자신이 내보일 것이 많다는 것을 상기시키기
- 자신의 인생에서 성공적인 순간을 기억하기
- 인터뷰 담당자들도 우리와 같은 평범한 사람들임을 기억하기
- 자신이 이 직업을 가질 만한 충분한 자격이 있으며, 면접에서는 단지 이를 드러내 보이는 것이라고 생각하기

▶ **예행연습**
- 약간의 연습으로 인터뷰 전 불안감을 해소시켜줄 것입니다.
- 자신의 고유한 기량과 자질을 재검토하기
- 여러분의 이력서와 지원서를 살펴보기
- 친구나 비디오카메라를 두고 질문에 대답하는 것을 연습해보기
- 자신의 인터뷰 강점과 발전시켜야 할 부분을 확인하기
- 너무 지나치게 연습하거나 답변 암기하지 않기
- 인터뷰 복장이 잘 맞는지 확인하기

▶ **인터뷰 며칠 전**
- 이동 시간 파악을 위해 인터뷰 장소로 차를 운전하며 가보기
- 차를 깨끗하게 해놓을 것. 인터뷰 담당자가 여러분 차까지 배웅을 나올 수도 있습니다.
- 차에 연료 채워놓기
- 인터뷰 담당자가 누구인지 다시 한 번 확인하기
- 불가피한 경우에 대비하여 예비 계획을 세워놓기

▶ **인터뷰 전날 밤**
- 손톱의 상태를 확인하고 깨끗이 유지하기
- 따뜻한 물에 목욕하기
- 인터뷰 날을 위해 지원 인맥을 준비시켜두기
- 다음날의 일기예보 확인하기
- 휴대할 물건을 옆에 챙겨두기
- 숙면하기

▶ **준비물**
인터뷰 때 가져가야 할 아래 준비물을 잊지 않도록 문 옆에 챙겨놓기 바랍니다.
- 노트 패드와 펜
- 직업 포트폴리오
- 여분의 이력서
- 추천인 목록의 복사본
- 여러분의 질문과 답변들
- 여성의 경우 여벌의 스타킹 한 컬레

▶ **인터뷰 당일 아침**
기상 후 아래 사항을 재확인하기 바랍니다.
- 과도한 보석류, 과한 화장 및 화장수 피하기
- 과도한 카페인 피하기
- 양치질하기
- 인터뷰 장에 10분 전에 도착할 수 있도록 집에서 일찍 출발하기

▶ **인터뷰 장소에 들어가기 전**
인터뷰 장소에 도착했을 때 :
- 화장실에 들러 옷매무새를 단정하게 가다듬기
- 입에 있는 껌이나 사탕은 버리기
- 핸드폰이나 호출기 끄기
- 인터뷰 담당자를 침착하게 기다리기
- 주위를 돌아보고 주위 환경을 인식하기
- 천천히 깊이 숨을 내쉬며 안정 취하기

▶ **인터뷰 동안**
인터뷰 장에 발을 들여놓는 즉시, 아래 제안에 따라 인터뷰를 시작하세요.

▶ **인터뷰 장소로 들어갈 때**
- 건물로 들어온 순간부터 인터뷰가 시작됨
- 안내원과 비서에게 상냥하게 대하기
- 면접관에게 자신을 소개하기
- 눈을 맞추고 악수는 확실하게 하기
- 인터뷰하게 되어 기쁘다고 말하기
- 앉으라고 할 때 앉기
- 수첩과 펜 꺼내기
- 면접관이 먼저 말을 시작하면 말하기
- 면접관을 이름으로 부르기
- 사무실 환경에 대해 언급하기

▶ **자신의 의견 말하기**
- 자신이 왜 이 업무에 가장 적격인지 설명하기
- 이력서와 지원서가 자신을 전부 표현하리라는 기대 하지 않기
- 회사를 위해 무엇을 할 수 있는지 강조해서 말하기
- 자신의 기량이 회사에 어떻게 도움되는지 설명하기
- 잘 들리도록 확고하게 큰소리로 말하되 너무 시끄럽 게 말하지 않기
- 절대 '예' '아니오'로만 대답하지 않기
- 자신이 회사에 대해 조사한 것을 자신 있게 말하기
- 자신의 직업 포트폴리오의 각 항목 보여주기
- 할당받게 될 특정 업무뿐 아니라 기관, 조직에도 관심 이 있음을 보여주기

▶ **상황 평가하기**
- 자신이 토론의 동일한 파트너라는 것을 유념하기
- 인터뷰를 심문이 아닌 대화로 인식하기
- 자신이 준비한 질문을 계획대로 하는 것도 잊지 않기
- 자신이 문제해결 과정에 참여하고 있다고 생각하기
- 잘 들은 다음 대답하고 질문은 그 다음에 하기

▶ **올바른 태도**
- 자신이 일자리를 원하고 있다는 것 보여주기
- 업무에 대한 열성 보이기
- 긍정적인 태도 보이기 : 부정적이거나 절망적인 말 삼가기
- 활기찬 모습 보이기 : 풀죽어 보이거나 하품하거나 껌 을 씹거나 싫증난 표정을 짓지 않기
- 냉정을 유지하기 – 흥분하지 않기
- 침착성을 유지할 것– 조바심을 내거나 너무 큰소리 내지 않기
- 진실성 보이기 – 속이거나 지나치게 아첨하지 않기
- 진지하게 대하기 – 농담하지 않기
- 전문가답게 행동하기 – 최고의 예의 갖추기

▶ **인터뷰 질문에 대답하는 방법**
- 서두르지 말고 천천히 대답할 것 : 이렇게 하는 것은 대단히 중요함
- 대답은 짧게 하기
- 정직하게 대답하고 거짓말은 하지 않기
- 모르면 모른다고 대답하기
- 자신의 개인 생활을 이야기하지 않기
- 경솔한 태도 보이지 않기
- 가능하면 STAR 방식을 사용하여 이야기하기 : 자신 의 능력을 증명할 수 있는 기회임
- 잘못 알아들었을 때는 다시 말해달라고 요청하기
- 가끔 침묵이 흘러도 걱정하지 말기
- 대답하기 전에 생각할 시간이 필요하면, 잠시 생각해 보겠다고 말하기
- 속어를 사용하거나 '음…, 어…'와 같은 군더더기 표 현 삼가기
- 말을 하기보다 더 경청하기

▶ **경청해야 하는 이유**
- 자연스럽고 효과적으로 대답하는 데 도움이 됩니다.
- 언제 말해야 할지를 알게 됩니다.
- 자신이 집중하여 듣는 사람인지, 또는 '예'라고만 대 답하는 사람인지 떠보기 위한 교묘한 질문을 가려낼 수 있습니다.

▶ **경청하는 방법**
- 모든 에너지를 자신이 해야 할 말에 집중하는 것이 아 니라 면접관에게 집중시키기
- 면접관이 말하는 것과 말하지 않는 것에 주의를 기 울이기
- 고개를 끄덕이거나 미소 짓고 흥미를 갖고 있다는 표 정 짓기
- 필요할 때는 메모하기

▶ **끝내고 나가기 전에**
인터뷰가 끝나고 나가기 전 다음 몇 가지 행동을 함으로 써 좋은 인상을 심어주세요.
- 명함 요청하기
- 면접관의 눈을 보면서 이 회사에 취업하기 원하며 함 께 일하고 싶다고 말하기
- 다음 절차가 무엇인지 물어보기
- 관심 갖고 시간을 내주어 감사하다고 말하기
- 악수 청하기
- 나가면서 안내원에게도 미소와 함께 감사하다고 말 하기

5-11. 인터뷰 후에

▶ 인터뷰 직후

● 만난 사람의 이름과 개인 정보 및 자신이 회사에 대해 알게 된 정보를 노트에 메모합니다.

● 자신이 최선을 다한 데 대하여 만족스런 마음을 가집니다.

● 인터뷰 때 만난 모든 사람들에게 감사의 편지를 보냅니다.

● 인터뷰 동안 느낀 자신의 강점과 약점을 평가하고 개선 방법을 찾습니다.

감사 편지는 또 하나의 훌륭한 후속 조치 도구입니다.

● 인터뷰 후 24시간 안에 감사 편지 보내기
● 회사의 선호도에 따라 손으로 쓸 것인지, 타이핑할 것인지, 이메일로 보낼 것인지 결정하기
● 회사가 결정할 때까지 걸리는 시간에 따라 우편이나 팩스 송부 또는 손으로 직접 전달하기
● 이 직장에 관심이 있다는 점을 반복해서 표현하기
● 인터뷰 중에 자신이 말했던 내용을 강조하거나 잘못된 부분 정정하기
● 인터뷰 중에 빠뜨린 정보를 추가하기

▶ 인터뷰 며칠 후

● 주 면접관에게 전화를 걸어 자신의 관심을 표명하고 결정 진행 상황을 확인하기

● 제안할 것이 있으면 담당자에게 알리기 - 결정하는 데 도움이 될 것입니다.

● 직장에 관해 좀 더 질문하기 - 열정적이고 생각이 깊다는 인식을 주게 될 것입니다.

● 침착성 유지하기

제안 받아들이기

● 즉시 회사에 연락하여 조건에 관한 협상을 위한 미팅을 주선하기
● 협상이 끝난 뒤에는 자신의 열의를 나타내는 후속 편지를 보내고, 협상한 조건 확인하기

제안 거절하기

● 즉시 회사에 알리기
● 예를 들면 "저는 이 직책에는 적임자가 아닌 것 같습니다만, 다른 일자리가 나는 경우에 저를 배려해 주셨으면 합니다." 등과 같은 표현으로 여지를 남겨두기

제안이 오지 않았다면

● 왜 거절하였는지 물어보기 : 이것은 여러분의 인터뷰 기술을 향상시키고 다른 일자리를 찾는 데 도움이 될 것입니다.
● 다른 일자리에 대해 알고 있는지 물어보기
● 앞으로 자리가 나면 자신을 배려해달라고 요청하기
● 면접관에게 후속 편지를 보내 시간을 내준 데 대해 감사의 뜻을 표하기
● 다음에는 무엇을 달리해야 할 것인지 파악하기
● 최고의 자질이 있다고 해서 항상 일자리를 얻을 수 있는 것이 아님을 기억해두기

협상

▶ 협상을 하는 이유
- 업무를 더 잘 파악할 수 있습니다.
- 협상을 통해 슈퍼바이저가 여러분을 존중할 수 있습니다.
- 앞으로 직장에서 담당 업무나 다른 문제에 관한 협상을 하는 데 도움을 줄 것입니다.

▶ 급여는 정해질 수 있지만 다른 혜택은 협상 대상임
- 시간(근무시간, 교대근무, 시간 외 근무의 유연성)
- 휴가(일수)
- 도구, 보급품 및 장비
- 업무 공간/사무실
- 보험(자격이 된다면)
- 진행 중인 교육/훈련(유형, 빈도)
- 학비 지원
- 직위
- 주차
- 부양가족 대우
- 스톡옵션

▶ 효과적인 협상 방법
- 자신의 필요보다는 회사의 필요에 중점을 두기
- 회사 운영 방식과 회사 규모, 또한 이 산업에 대해 사전조사를 실시하여, 해당 직위가 산업과 회사 규모에 비추어 어떤 가치가 있는지 알아보고, 회사와 여건 파악하기
- 긍정적인 태도 가지기
- 채용 회사로 하여금 먼저 제안하도록 하기
- 첫 번째 제안을 받아들이거나 괜찮은 것 같다는 표정을 짓지 않기
- 자신의 자질을 근거로 보다 더 합리적인 퍼센트를 요구하는 역제안을 한 다음 대답을 기다리기
- 회사 측이 여러분의 첫 번째 요청에 대답할 때까지는 다른 제안을 하지 않기
- 최종 제안은 서면으로 받고 서명하기

6. 경력 관리

축하합니다. 이제 여러분은 직장을 얻었습니다. 그러나 해야 할 일은 여기서 끝난 것이 아닙니다. 구직하는 동안 여러분을 도와주었던 분들에게 감사의 뜻을 전달해야 합니다. 여러분은 또한 구직 과정에서 알게 된 자신의 취약점을 개선시키기 위해 노력해야 합니다. 무엇보다 여러분의 새로운 업무에 대해 배우기 시작하고, 여러분의 자질을 향상시켜 나가세요. 언젠가 여러분은 또 다시 새로운 직장을 구하게 될지도 모르기 때문입니다.

이 단계를 끝내면 여러분은 :

1. 직장을 계속해서 다닐 수 있도록 하기 위해서 취해야 할 조치가 무엇인지 알 수 있게 됩니다.
2. 여러분의 지식과 기량을 향상시킬 수 있게 됩니다.

채용이 되면, 그때부터 진짜 일의 시작입니다.
새로운 업무에 성공하거나 다음 직장을 준비하기 위해서는
S-T-R-A-T-E-G-I-C이 필요합니다.

조언을 구하라(Seek Advice)
인맥을 유지하세요. 아는 사람이나 만나는 사람들에게 직업에 대한 조언을 구하고, 경력 관리에 관한 책을 읽으세요. 직업 상담가나 원스톱 상담소를 찾아가 도움을 요청하세요. 어떤 것이 효과적인지 배우고 실천하세요.

위험을 무릅쓰라(Take Risks)
일상생활에서 벗어나 여러분의 프로필을 향상시키고 기량을 넓히는 새로운 임무를 요청하세요. 업무를 더 잘할 수 있도록 도와줄 장비가 어떤 것이 있는 알아보고 요청하세요. 승진시켜줄 민한 일을 하고 필요 시 분야를 바꾸는 것도 고려하세요.

조사하라(Research)
자신을 평가하세요. 자신의 관심 사항을 깊게 알아보고 연구하세요. 다른 회사와 직업, 자신이 속해 있는 분야의 경제와 트렌드를 읽으세요. 조사를 함으로써 여러분은 더 우위에 있을 수 있게 될 것입니다. 이것은 만약 환경이 바뀌거나 여러분 스스로가 변화할 때를 대비해 준비를 하는 것입니다.

연대(Alliance)
자신의 회사, 직업, 산업, 공동체 소속 사람들과 관계를 발전시키세요. 이들은 여러분에게 기회와 정보를 가져다줄 것입니다. 자원봉사하며 다른 사람들과 시간과 재능을 나누세요. 구직 과정에서 받은 도움을 되돌려주세요.

훈련(Training)
여러분의 성공은 평생학습에 달려 있습니다. 지식과 기량을 향상시키면 여러분을 더욱 유연성 있는 사람으로 만들어주기 때문에, 첫 번째 직업 선택에 실패했을 때 다른 유형의 직업을 구하는 데 도움을 줄 수 있습니다. 자기 분야에 관한 책을 읽고 회의나 워크숍에 참가하세요. 근무 중 현지 학교에서 관련 분야 강의를 들으세요. 회사가 이런 훈련비용을 지불해줄 수도 있으니 자신에게 투자하세요.

활기찬(Energetic)
건강에 유의하세요. 잘 먹고 규칙적으로 운동하세요. 주위의 낙관적이며 힘을 주는 사람들과 사귀세요. 항상 긍정적인 마음을 갖는 것이야말로 최고의 활력제입니다. 그것은 건강한 사람들을 끌어들여 자신을 더욱 건강하게 만드는 데 도움이 될 것입니다.

목표(Goal)
목표를 세우세요. 여러분의 인생 목표와 사명은 무엇입니까? 이상적인 직장에서 근무하는 자신의 모습을 그려보세요. 무엇을 하고 싶은가요? 자신이 누구와 함께하고 있는가? 자신의 주위 환경은 어떤가? 자신의 비전 실현을 위해 필요한 방법을 개발하고 실천해보세요.

혁신(Innovative)
자신의 업무를 빨리, 적은 비용으로 더 잘할 수 있도록 새로운 것을 시도해보세요. 혁신은 창조성과 상식을 결합시켜 자신의 아이디어를 실현되게 합니다. 업무 개선 방안을 제안하세요.

전념(Commitment)
자신의 직업의 미래를 이끌어 나가도록 노력하세요. 인생을 설계하세요. 일어난 일에 대응하는 데 그쳐서는 안 됩니다. 아이디어를 실현시켜 자신과 자신의 미래에 투자하세요. 기업가들이 하는 것처럼….

취업, 이제는 글로벌 기업이다!

요약
(Summary)

직업을 구하는 일은 시간과 에너지를 요하는 과정입니다. 자신을 알고 자신의 능력과 기량, 그리고 원하는 직업을 파악하는 것이 매우 중요합니다.

적성에 맞는 직업 찾기란 탐구적 작업과 비슷하지만, 결국에는 노력할 가치가 있습니다. 자신의 모든 자원을 향상시키는 것은 자신에게 맞는 일자리를 찾는 목표에 도달하는 데 꼭 필요합니다. 포트폴리오, 이력서, 커버레터는 자신의 업무 샘플입니다. 가능한 한 최선을 다해야 합니다. 구직에 성공하기 위해 자신의 가능한 모든 방법을 활용하세요.

인맥 형성과 인터넷은 매우 중요합니다. 협회나 기관을 활용하세요. 구직에 어려움을 느낄 때는 믿을 만한 지원 시스템을 활용하는 것이 매우 중요합니다.

인터뷰는 회사로 하여금 여러분을 파악하는 데 도움을 줄 뿐 아니라, 여러분이 회사에 대해 더 많은 것을 파악하는 데도 도움이 됩니다.

STAR 방식을 사용하여 이를 더 빛나게 하는 기회로 삼으세요. 경력 개발은 한번 취직했다고 해서 멈추지 않습니다. 새로운 지식과 기량을 터득해 나감에 따라 자신의 경력에 또 다른 새로운 기회가 생기게 될 것입니다.

취업,
이제는
글로벌 기업이다!

How Should We Prepare for Employment

취업 준비, 어떻게 해야 할까?

활용 방법

이 Chapter에서는 대학생들이 학년별로 준비해야 하는 것들과, 석/박사 학위 소지자들, 그리고 경력자들이 각각 준비해야 할 사항에 대해 안내하고 있습니다.

이 Chapter를 통하여 대학생부터 사회 경력이 많은 경력자에 이르기까지, 각자 취업 준비에 필요한 단계별 준비사항을 잘 숙지하여 취업에 좋은 길잡이로 삼으시기 바랍니다.

1 대학생이 준비할 사항

2 석/박사 학위 소지자

3 경력자

THERAPY SERVICES
PRN Opportunities for:
OT, PT PTA
inpatient rehab, acute or
nursing therapy experience desired. Cu
rent Ohio licensure required.
Speech Language Therapists - FT
Current Ohio licensure required
JOBS
RHIA or RHIT; equivalent medical experi
ence in in/outpatient hospital or rehab de
sired. Responsible for compilation of sta
tistical data, ICD-9-CM coding, CCA o
AHIMA certification preferred. Previous
experience in a medical records depart
in an acute or rehab hospita
Medical Ass

1. 대학생이 준비할 사항

1-1. 직업 준비 전략 top 10

대학생활 4년 뒤 학위를 따는 것으로 직업 준비가 다 끝나는 것은 아닙니다. 학교 안팎에서 적극적으로 활동을 해야 합니다. 졸업 후 취직이나 대학원 진학을 잘하려면 4년간 준비를 해야 합니다. 원하는 일자리를 잘 찾을 수 있도록 대학 생활 동안에 준비해야 할 10가지 사항을 다음과 같이 소개합니다.

1. 좋은 성적을 유지하라

회사와 대학원은 좋은 성적으로 졸업한 학생들을 선호합니다. 이런 취향은 변하지 않을 것입니다. 학업 성적이 좋다는 것은 훌륭한 지식 기반이 있다는 것을 증명할 뿐만 아니라, 회사가 중요시하는 강한 직업 윤리를 가졌다는 것을 의미합니다.

2. 자신의 흥미, 기량, 가치, 개인적 특성을 잘 파악하라

자신의 구직 목표가 무엇인지 알아보는 첫 단계는 바로 자기 평가를 해보는 것입니다. 다니는 학교의 직업 센터를 방문하여 그곳에서 제공하는 자기 진단 도구를 이용해보세요.

3. 적극적으로 진로를 탐색하라

일생을 망치는 직업이 아니라 풍요롭게 해주는 직업을 찾는 것은 자신의 몫입니다. 적극적인 진로 탐색이란 관심 있는 직업 분야의 전문가와 상의하고 현직에서 일하고 있는 전문가들을 관찰하는 것을 말합니다. 교내 직업 센터에서는 아마도 자기들의 직장생활에 대해 이야기해주는 자원 봉사자들과 졸업생들이 있을 것입니다. 또 취업 엑스포나 취업 박람회도 방문하고, 그곳에서 제공하는 취업 전문가 패널 토의에도 참석해보세요.

4. 과외 활동과 클럽에 적극적으로 참여하라

대학 재학 중 적극적인 과외 활동과 클럽 참여 사실은 회사와 대학원이 매우 중요하게 여기는 것입니다. 클럽에 가입하는 것도 좋지만, 더 중요한 것은 적극적인 활동입니다. 리더가 되고 직책을 담당하거나 행사를 주관해보세요. 이것이 바로 채용 회사들이 탐내는 리더십과 팀워크 역량을 발전시키는 길입니다.

5. 사회봉사에 참여하라

사회 환원의 중요성을 인식하기 시작하고 자기 학교나 고장보다 더 큰 사회에서 살아가는 것은 중요한 일입니다. 일반적으로 학생들은 사회봉사 활동을 하찮은 일로 여깁니다. 그러나 한번 참여해보면 봉사 활동은 그들이 경험했던 일들 중에 가장 보람찬 경험이 됩니다. 채용 회사들은 여러분의 지역사회 자원봉사 활동 경험을 높이 평가합니다.

6. 컴퓨터 활용 능력을 키워라

대학의 컴퓨터 강좌와 워크숍을 기회로 활용하세요. 스스로 다른 소프트웨어를 경험하는 것만으로도 많은 것을 배울 수 있습니다. 궁극적으로는 자신의 웹 포트폴리오나 웹페이지를 개발하는 방법을 배워야 합니다. 웹페이지를 쉽게 개발할 수 있게 도와주는 웹디자인 소프트웨어 도구들이 많이 있습니다. 학교의 정보통신 기술 사무실로 연락해서 이런 것을 어떻게 시작할 수 있는지 알아보세요.

7. 문장력을 개발하라

회사와 대학원 측이 끊이지 않고 불평하는 것 중의 하나가 대학 졸업생들의 문장력 부족입니다. 글쓰기를 집중적으로 배우는 과목을 피하지 말고 작문 실력을 높이기 위해서 노력하세요. 교내에 작문 센터가 있다면, 가끔 여러분이 쓴 글을 봐달라고 부탁하세요. 여러분이 채용 회사에 주는 가장 첫 번째 인상은 일반적으로 커버레터나 자기소개서라는 것을 기억하세요.

8. 자신이 선택한 진로 분야에서 하나 이상의 인턴십을 마쳐라

인턴십은 취업과 대학원 과정의 입학에서 점점 더 큰 발판이 되고 있습니다. 많은 채용회사들이 신입사원이 필요할 때 이전에 일했던 인턴들만 채용한다고 이야기합니다. 인턴쉽은 취업이 잘 되게 할 뿐만 아니라 직업을 탐색하는 훌륭한 방법이며 특정직업이 여러분에게 맞는지 혹은 그렇지 않은지를 결정해줄 수 있습니다. 인턴으로 3~4달 동안 회사에서 일하다 보면, 자신이 앞으로 진출하고 싶고 원하는 분야(회사)인지 아닌지 알아보는데 좋은 기회가 될 것입니다.

9. 외국 유학과 외국 언어 및 외국 강의를 통해 다양성에 대한 이해력을 얻어라

우리는 현재, 과거 어느 때보다 더 많이 글로벌 인력 사이에서 일하고 있습니다. 여러분이 직업과 인생에서 성공하려면 최선을 다해야 하고, 다른 문화와 사람들에 관해 배워야 합니다. 해외여행 기회와 다양성 관련 강의 등 멋진 공부를 활용하세요. 시간을 내어 여행을 다녀오는 것도 좋습니다. 대부분의 사람들은 결혼하여 가정이 생기거나 직장을 다니기 시작하면 여행하기가 더 어려워지기 때문입니다.

10. 4년 내내 직업 센터를 이용하라

교내 직업 센터는 대학 생활 내내 여러분을 도울 수 있습니다. 직업 센터가 도움을 줄 수 있는 몇 가지 예는 다음과 같습니다.

- 자신의 전공과 진로 선택
- 선택할 직업의 탐색
- 인턴십 기회 얻기
- 이력서와 커버레터 쓰기
- 인터뷰 기술 개발
- 자신의 기량, 흥미, 가치의 파악
- 구직 또는 대학원 진학 계획의 개발
- 취업 유망 대상 회사 연결(취업 박람회, 교내 채용 등)
- 졸업생 멘토와 연결

자신의 목표 실현의 시작을 4학년 때까지 기다리지 마세요. 여러분의 직업 열차는 움직이고 있습니다. 목적지에 도달하려면 지금 올라타야 합니다.

1-2. 대학 4년간의 계획

신입생

자신의 관심과 능력 및 가치가 어떻게 직업시장에 관련되는지 파악하세요. 선택한 직업에 관해 논의하거나 자신에게 맞는 직업이 무엇인지 알아보기 위해 직업 상담사와 만날 약속을 잡으세요. 여름방학 동안에 경험을 이용하여 다방면에 쓸 수 있는 역량 개발을 시작하세요.

역량과 경험을 얻기 위해 교과 과정 밖의 기회를 찾아보세요. 학교 생활로 자연스럽게 접어드는 가장 최고의 방법은 활동에 참여하는 것입니다. 또 다른 이점은 여러분의 학업 목표와 직업 목표 달성의 길로 바로 가도록 도움을 줄 수 있다는 것입니다. 여름 방학동안에 직장이나 인턴십 지원에 필요한 이력서를 작성할 때 이런 경험을 쓸 수 있도록 잘 기록해두세요.

2학년

자신의 관심 분야 전문가와 정보 제공 인터뷰를 하고 구직을 위한 인맥을 쌓아두세요. 가능한 한 다양한 직업에 관해 알아보세요.

구직 기술을 개발하세요.

커버레터 작성법을 배우고 인터뷰를 연습하세요.

채용 회사들이 찾는 경험과 기량을 습득하기 위해 세운 계획을 실행해 나가세요.

새로운 기술을 터득하거나 이미 갖고 있는 기술을 향상시키기 위해 구체적으로 어떤 활동에 참여할 것인지 결정하세요.

과외 활동과 자원봉사 활동에 꾸준히 참여하세요.

이러한 과정들은 취업 대상 회사와 대학원 입학 위원회가 지원자를 심사할 때 중요하게 여기는 기량을 터득하는 데 도움이 될 것입니다.

3학년

관련 경험을 통하여 지속적으로 리더십과 대인관계 기술을 개발하세요.

인턴십 가능성이 있는 회사에 여러분의 이력서를 보내세요.

구직 의사를 표명하고 교내 인터뷰 명단에 등록하세요.

추천인 활용을 위해 교수진 및 채용 회사들과 관계를 발전시키세요.

회사 설명회에 참석하고 취업 박람회에서 채용 회사들과 상의하세요.

자신의 관심 분야 전문가들과 정보 제공 인터뷰를 하고 구직 인맥 쌓으세요.

4학년

자신의 직업 목표 달성과 구직 계획의 개발 및 실행에 필요한 도움을 얻도록 노력하세요.

구인회사에 무엇을 제공해야 할지 명백히 알기 위해서는 자신의 흥미, 능력, 가치, 강점이 무엇인지 파악해야 합니다. 인터뷰를 잘 하고 현명한 결정을 할 수 있도록 잠재적인 채용 회사들에 대해 조사하세요.

www.joininc.net을 이용하여 인터뷰 연습을 해보세요.

2. 석/박사 학위 소지자

도입

여러분은 학문 연구자로서 경력을 쌓기 위해 박사로부터 성공적인 전직을 위한 전략을 가지고 있습니까? 새로운 직업을 갖기 위해 대체 진로를 탐색해보았습니까? 박사 학위는 특히 채용 회사들이 원하는 원만한(여러 가지 다 잘하는) 경험, 지식 및 기량을 개발하는 경우 여러 분야에 걸쳐 기회의 문이 점차 활짝 열리고 있습니다. 그러나 학계나 다른 분야도 마찬가지로, 취업 시장은 언제나 경쟁이 치열합니다. 그래서 사전에 계획을 세워 전략적으로 직업을 탐색하여, 수많은 사람들로부터 두드러져 보일 수 있는 방법을 강구해야 합니다. 이 가이드북은 여러분이 진로탐색을 하는 것과 다른 연구원들의 긍정적 경험에 대해 읽어봄으로써 경쟁적인 취업시장에서 성공하기 위해 필요한 것을 생각하는 데 도움을 줄 것입니다. 이 장의 끝부분에 나와 있는 여러 활동이 여러분의 취업 계획에 대한 전략적 연구방법의 구상과 개발 뿐 아니라 조치를 취하는 데 도움을 될 것입니다.

박사 과정 취득 이후에 할 것

박사 과정을 끝낸 다음에 해야 할 일은 무엇일까요? Vitae의 연구보고서에 따르면 "연구원들은 무엇을 할까?"라는 제목의 2010년 연구 보고서상의 전망은 밝은 것으로 알려져 있습니다.

나의 무엇을 할 것인가?

박사 과정 졸업 후 직업 진로는 연구 주제 분야를 포함한 많은 요인에 따라 달라지기는 하지만, 통계상에 따르면 거의 반에 가까운 박사 과정 이수자들이 더 높은 교육 분야(44%)로 진출한다는 사실을 보여줍니다. 하지만 많은 채용 회사들도 박사 과정 이수 학생들이 연구 도중 개발한 기술과 지식을 중요하게 여기는 것으로 나타났는데, 이는 나머지 반이 금융계, 경영 및 IT(11%); 보건 및 사회사업(13%); 제조업(9%); R&D(9%); 비 고등교육(6%) 및 행정(5%) 분야 등으로 분포된 통계가 이를 뒷받침해주고 있습니다.

학술적 및 상업적 연구

학술연구 분야 진출을 위한 일반적인 경로는 박사 후 과정 수료자를 위한 연구직에 취업하거나 또는 박사 학위 취득 후 연구비를 얻는 것입니다. 이것은 보통 일정 기간을 정한 계약직이고, 기존 연구 프로그램에 광고된 직위이거나 특정 분야에 관한 여러분 자신의 연구에 필요한 연구비를 제공하는 방식입니다. 이러한 직위는 대학이나 산업체 내 영구직 진출을 위한 디딤돌이 됩니다.

학술 분야 연구직은 보통 강사직으로 교육에 참여합니다. 대학교에서 연구만 전문으로 하는 일자리는 매우 드물지만, 대학 부설 연구원이나 다른 형태의 기관에서는 더러 찾아볼 수 있습니다.

과학 분야 졸업생들이 진출할 산업 연구직 일자리는 에너지, 기술, 제약 및 생명과학과 같은 분야에 있으며, 또한 jobs.ac.uk와 간행물에 광고되고 있습니다.

박사취득 후 연구생

물론 박사취득 후 연구생이 연구비를 받을 수 있으면 첫 일자리로서는 이상적입니다. 왜냐하면 그 분야 상위 급 연구원들과 함께 일하는 동안 이력서의 연구 및 저서 란을 강화시킬 기회를 주기 때문입니다. 또한 그것은 여러분에게 적어도 몇 년간 재정적인 안정의 수단을 제공하기도 합니다. 그러나 박사취득 후 연구생의 연구비 획득은 경쟁이 매우 치열해서, 때로는 한 자리를 놓고 전 세계적으로 수백 명이 지원하기도 합니다. 옥스퍼드와 캠브리지의 주니어 연구 장학금(JRFs)은 정규적으로 지급되지만 지원자들이 많아서 얻기가 극도로 어렵습니다. 여러분이 박사 학위 연구를 위한 자금을 외부에서 조달받고, 논문을 제 시간에 제출함으로써 기록에 흠이 없으며, 또 이미 자신의 이름으로 발표한 저서가 있다면, 여러분은 채용될 가능성이 더 많습니다. 또 자신이나 슈퍼바이저가 인맥 형성에 익숙한 경우, 여러분은 아마도 이 단계에서 유리한 자리에 서게 될 것입니다. 만약 박사취득 후 연구생을 찾고 있는 연구소가 여러분 자신과 연구 실적을 잘 아는 경우에는 전혀 모르는 다른 사람보다는 여러분에게 기회를 줄 가능성이 더 많을 것입니다. 만약 여러분이 연구직을 얻기 위해 장거리 이동을 할 수 있고 심지어 해외로 이사 가는 것까지 고려한다면, 그만큼 여러분에게 기회가 많아지는 것입니다. 여러분이 박사취득 후 연구생으로 연구직을 얻는 것을 목표로 하는 경우에는 대안(Plan B)도 함께 갖는 것이 중요합니다. 그 이유는 목표로 하는 일자리를 얻기까지 몇 달이 걸릴 수도 있기 때문입니다.

장래를 위한 이력서 만들기

박사 과정을 마치고 구두시험에 통과했다면, 마지막으로 해야 할 일은 곧바로 더 많은 연구에 착수하는 것입니다. 예전에는 박사 학위 취득 후 새로운 시각으로 다시 돌아오기까지 휴식을 취하는 경우가 많았습니다. 그러나 오늘날과 같이 경쟁이 치열한 때는 상황이 다릅니다. 여러분은 곧바로 논문의 출판과 미래에 대한 계획에 관한 일을 시작해야 합니다. 아마도 여러분의 논문으로 훌륭한 책을 만들 수 있을 것입니다. 그렇다면 즉시 출판업자를 물색하고, 그렇지 않다면 그것을 작은 기사 또는 작은 보고서로 나누는 방안을 생각해볼 수 있습니다. 또한 자신의 연구 위상을 높이기 위해 회의에 참석하는 방안도 생각해볼 필요가 있습니다.

현재 단계에서 여러분의 성공은 비록 재정적으로 힘들고 영구적이거나 안전한 일자리를 얻기 어려운 때에도 노력으로 밀고 나가는 데 달려 있습니다. 현실적으로 꿈의 직업을 구할 때까지 몇 년이 걸릴지도 모릅니다. 따라서 이런 세월을 비생산적으로 보내지 않도록 하세요. 또한 생활 유지가 힘든 때에도 연구와 출판 그리고 자신의 티칭(teaching) 위상 개발을 통하여 이력을 쌓아온 것을 회사 측에 보여줄 수 있도록 하세요. 석사·박사 레벨에서 논문의 요약본을 준비하세요. 여러분이 지원하는 회사의 필요에 맞추어 이를 수정하여 이력서와 함께 제출해야 합니다.

3. 경력자

3-1. 성공적인 직업 변경을 위한 10가지 필수 가이드

Louise Kursmark에 의한 특별 보고서

전형적인 임원직 구직은 긴장되고, 시간 소비적이고, 비용이 들고, 좌절감을 안겨주는 일입니다. 불행히도 빠른 구직 성공을 위한 마법이나 공식은 없습니다. 대부분의 경우 발품을 팔고, 머리를 쓰고, 창조성과 비판적 생각, 그리고 때로는 그저 평범하면서도 끈질긴 인내가 필요합니다. 그러나 낙담하기 전에 아래 10가지 지침을 생각해보기 바랍니다. 여러분의 연구가 성공적으로 출발하고 이끌고 만족스러운 결과에 도달하도록 탄력을 주는 데 도움을 줄 것입니다.

1. 자신의 이력을 차트로 만들어라.

자신의 경력 관리에 책임을 지고, 이력서는 물론, 인맥을 업데이트하여 기회가 오면 응답할 수 있게 준비해두세요.

2. 자신에 대해 책임을 져라.

체계적이고 조직적으로 일주일간 접촉한 인맥, 지원대상 회사의 수와 같은 구체적인 목표를 세우세요. 또한 그 목표 달성을 위한 전략을 세우고, 자신의 진도를 관찰하세요. 특히 여러분이 달갑지 않게 생각하는 업무에 대해서 엄격한 감독자가 되고, 자신의 실적에 대해서는 정기적으로 스스로 보상해 주세요.

3. 새로운 직업을 물색할 때, 여러 방법을 이용하라.

가능한 한 많은 선택의 여지를 열어두세요. 채용 회사, 온라인 및 인쇄물에 나온 광고, 인맥 접촉, 임시직 또는 자문직, 전문가 및 동창회 조직을 이용하세요. 넓은 그물을 치면 대어를 낚는 데 더 좋은 기회가 올 수 있습니다.

4. 긍정적이고 자신감 있는 태도를 유지하라.

자기 자신과 자질에 대한 스스로의 태도는 아주 중요합니다. 자신의 능력과 경험의 독특한 결합에 대해 현실적이지만 긍정적인 견해를 갖도록 노력하세요. 자신의 강점과 성공에 대해 알고 전달할 수 있도록 자기 평가를 철저히 하세요. 실직 상태일 때는 긍정적인 마음을 갖는 것이 중요합니다. 긍정적인 사람들과 만나고 자신을 위해 일정한 휴식을 갖고 보상을 해주세요.

5. 시작하기도 전에 멈추지 말라.

이력서와 커버레터에 흔한 실수를 저지르지 마세요. 시작부터 자신의 지원 자격을 떨어뜨릴 수 있습니다. 자신의 강점과 증명된 능력을 설득력 있고 기억에 남으며 또 읽는 사람이 즉시 여러분이 어떤 사람이고 무엇을 잘하는지 알 수 있는 방법으로 전달하세요. 철자법과 오타가 없는지 3번 이상 체크하고, 소개하는 내용의 질과 어울리도록 고위 임원 포맷을 이용하세요. 이력서와 커버레터는 첫인상을 만드는 데 영향이 큽니다. 할 수 있는 한 최선을 다하세요.

6. 인터뷰를 준비하라.

인터뷰를 즉흥적으로 하지 마세요. 지원하는 회사의 성공적인 일과 도전에 대해 파악하기 위해 회사에 대해 공부하세요. 부정적인 것에 집중하지 말고, 자신을 가장 돋보이게 할 대답을 연습하세요. 회사가 직면한 특정 문제를 해결할 사람으로서 자신을 소개할 수 있게 준비를 갖추어야 합니다. 여러분의 인터뷰 기술이 매끄럽지 않으면 최신 인터뷰에 관한 책을 읽거나 일대일 인터뷰 코치 강습에 투자하기를 권장합니다.

7. 효과적인 판매 전략을 세워라.

나라는 '상품'의 장점과 특징들을 확실히 파악하세요. '고객'인 채용 회사가 필요로 하는 것과 문제점을 파악할 수 있도록 주의 깊고 효과적인 경청자가 되세요. 물건을 팔기 위해서 더 노력하되 너무 강요는 하지 마세요. 자신을 팔려 하지 말고, 회사가 여러분을 사게 만들도록 노력해야 합니다.

8. 후속 조치

약속에 맞춰 후속 조치를 진행하세요. 연락하겠다고 한 날에 연락하세요. 약속했던 서류를 보내고 추천인들에게 연락하세요. 도와준 사람들에게 감사의 인사를 하고 후속 업무 편지를 보내세요. 직장 생활에서 요구되는 바람직한 특성인 예의, 철저함, 끈기, 일처리 능력을 보여주는 세세한 것을 확실하게 실천하세요.

9. 우선순위를 만들어라.

해야 할 리스트의 상위 근처에 없는 항목은 실천하기 어렵습니다. 일반적으로 리스트에 올려 실행을 위해 노력한 만큼 결실을 기대할 수 있습니다. 매일 여러분의 리스트에 올릴 첫 번째 일을 찾는 데 시간과 에너지, 자원을 할애하세요. 그러면 기회가 증대되고 전염성이 있는 급박함과 흥분감이 생길 것입니다.

10. 전문성과 최고의 자질을 여러 방법으로 부각시키라.

구직 과정에서는 여러분의 가장 작은 행동까지도 면밀하게 관찰될 수 있습니다. 여러분의 복장과 매너, 서류문서, 전화통화, 모든 의사전달과 상호작용에 전문적이고 고품격의 임원 이미지를 부각시켜 채용 대상 회사 측에 메시지를 전달하세요. 전직(이직)은 가장 즐거운 일이 아닐 수도 있습니다. 그러나 이러한 지침에 따라 행함으로써 여러분이 경험을 가장 잘 활용하고 만족스런 새로운 기회를 갖도록 도움을 줄 수 있습니다.

3-2. 퇴사하기 전 고려 사항

전 직장의 긍정적인 측면과 부정적인 측면 파악하기

어떤 업무나 직장도 완벽하지는 않습니다. 여러분의 생각에 이전 직장에서 없어지기를 바라는 측면이 있을 것입니다. 동시에 아쉬워하는 것도 있을 것입니다. 자신의 이직으로부터 긍정적이고 부정적인 측면 둘 다를 알아내는 데 도움을 줄 항목들을 사용하세요. 그런 다음 이들에 대해 몇 분 동안 생각하고 확인해보세요.

	내가 아쉬워할 것	내가 아쉬워하지 않을 것
업무/임무		
재능의 활용		
사람들		
느낌		
가치		
업무 환경		
기타		

업무 내용, 특정 내용 또는 전문 기술

▶ 다음 직장에서 사용하고 싶은 최상위 전문 기술 우선순위 3~5가지는 무엇입니까?

1. ____

2. ____

3. ____

4. ____

5. ____

▶ 다음번 일자리나 장래의 직업을 위해 개발하고 싶은 최상위 전문 기술 우선순위 3~5가지는 무엇입니까?

1. ____

2. ____

3. ____

4. ____

5. ____

성취 사례

　성취 사례 또는 성공 사례는 여러분이 이전 직장에서 어떻게 업무를 수행했는지 잠재적인 고용주인 회사 측에 보여줄 수 있는 하나의 방법입니다. 이런 사례는 보통 회사 측이 바라는 자신의 구체적인 무형의 자질을 보여주는 것으로서 여러분의 이력서에 기재할 설명문에도 적을 수 있는 내용입니다.

　성공적인 스토리 개발에 도움을 받기 위해서는 여러분의 업무 내용, 자기 관리, 기능적 기술 영역을 검토하세요. 여러분의 희망 직종과 관련된 기술 분야 목록을 만들고, 과거에 어떻게 그 기술을 성공적으로 증명해 보였는지도 구체적으로 쓰세요. 해당이 된다면, 문제점은 무엇이었고, 어떤 조치를 취했으며, 그 조치 결과는 무엇인지 목록을 만들어보세요.

▶ **예 :**
- 환자 의뢰 추적 시스템을 고안 및 시행하고 유지하고 있음. 그 결과 이전에 환자 치료를 지연시켰던 문제를 파악하여 해결함.
- 새로운 부서별 업무서식을 고안 및 작성하고 시행하였음. 그 결과 업무 흐름의 효율성 및 고객 만족이 향상됨.
- 5백만 달러를 초과하는 3개의 새로운 보조금 제안서를 작성하고 확보함. 그 결과 제안서가 수락되어 지금 전액을 지원받음.

기술 : ＿＿＿＿＿＿＿＿＿＿＿＿＿＿＿＿＿＿＿
성공적 경험이나 성취 사례(도전, 조치, 결과) :

＿＿

＿＿

＿＿

기술 : ＿＿＿＿＿＿＿＿＿＿＿＿＿＿＿＿＿＿＿
성공적 경험이나 성취 사례(도전, 조치, 결과) :

＿＿

＿＿

＿＿

Advice on Several Career
지원 분야별 Advice

활용 방법

이 Chapter에서는 각 분야별로 전문적 직업 컨설턴트들이 여러분에게 조언하는 것을 참고하기 바랍니다. 여러분이 꿈꾸는 직장을 구하는 데 좋은 길잡이가 되기 바랍니다.

1 일반/대졸자

2 소비자

3 산업/엔지니어링

4 금융 서비스

5 전자 및 정보 기술(IT)

6 사업과 교육

7 의료 및 생명과학

Tip

　다양한 산업 분야의 전문가로서 우리는 글로벌 경제의 모든 부문에서 뛰어난 리더들과 함께 일합니다. 새로운 기술이 발달함에 따라 우리는 그 기술의 발명가 혹은 기업가들과 함께 일하면서 종종 첫 번째로 그 기술을 알게 될 때도 있습니다. 산업 분야를 크게 아래의 6개 카테고리(category)로 나누고 있으며, Chapter 3에서는 분야별 세계 속의 전문 컨설턴트들의 조언과 채용 성공 사례들을 여러분에게 소개합니다. 또한 최고 수준의 임무를 수행하고 있는 JOININC의 전문 컨설팅 분야도 동일하게 아래와 같습니다.

소비자
광고 및 마케팅 서비스, 소비자 제품, 사치품, 미디어 & 엔터테인먼트, 소매 및 의류, 여행, 환대 및 레저, 글로벌 스포츠 리더십

산업 및 엔지니어링
항공, 우주항공 및 국방, 자동차, 기초 원료 및 광업, 화학, 다양한 제조업, 에너지, 공업 서비스, 물류 및 운송 서비스, 엔지니어링 건설 및 인프라, 종이 및 포장

금융 서비스
자산 및 자산 관리, 소비자 및 상업금융, 금융, 헤지 펀드, 기술·전자 상거래 및 거래 서비스, 보험, 투자 은행 업무, 자본 시장 및 대체투자, 부동산, 자산 관리, 비공개 기업투자 및 벤처 캐피탈

전자 및 정보 기술
정보통신, IT 서비스 및 아웃소싱, 소프트웨어, 시스템 및 소자 연구, 하드웨어 및 시스템, 반도체, 클라우드, 인터넷, 전자 제품, 전기 통신

비즈니스 및 교육 서비스
컨설팅 및 자문 서비스, 법률회사(로펌), 교육 및 사회 기업 업무, 정부

의료 서비스 및 생명과학
학문적 의약, 건강 보험, 병원·보건 시스템, 장기요양 및 생활부조, 의사 그룹 및 생명공학, 소비자 건강

1. 일반/대졸자

취업 상담 집중 조명 :
HR manager of EMC

구직 전략 Top 10

1. 교내 직업 센터 활용하기
2. 소셜 네트워크 사이트 이용하기
3. 강좌 듣기 – 인터뷰하는 방법, 자신을 설명하는 방법, 관심 끄는 이력서 작성 방법
4. 인터뷰 연습하기, 피드백 받기, 인터뷰 전략 수정하기
5. 취업 성공을 위해 존경하는 교수님과 상담하기
6. 취업 박람회에서 자신을 어필할 수 있는 멘트 개발하기
7. 관심 회사에 대해 조사하고 간략한 목록 만들어 놓기
8. 관심 있는 회사 내 주요 연락처를 알아보고 그들과 연락하기
9. 인턴십을 정규직으로 전환할 수 있게 발판 만들어 놓기
10. 인맥 관리하기

구직자들의 흔한 실수 Top 3

1. 인터뷰나 취업박람회에서 준비되지 못한 점과 빈약한 이력서
2. 인터뷰 중 너무 많은 말을 하고 안일하게 대응하는 것
3. 이력서나 인터뷰에서 자신을 잘못 표현하는 것

채용 소스 우선순위는

1. 교내 채용
2. 인맥
3. EMC.com
4. Linkedin

가장 좋아하는 채용 일화

저는 회사가 학생을 잘 채용하지 않는 한 지방대학의 졸업 예정 학생으로 하여금 본인에게 연락하도록 하였습니다. 그는 EMC와 관련된 IT 일자리에 매우 관심이 있고, 저와 만나보고 싶다고 얘기해주었습니다. 하지만 당장에는 일자리가 없어서 우선 그 학생에게 이력서를 보내 달라고 했죠. 그 학생의 능력에 맞는 자리가 생기면 그에 대해 생각해보려고요. 그 학생은 2주에 한 번 꼴로 연락을 해왔고 저와 친밀한 관계를 만들어갔습니다. 이 학생은 전문성이 있었고, EMC에서 일하기 위한 자신의 자질과 의사를 명확하게 설명하였습니다. 정보 제공 인터뷰를 위해 그를 불러보기로 결정했습니다. 우리가 만났을 때 저는 매우 감동을 받았는데, 그 이유는 그 학생이 회사에 대해 조사해 왔고, 심지어는 자신이 IT 분야 어느 포지션에 적합할 것인지도 정확히 알고 있었기 때문입니다. 저는 IT 부서 매니저 몇 명을 불러서 예우적인 인터뷰 기회를 줄 수 있는지 물어보았습니다. 그들은 이에 동의하여 인터뷰해본 결과 매우 감명을 받아 그 학생을 채용하기로 결정했습니다. 7년 후 그는 여전히 그곳에 근무 중이고 고위 관리직에 있습니다.

교훈 : 남에게 피해 주는 사람이 되지 말고, 인내심을 갖고 끈기 있게 할 일을 다 하세요. 취업하고 싶은 회사와 연락 방법을 열어놓고, 인맥을 형성하여 유지해 나가세요.

맺음말

완벽한 세상에서 우리의 취업 지원자들은 준비를 갖춤으로써 자신의 능력에 대해 자신감을 갖게 될 것입니다. 그들은 채용 담당자들에게 자신의 능력을 명확하게 표현함으로써 자신들이 EMC에서의 업무와 경력을 위해 최고 적임자라는 것을 보여주게 될 것입니다.

2. 소비자 : (판매, 전기통신)

취업 상담 집중 Advice :
HR manager
of Sales Company

구직 전략 Top 10

1. 확실한 이력서 작성해놓기 – 빈칸을 남기지 말고 모든 항목을 다 채우고, 성공했던 일들을 쓰고, 자신의 가치를 전달할 것, 인터뷰하려는 회사 업무에 맞추어 작성하기
2. 자신을 잘 어필할 수 있도록 준비하기 – 수줍어할 때가 아닙니다.
3. 질문하기. 회사 측에서 여러분을 인터뷰할 필요가 있는 것만큼 여러분도 회사를 인터뷰할 필요가 있습니다.
4. 자신의 단기 및 장기 목표 파악하기
6. 늦지 않기, 좋은 인상을 주는 옷차림을 하고, 향수와 진한 화장수는 삼가기
7. 전직 회사에 대해 안 좋은 말을 하거나 안 좋은 경험은 말하지 않기
8. 취업하려는 회사에 대해 조사하기
9. 미소 짓기. 정직하고 호감 있게 보이기
10. 확실한 추천인들을 확보하고, 회사 측이 그들에게 연락하기 전에 그들과 채용 문제에 대해 협의하기

구직자의 공통된 실수 Top 3

1. 과거의 경험을 미화하는 것
2. 준비 없이 인터뷰에 응하는 것
3. 해야 마땅한 질문을 하지 않는 것

채용 소스 우선순위는

1. 사원의 추천
2. 개인 인맥
3. 소셜 네트워크(Linkedin, Twitter, Facebook, Jigsaw, Ning)
4. 군복무/군 소속 단체
5. EMC.com
6. Job 포털 사이트에서 관심 회사 검색

가장 좋아하는 채용 일화

회사에서 판매 관리직 사원을 모집 중이었고, 특별한 사람을 뽑고 싶었습니다. 그러나 지원한 분이 제안한 직위보다 고위직 경력자였습니다, 우리는 그분을 불러서 좀 더 큰 회사이기는 하지만 좀 더 낮은 직위에서 더 낮은 월급을 받고 일할 수 있는지 물어보았습니다. 정말 흥미롭게도 그는 현재의 업무가 너무 과도하다고 하면서 이 제안을 받아들이기로 한 것입니다!

맺음말

오늘날과 같은 경제 상황에서 취업 시장의 경쟁은 매우 치열합니다. 구직자들은 다른 구직자들보다 돋보여야 할 필요가 있습니다. 취업하고 싶은 회사를 조사하고, 인터뷰에서 거론될 것이 무엇인지 알아보고, 자신에게 힘든 질문도 해보고, 그 질문에 대답할 준비를 해보세요. 여러분이 인터뷰하게 될 직위가 회사의 가치 흐름에 적합한지에 대해 완전히 이해하고 있어야 하며, 회사의 전반적인 목표 달성에 여러분이 어떻게 도움이 될 수 있는지 식견을 제시할 수 있도록 준비해야 합니다.

3. 산업/엔지니어링

취업 상담 집중 Advice :
HR manager of ASIC

구직 전략 Top 10

1. 자신이 왜 이 직장을 찾고 있는지 명확한 생각을 갖고 있어야 함.
2. 자신만의 구직 전략 세우기
3. 이용 가능한 모든 도구(개인 인맥, Linkedin, 사용자 그룹, 인터넷, 산업 이벤트 참가 등)를 사용하여 인맥 관리하기
4. 지원하려는 각 직위에 맞추어 커버레터와 이력서 작성하기
5. 만나는 모든 사람들에게 여러분이 구직 중이라고 말하기
6. Simplyhired.com, Indeed.com과 같은 올인원 취업 사이트를 활용하기
7. 여러분의 인맥으로 얻는 모든 징점을 상호 비교할 것. 예를 들면 ABC 회사에서 그럴듯한 일자리를 보았다면, 그 회사에서 일하는 누구든 아는 사람이 없는지 인맥과 Linkedin을 체크해보셔야 합니다. 아는 사람이 있으면 그 회사와 업무에 대한 귀중한 의견을 들을 수 있는 경우가 있습니다.
8. 모든 인터뷰에 대비 태세를 갖추기
9. 열정적인 태도 보이기
10. 정직하고 끈기 가지기

구직자들의 공통된 실수 Top 3

1. 자신이 무엇을 원하는지도 모른 채 아무 회사나 들어가고 아무 일이라도 하려고 시도하는 것(구체적인 분야를 결정하여 거기에 전적으로 매달려야 합니다.)
2. 열정이 부족한 것
3. 인터뷰를 준비하지 않고 회사와 상품 및 서비스에 대한 조사도 하지 않을 뿐 아니라, 인터뷰 때 표준적인 질문에 대답할 준비도 하지 않는 것

채용 소스 우선순위는

1. 소셜 네트워크(Linkedin, Twitter, Blogs)
2. 취업 게시판(Monster, Hotjobs, DICE)
3. 사용자 그룹(User group), 회의
4. 취업하고 싶은 회사에 전화 걸기

가장 좋아하는 채용 일화

Cape Cod 해변을 거닐고 있을 때 옆의 한 무리가 자신들이 작업 중인 ASIC 디자인(컴퓨터 칩) 프로젝트에 대해 이야기하는 것을 우연히 들었습니다. ASIC 채용 담당자로서 저는 그들에게 다가가서 함께 이야기를 나누었습니다. 우리는 바로 친해져서 저녁식사를 하고 술을 마시러 가게 되었습니다. 우리는 결국 필요한 5명의 엔지니어 자리 중 4자리를 그들 중에서 채용하게 되었습니다.

맺음말

시간이 지날수록 채용은 다양한 소셜 네트워크, 취업 게시판, 사용자 그룹 등을 통해 특정 기술을 가진 사람을 뽑기 위해 사용되는 틈새 지향적 성격을 띠어가고 있다고 생각합니다. 이것은 단지 '소프트웨어 엔지니어'가 아니라 '가상화 소프트웨어 엔지니어'처럼 매우 구체적으로 명시된 기술이 될 것입니다.

엔지니어링

긍정적인 태도와 교육은 여러분을 전문직으로 이끕니다.

'나는 할 수 있다'와 같은 태도는 캐빈 히크먼(Calvin Hickman)의 삶을 바꾸어놓았습니다. 실제로 히크먼은 "무슨 일이 생기든 여러분의 목표를 이룰 수 있도록 가능한 한 최선을 다하세요. 그리고 힘든 길처럼 보여도 절대 포기하지 마세요."라고 말했습니다. 그의 직장생활은 그의 개인적 신념의 훌륭한 예입니다. 과거에 그는 접시 닦기와 요리사 및 콘크리트 양성 노동자로 일했습니다. 오늘날 그는 Lake Charles에 있는 Shaw Group 로케이션에서 산업 페인터로 일하고 있습니다.

히크먼은 SOWELA 기술 커뮤니티 칼리지(Technical Community College)에서 공정기술 학위 과정을 마치기 위해 야간 강의를 듣고 있습니다. "저에게 가장 힘든 문제는 5개월에서 6살에 이르는 4명의 아이가 있는 가족을 부양하는 가장으로서 풀타임 근무 모드를 풀타임 근무 학생 모드로 바꾸어 풀타임으로 일하는 것이었습니다. 극복하기 위한 적응 기간이 필요했습니다. 하지만 이제는 세 분야 모두에서 뛰어난 사람이 되었다고 느낍니다."라고 그는 말했습니다.

히크먼은 Calcasieu Parish Business와 직업솔루션 센터(Career Solutions Center)가 제공한 국가재난 보조금(National Emergency Grant)을 받아 SOWELA 대학에서 공정 기술 프로그램에 등록했습니다. "이곳에서 제가 Shaw와 같은 화학 공장이나 모듈 식 공장에서 규정을 읽고 이해할 수 있는 능력을 얻게 되었습니다. 또한 SOWELA에서 받은 교육은 저에게 문제해결 능력을 길러주었는데, 이는 다양한 도구와 기술을 필요로 하는 분야에서 일할 때 아주 중요합니다."라고 말했습니다. "저는 또한 NCCER 자격증을 얻었는데, 이는 업무 현장에서 성공을 거두는 데 도움이 됩니다. 국립 건설교육 및 연구센터(The National Center for Construction Education and Research(NCCER))는 휴대 가능한 자격증을 가지고 산업 주도의 표준화된 기술교육 프로그램을 개발하는 비영리 재단입니다.

히크먼과 같은 직원들의 평균 업무 스케줄은 아침 7시에 시작해서 오후 4시 30분 정도가 되면 끝납니다. 금요일에는 오전 11시면 일이 끝납니다. 일터에서 그는 접착제(방수제) 밀봉제, 모듈 코팅을 담당합니다. 이 작업 수행을 위해서 그는 모래를 분사하여 모듈 표면을 씻어내고 무 공기 페인터 분사기를 이용하여 페인트칠을 합니다. 작업에 필요한 전문 도구로는 무 공기 분사 펌프, 무 공기 분사 총 및 꼬챙이, 모래분사 장치, 밀 측정기라고 덧붙였습니다.

"우리는 각자에게 할당된 작업이 무엇인지 파악하기 위해 청사진, 기술 도안, 작업 지시서, 설명서. 공식, 공정도를 봅니다." 그는 SOWELA 대학에서 듣는 강의뿐만 아니라 다양한 방법으로 기술을 터득했습니다. "저의 모래분사 및 페인트칠 기술은 다양한 취업 사이트와 슈퍼바이저의 조언을 듣고 배웠습니다. 그리고 순전히 저 자신의 주도로 검사를 위한 다양한 설명서(사양)에 대해 익히게 되었습니다."라고 말했습니다.

히크먼은 또한 알고 있어야 할 기술을 추가적으로 언급했습니다.

"업무 수행에 성공하기 위해 필요한 다른 특성으로는 정직성, 대인 관계술, 긍정적인 태도, 슈퍼바이저로 하여금 여러분의 강점과 약점을 알도록 해주는 원활한 의사소통입니다. 가장 중요한 것은 자신의 한계를 인식하는 것입니다. 또한 자신이 할 수 있는 일과 할 수 없는 일에 대해 스스로에게 솔직한 것도 아주 중요합니다."라고 말했습니다.

"또한 책 속의 지식과 수업 시간에 배운 것을 실생활에서 현실화하는 데는 어느 정도의 조정이 필요했습니다. 이 문제를 극복하기 위해 저는 다른 스타일의 성격에 적응해야 했고, 슈퍼바이저와 터놓고 소통해야 했으며, 새로운 규정을 터득하는 데 마음을 열고 있어야 했습니다. 또한 '내가 모든 것을 알고 있지는 않을 거야, 나의 동료로부터 배울 수 있는 것들이 있을 거야.'라는 마음을 가지고 나에게는 언제나 성장의 여지가 있다고 마음을 먹어야 했습니다."라고 그는 덧붙였습니다. "제 업무를 수행하는 데 가장 즐거운 일은 동료들과의 우정, 작업 분위기와 태도입니다."라고 말했습니다.

직업 프로파일 샘플

측량사와 지도 제작 기술자

측량사와 지도 제작 기술자는 보통 건설, 지도 제작, 경계 위치, 채광이나 다른 목적에 쓰는 자료를 얻기 위해 측량기사, 지도 제작자, 사진 측량기사의 지시 하에서 측량과 지도 제작의 작업을 수행합니다.

이 직업에 필요한 것

- 엔지니어링, 과학, 기술을 실제로 적용하는 지식
- 정밀기술 설계 공장과 청사진, 도안과 모형의 제작에 관련된 디자인 기술, 도구, 원리에 대한 지식

4. 금융 서비스

직업 집중 조명 :
Chief Financial Officer(경력 쌓기)

Alerise Linette Guillory, 최고 재무 책임자(CFO)
교육과 경험이 만든 최고 금융직

알레리스 리네뜨 길로리(Alerise Linette Guillory)에게는 이야기해줄 중요한 조언이 있습니다. "제 업무의 95%는 컴퓨터에서 수행되는데, 대개 고객구좌와 대출잔액 및 신용조합의 재무상태를 추적하는 마이크로소프트와 우리의 핵심 시스템을 포함한 다양한 소프트웨어 프로그램을 사용합니다."라고 길로리는 설명했습니다. 그녀는 또 그날그날의 업무를 수행하는 데 필요한 것이 바로 팀워크와 강한 윤리 강령, 세부적인 것에 주의 기울이기, 그리고 조직관리 기술이라고 말했습니다. Pineville에 있는 루이지애나 연방 신용조합의 중심부(Heart of Louisiana Federal Credit Union)의 CFO로서 그녀는 이런 조언을 하기에 딱 알맞은 위치에 있습니다. "저는 직장에서 매일 업무를 통해 얻은 지식과 경험을 사용합니다. 저의 경험, 훈련 지식들은 매일 제가 결정을 하는 데 도움을 줍니다." 하고 그녀는 말했습니다. 길로리는 자신이 재무 담당 최고직에 오른 과정을 설명했습니다. "저의 업무 수행에는 경영학, 회계, 재무 분야 학사 학위가 필요합니다. 저는 라피데스 비지니스 및 채용 솔루션 센터(Rapides Business and Career Solutions Center)로부터 도움을 받으며 알렉산드리아(Alexandria)에 있는 루이지애나 대학교에서 경영학 학사 학위를 취득했습니다. 저의 수업료와 책, 그 밖에 지불해야 할 비용을 그 지원금으로 해결했지요." 학위를 취득하기 전에 그녀는 12년 동안 회계장부 담당자로서 일했습니다. 계속적으로 교육 받기 위해 그녀는 일 년에 6~8회의 특정 신용조합 교육을 위해 전국적으로 이동합니다. 그 외에 길로리는 보통 월요일부터 목요일까지는 오전 8시부터 오후 4시까지 근무하고, 금요일에는 오전 8시부터 오후 5시 반까지 근무합니다.

길로리가 사무실에서 보통 하는 일은
- 재무제표 준비
- 다음 해의 예산 책정에 필요한 분석에 사용하기 위한 예산의 데이터 작성
- 정부의 규정 준수를 위한 규정 읽기
- 정부의 법률 및 규정의 변경 반영을 위해 회사의 정책과 규정을 읽고 개정에 참여
- 신용 조합이 효율적으로 운영되도록 관리 회원들과 함께 일하기 위해 관리 및 임원 회의에 참여
- 월별 이사회 회의에 참석
- 세 직원의 일일 활동 관리하기

길로리의 마지막 조언은
- 기회가 있으면 모든 교육과 지식을 습득하세요. 언제 써먹을지 아무도 모릅니다.
- 열심히 일하세요. 그 노력은 반드시 보상을 받습니다.
- 어디서든 할 수 있으면 사람을 사귀세요. 미래에 도움이 되는 것으로 증명되고 있습니다.
- 어떤 환경에서도 성공할 수 있도록 유연성과 적응력을 기르시기 바랍니다.
- 회사의 자산이 되기 – 어떤 일이 일어나도 회사 운영에 없어서는 안 될 유일한 사람이 되시기 바랍니다.

5. 전자 및 정보 기술 (IT)

취업 상담 집중 Advice :
HR manager of IT company

구직 전략 Top 10
1. 인간관계를 위해 인맥 형성하기
2. 신중하게 이력서 작성하기
3. 취업하려는 분야 조사하기
4. 자신이 인터뷰하게 될 회사와 사람들에 대해 조사하기
5. 좋은 인상을 주는 옷차림하기
6. 경청하기
7. 질문할 것 준비하기
8. 취업이 잘될 수 있도록 자기 개발 꾸준히 하기
9. 여러분이 할 수 있는 것(과 할 수 없는 것)에 대해 솔직하기
10. 전에 근무한 회사에 대해 험담하지 않기

구직자의 공통된 실수 Top 3
1. 이력서를 잘 쓰지 못한 것
2. 인터뷰를 위한 조사 부족
3. 잘 맞지 않는 직업에 지원하는 것

채용 소스 우선순위는
1. 추천
2. 커뮤니티/인맥
3. 취업 게시판
   (Jobserve, Totaljobs, The Ladders, eConsultancy, Linkedin)
4. 소셜 미디어(witter, Facebook, Ning)
5. EMC.com

맺음말 :
취업 희망 분야에서 가용한 인맥과 공동체 행사를 최대한 활용하세요. 채용 담당자들은 자신이 알고 있는 누군가를 채용하는 것을 항상 더 선호하기 때문입니다. 이력서보다는 채용 담당자들의 지인이 됨으로써 얻게 되는 이점을 활용하세요.

전자 및 정보 기술 (IT)

아만다 로페즈(Amanda Lopez)는 IT 분야의 직업에는 준 학사나 학사 학위가 필요하다고 말합니다.

아만다 로페즈와 그녀의 동료 로니 캠벨(Ronnie Campbell Jr.) 둘 다 Chalmette에 있는 Nunez Community College에서 IT 분야 학위 과정을 이수하고 있습니다. "이 수업은 기본 정보망 형성과 전반적인 Microsoft 과정입니다. 복잡해 보일지 모르지만 일단 알게 되면 실제로는 그렇게 복잡하지 않습니다."라고 캠벨은 말했습니다. 그 직업에서 성공하기 위해서는 인턴십과 직업 관련 경험도 도움이 됩니다. St. Bernard Business와 직업 솔루션 센터(Career Solution Center)의 도움으로 로페즈와 캠벨은 둘 다 여름철 청소년 프로그램을 통해 채용되었습니다.

데스크톱 지원 기술자인 로페즈의 업무는 컴퓨터 문제를 해결하고 동료의 프린터나 스케너 문제 해결을 돕는 것입니다. 캠벨의 업무는 컴퓨터 문제 해결과 전화 수화기 포트와 잭을 연결하는 것입니다. "모든 직업은 고유한 특성을 가지고 있습니다."라고 캠벨은 말합니다. "사람들이 도움이 필요할 때 저는 그 문제를 해결해줍니다. 실내, 실외를 가리지 않고 일하고 책상이나 길 위에서도 일합니다." 구직자들에게 로페즈는 말합니다. "<u>여러분이 하고자 노력하는 분야에 대해 공부하고 책을 읽으세요, 절대 포기하지 말고 항상 노력하세요.</u>"

직업 프로필 샘플
컴퓨터 시스템 분석가와 컴퓨터 소프트웨어 엔지니어, 응용 프로그램
컴퓨터 시스템 분석가는 전자 데이터 처리 시스템에 적용하기 위해 과학, 공학, 경영, 그리고 기타 데이터 시스템을 분석합니다. 컴퓨터 응용 소프트웨어 엔지니어들은 일반 컴퓨터 응용 소프트웨어나 전문화된 유틸리티 프로그램을 개발하고 만들어내고 변형시키는 일을 합니다.

이 직업에 필요한 것
- 전기 회로판, 프로세서, 칩, 전자 기기, 컴퓨터 하드웨어와 소프트웨어
- 산술, 대수학, 기하학, 미적분, 통계와 이것들의 적용 능력.
- 기업 및 경영 원칙에 대한 지식

6. 사업과 교육

취업 상담 집중 Advice :
HR manager of company

구직 전략 Top 10

1. 첫째도 인맥, 둘째도 인맥, 셋째도 인맥
2. 강력한 이력서
3. 취업하려는 이유와 단기 목표에 대한 분명한 생각을 갖기
4. 장기 목표를 명확히 이해하고 단기 목표와 일치시키기
5. 부정적인 태도 보이지 않기 : 인터뷰 과정은 느리고 실망스러울 수 있는데, 여기에 흔들리지 말기
6. 유명인 이름을 들먹거리지 않기
7. 듣고 참여하기 : 인터뷰는 단지 말을 하기만 하는 기회가 아닙니다.
8. 미소 짓기 – 꾸밈없이 평소대로
9. 정직하기 : 질문에 대답할 때는 정직하게 평소대로 하고 과장하지 말고, 특히 면접관이 듣기 좋은 말로만 대답하지 않도록 유의하기
10. 인터뷰 준비를 끝내기 : 극복해야 할 문제점 파악하기

구직자들의 공통된 실수 Top 3

1. 빈약한 인맥 관리 : 취업 시기까지 기다리지 말고 미리미리 인맥을 형성하여 관리하기
2. 준비 없는 인터뷰 : 회사에 대해 미리 조사하고 공부하기
3. 행위기반(Behavioral – based) : 인터뷰 방식 제 성취사례가 필요한데, 사실상 많은 구직자들이 이 부분에 대해 준비가 미흡함

채용 소스 우선순위는

1. 개인 인맥
2. 소셜 네트워크(Linkedin, Facebook, Twitter, and Blogs)
3. 취업 게시판(Job 포털 사이트)
4. EMC.com
5. 사원의 추천
6. 현직 직원

가장 좋아하는 채용 일화

저는 어느 채용 대상 지원자의 최종 면접관이었습니다. 그 지원자가 인터뷰 과정을 훌륭히 해냈기 때문에 인터뷰 팀 전체가 그를 채용하고 싶어 했습니다. 그런데 제가 그의 이름을 들었을 때, 저는 3년 전에 그의 이력서를 본 기억이 떠올랐습니다. 그래서 예전 이력서와 새 이력서를 비교해본 결과, 몇 가지 차이가 나는 것을 금방 알 수 있었습니다. 3년 전 써놓았던 인터뷰 노트를 꺼내 들고 인터뷰하러 갔습니다. 아니나 다를까, 경력이 빠져 있을 뿐 아니라 직함도 바뀌고 연봉도 달랐습니다. 말할 필요도 없이 그 인터뷰는 5분 만에 끝났습니다. 이 이야기의 교훈은 정직하라는 것입니다. 그 지원자가 거짓말을 하지만 않았더라도 저는 그를 채용했을 것입니다. 하지만 그는 자신을 더 잘 보이려고 없는 말을 지어냈습니다. 요즘은 세밀한 인터뷰를 하고, 또 소셜 미디어 도구들이 발달했을 뿐 아니라 대부분의 회사들이 추천인/신상정보 체크 절차를 사용하고 있기 때문에, 지원자가 거짓말을 할 때 들통 나는 것은 단지 시간문제일 뿐입니다.

맺음말

구직 관리에서 기억해야 할 가장 중요한 것은 자신을 신뢰하는 사람들로 강한 인맥을 형성하는 것입니다. 하지만 이 인맥이라는 것은 필요할 때 임박하여 형성할 수 있는 것은 아닙니다. 항상 기억하세요. 인맥 관리란 인맥 내 다른 사람들에게 관대하게 기꺼이 돌려주는 것을 말합니다. 많이 주면 줄수록 여러분이 필요할 때 더 많이 돌려받을 것입니다.

6-1. 사업 분야

직업 집중 조명 :
Real Estate Agent(성공 사례)

성공적인 부동산 경력은 사업(비즈니스) 교육으로 시작합니다.

Josline Gosserand Frank 회사는 모두 사업(비즈니스)과 교육입니다.

프랭크(Frank)는 루이지애나(Louisiana)의 Gretna에 있는 Russell Frank 부동산 그룹의 공동 소유자입니다. 프랭크는 이 회사의 사무실 관리자와 부동산 중개인으로 일합니다. 그러나 프랭크의 경력은 고등학교에서부터 시작되는데, 학창 시절 그는 비즈니스 과목(타이핑 I과 타이핑 II, 부기, 회계, 문서 보존, 모든 주요 과목)에 중점을 두었습니다. 프랭크의 대학 전공 역시 전부 비즈니스 분야였습니다. 프랭크는 Southern University에서 학사 학위를 취득했습니다. 그리고 Northwestern State University에서 석사 학위를 취득했습니다. 두 학교에서 공부한 것은 모두 사업(비즈니스)이었고, 추가적으로 컴퓨터 활용 능력, 마케팅, 협동조합 지부 및 교장 직에 관해 배웠습니다. 프랭크는 부동산 중개인이 되기 위해 대학교 학위가 반드시 필요하진 않다는 것을 알고 있습니다. 그러나 그는 고교 졸업 후 계속 교육을 받을 것을 권장하고 또 업무 경험도 해보는 것이 좋다고 말합니다. "저는 고등학교와 대학교 시절에 항상 일을 했었습니다."라고 프랭크는 말했습니다. 그가 해본 일로서는 소매업, 패스트푸드점, 여름 청소년 업무관련 프로그램들이었습니다.

프랭크는 거기서 다양한 경험을 할 수 있었습니다. 이런 경험을 통하여 그는 좋은 직업윤리를 개발했습니다. 또 나중에 멘토와 인턴십 후원자가 될 사람들을 만났습니다. 뿐만 아니라 예산을 짜는 방법도 배웠는데, 그는 이를 통해 가정생활을 위한 준비도 했습니다. 그리고 여러 다른 인종과 나이 그룹의 일원으로서 일했습니다. 프랭크는 부동산 중개인으로서 성공하기 위해서는 말과 글을 통한 의사전달에 뛰어난 기술을 가지고 고도로 잘 짜인 팀플레이어로서 세부적인 사항을 볼 줄 아는 안목을 가져야 한다고 말했습니다. 또 그는 남의 말에 귀를 기울여야 하며 거래를 구상하고, 꾸리고, 성사시키기 위해서 필요한 끈기가 있어야 한다는 점을 강조했습니다.

프랭크는 미래의 부동산 중개사가 알아두어야 할 사항으로 다음과 같은 예를 들었습니다.

● 부동산 중개인은 틀에 짜인 근무(9시에 출근해서 5시에 퇴근하는)를 하지 않습니다. 스스로 스케줄을 짜고 스스로가 사장이 되어야 합니다.

- 성공하려면 프로 정신, 근면성, 협동력이 필요합니다.
- 부동산 중개인은 사람을 잘 다룰 수 있는 고도의 에너지를 가져야 합니다.
- 부동산 중개인은 컴퓨터를 다룰 줄 알아야 합니다.
- 대부분의 부동산 중개인은 수수료를 받고 일합니다. 이들의 급여는 회사 인건비 예산이 아닌 자신의 업무 실적에 달려 있습니다.

전체적으로 비즈니스 교육, 업무 경험과 업무 노력을 통하여 프랭크는 성취감을 얻었습니다. 그는 부동산 중개인이 된다는 것은 개인적인 만족이나 재정적인 성공 측면에서 매우 보람 있는 일이라고 여깁니다.

부동산에 관한 조언

Josline Gosserand Frank 회사는 상업 및 주거용 부동산 판매와 임대, 자산관리, 재건축에 관해 25년간의 경험이 있습니다. 프랭크는 또한 부동산을 가르치고 부동산 중개인이 되려는 사람들이 알고 있어야 할 몇 가지 정보를 제공합니다. 부동산 중개인은 각 주로부터 허가를 받고 규제를 받습니다. 허가 절차는 각 주가 부동산 중개인이 자격이 있고 신뢰할 수 있다는 것을 확인함으로써 대중을 보호하기 위한 것입니다. 부동산 중개인은 각 주가 실시하는 시험에 응시하여 합격해야 합니다. 시험은 일반적으로 해당 주의 부동산 관련 규정과 규칙에 관한 것입니다. 이 시험에 합격하고 수수료를 지불한 후에 부동산 거래를 할 수 있는 면허증을 받게 됩니다. 이 면허증은 보통 일정 기간마다 갱신해야 하는데, 간단한 갱신 신청서를 작성하고 수수료를 지불하면 됩니다. 많은 주에서는 갱신할 때 지속적인 전문교육 수강 증거를 보여야 하고, 신청자가 비윤리적 행위를 한 증거가 있으면 면허 갱신을 허가하지 않을 수 있습니다. 프랭크는 부동산 중개인이 되는 일이 그렇게 어렵고 복잡한 것은 아니라고 말합니다. 또 부동산 중개인은 대학 교육을 받았든 못 받았든 모든 사람들에게 열려 있는데, 그것은 다만 시험에 합격하는 데 필요한 것을 배우기 위해 시간을 들이고 자신의 사업을 이루기 위해 열심히 일할 사람들을 위해서라고 말합니다.

이 직업에 필요한 것

- 인력 채용에 관한 원칙과 절차, 선발, 교육, 보상 및 혜택, 노사 관계 및 협상, 인사 정보 시스템에 관한 지식
- 컴퓨터 하드웨어 및 소프트웨어 지식

6-2. 교육

직업 집중 조명 :
School Teacher(성공 사례)

교사는 어린 시절의 꿈을 실현시켜줍니다.

애슐리 펠리그린(Ashley Pellegrin)은 항상 자신이 교사가 되고 싶어 한다는 것을 알고 있었습니다. 하지만 그녀는 우선 교사가 되려고 하는 학생들을 위한 고등학교 수업에서 진로를 탐색해보기로 결정했습니다. "저는 기꺼이 이 길을 택했는데 그 이유는 교육 분야 학위를 받으려는 저의 결심을 확실하게 해주었기 때문입니다." 하고 펠리그린은 말했습니다. 졸업 후에 그녀는 루이지애나(Louisiana) 주의 State University in Shreveport에서 초등교육 분야의 학사 학위를 취득했습니다. 오늘날 펠리그린은 Caddo Parish School District에 있는 Herndon Magnet 학교에서 학생들을 가르치고 있습니다. "저는 최고의 과목인 책읽기를 가르치니 매우 행운아입니다."라고 그녀는 말했습니다. 그녀는 또한 교육자로서 성장하고 성숙하게 해주는 전문개발 교육 과정에 참여해서 완성해가고 있습니다. 펠리그린의 보통 일과는 규정된 시간보다 긴 오전 7시 20분부터 오후 4~5시까지입니다. 제 학생들과 보내는 모든 순간은 너무 소중합니다. 학생들이 학교에서뿐만 아니라 실생활 속에서도 성공할 수 있도록 가르치고 준비시키는 것이 제가 해야 할 일입니다. 그리고 이런 점이 바로 제가 국가 교육 과정을 가르치는 것뿐만 아니라 이 학생들이 앞으로 세상을 살아가면서 매일매일 독서하는 방법을 어떻게 활용할지 보여주는 활동을 준비하는 이유이기도 합니다.

펠리그린에 따르면 일기 쓰기 또는 그와 비슷한 활동이나 그날 주어진 문제 처리로 하루가 시작됩니다. "우리는 신문을 자세히 읽어보고, 전화번호부에 실린 전화번호를 찾아내고, 심지어 레스토랑 메뉴를 보고 주문을 하기도 합니다. 이러한 활동을 통해서 학생들은 좋은 독자가 되고 싶은 마음을 희망적으로 발전시킬 것입니다."라고 그녀는 말했습니다. "아침 활동 후에는 독서 수업으로 바로 들어갑니다. 하루가 가면서, 점심시간과 휴식시간은 쉰 것 같지도 않을 정도로 빠르게 지나갑니다."라고 펠리그린은 덧붙였습니다. 그런 후에 그녀는 두 개의 다른 반을 위해 전체 독서 과목을 다시 가르칩니다. 마지막으로 하루를 마무리하기에 앞서 그녀는 학생들에게 그날 배운 것을 복습하게 한 뒤 집으로 돌려보냅니다.

하루 일과가 꼭 그렇지 않을 때도 있습니다. "그러나 하루 일과를 아무리 잘 짜놓아도 무슨 일이 생겨 변동될 수도 있습니다."라고 펠리그린은 말했습니다. 펠리그린은 소방 훈련이나 회의에 참석할 일이 생긴다든지, 또는 아픈 아이가 생기거나 학부모로부터 전화가 온다든지, 점심 먹을 돈을 잃어버린 아이가 생기거나 학교 화보용 사진을 찍어야 한다든지 할 때를 예로 들면서, 그럴 때는 유연성 있게 대처해야 한다고 말했습니다.

펠리그린은 때로는 어려운 일이 있기는 하지만, 하루하루의 일과로부터 굉장한 만족감을 얻는다고 했습니다. "매일 아침 첫 번째 일이 저를 보고 기뻐서 어쩔 줄 몰라 하며 제 얼굴에 미소를 짓게 해주는 20명의 2학년 학생들로부터 인사를 받는 일입니다. 그리고 매일매일 집에 갈 때, 저는 어떤 식으로든 아이들의 생활에 영향을 주고, 또 학생들의 인생을 영원히 바꿔놓을 무언가를 배우게 하는 데 도움을 주었다는 것을 알게 됩니다. 이것은 어느 누구라도 할 수 있는 보람 있는 직업이라고 생각합니다."

이 직업에 필요한 것

- 교육과정 및 훈련계획, 개인이나 그룹을 위한 학습 및 강의, 교육효과 측정 원리나 방법에 관한 지식
- 영어 구문 및 내용에 관한 지식

7. 의료 및 생명과학

응급 구조대원은 하루하루 변화를 가져옵니다.

켈리 커닝(Kelly Koning)은 라파예트(Lafayette) 고등학교 1학년 때 응급 구조대원으로서 일을 시작했습니다. 14살에 의료직업학교(Academy of Health Careers)와 Explorer Post 108 프로그램을 소개받았습니다. 커닝에 따르면 이 프로그램은 젊은이들에게 의료 분야 생활을 체험할 수 있는 기회를 제공해준다고 합니다. 커닝은 아카데미를 통해 수강이 가능한 의료 과정을 마쳤습니다. 3학년 때 커닝은 구급 의료사 기본반(EMT-Basic)반에 등록했고, 고등학교를 마치자마자 바로 의료사가 되었습니다. "감사하게도 저는 이 기회를 잡았고, 이것을 위해 매진했습니다." 하고 커닝은 말했습니다. 그에 따르면 이런 직업을 얻기 위해서는 준비가 쉽지 않습니다. 기초 구급 의료사가 되기 위해서는 반드시 대학입학자격검정고시(GED) 또는 고등학교 졸업장이 필요합니다. 기초 구급 의료사 교육과정을 마치고 국가 등록 필기시험에 통과해야 하며, 국가 등록 수준에서 10개의 다른 의료 기술을 성공적으로 완전히 터득해야 합니다.

기초 구급 의료사로서 커닝은 누군가의 삶에 변화를 가져다주는 일을 좋아합니다. "제가 누군가에게는 가장 최악의 날을 조금 더 좋은 날로 만들어줄 수 있다는 사실이 매순간 최선을 다해서 일하게 해줍니다."라고 그는 말했습니다. 그는 감격적인 순간을 이야기해주었습니다. "의료사로서 제가 경험했던 일 중 가장 최고의 것은 병원에서 아주 귀여운 2살 된 여자아이가 감사 카드를 들고 와서, 자기 아버지 생명을 구해줘서 고맙다고 내 볼에 뽀뽀를 해주었던 순간입니다. 매우 감동적이었던 이 순간은 제 마음을 사로잡았고, 그 후로 절대 그 마음을 잊은 적이 없습니다." 이것은 커닝의 매우 바쁘고 보람 있는 직장 생활 중의 단지 한 예일 뿐입니다. "저의 업무는 오후 4시에 시작해서 새벽 4시에 끝납니다. 이 밤 12시간 동안 저에게 어떤 일이 벌어질지는 아무도 모릅니다."라며 커닝은 업무 중 경험한 것 몇 가지를 예로 들었습니다.

- 구조대에 앉아서 전화를 기다리는 것부터 쏟아지는 비와 푹푹 빠지는 진흙길을 뚫고 환자를 찾아 걸어가는 것에 이르기까지, 저의 업무 환경은 제가 받는 전화에 따라 달라집니다.

- 12시간의 교대근무 시간 동안 저는 많은 사람들의 건강관리를 담당하고 있습니다. 저의 임무는 생명이 위급한 상황에 있는 사람들을 돌보는 것으로 시작해서 나이 드신 환자분을 다시 가족들이 사는 집으로 돌려보내는 것으로 끝이 납니다.

- 이 일을 하다 보면 많은 어려움이 따릅니다. 의료사로서 다른 사람들의 감정을 다룰 때는 자신의 개인적인 삶은 제쳐두어야 한다는 것을 배워야 합니다. 또 여러 다른 종교, 국적, 도덕성의 차이를 이해해야만 합니다. 이 어려움을 극복하기 위해서 저는 저와 조금 다르다고 해서 그 사람을 판단하거나 차별하지 않도록 스스로 많은 노력을 합니다.

제가 이 직업에서 성공할 수 있었던 것은 최선을 다하라고 격려해주신 저의 가족과 아카데미 선생님 덕분입니다. 저는 의료 분야에서 업무를 잘 수행할 수 있게 해주는 지식을 얻었을 뿐 아니라, 저의 성공에 도움이 된 많은 다양한 성격적 특성과 직업에 쓰이는 기술 부분에서도 또한 성장할 수 있었습니다."라고 커닝은 말했습니다. "현재 그리고 미래의 학생들에게 들려줄 말은 각자의 꿈과 목표 실현을 위하여 110%의 최선을 다하고, 절대 포기하지 말라는 것입니다. 결심과 하겠다는 의지만 가지면 여러분은 무엇이든 성취할 수 있습니다. 자기 자신을 믿으세요, 그러면 다른 사람들은 자연히 따라옵니다.

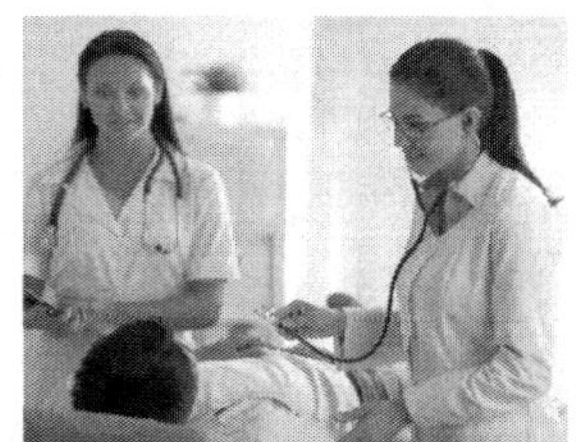

국가 공인 간호사는 학사 학위를 얻어야 합니다.

데니스 크리스 버티스트(Denise Chriss-Batiste)는 면허 실무 간호사(LNP)로서 직장 생활을 시작했습니다. 하지만 LNP 자격증을 얻은 뒤에도 교육이나 직장 경력이 중단된 일은 없습니다. 자기 발전을 위해 크리스 버티스트는 국가 공인 간호사가 되기로 결심하고 Our Lady of the Lake College of Allied Health에서 2년 과정의 준 학사 학위 프로그램에 등록했습니다. 그녀는 바통루즈 비지니스 재단 및 직업 솔루션 센터(Baton Rouge Business and Career Solutions Center)에서 재정 지원을 받아 기술 훈련비용을 충당했습니다.

크리스 버티스트의 기술 훈련과 면허실무간호사(LPN) 근무 경력은 고급 과정을 이수하는 데 큰 도움이 되었습니다. "면허실무간호사(LPN)로서 10년간의 근무 경력은 제가 국가 공인 간호사 프로그램에서 성공하는 데 큰 도움을 주었습니다."라고 그녀는 말했습니다. 또 그는 "면허실무간호사(LPN)으로 일한 경험으로 저는 이미 가지고 있었던 임상기술 분야의 학점을 인정받았고, 공인 등록 간호사(RN) 훈련 학기에 등록할 수 있었습니다."라고 했습니다. 그녀는 그 프로그램에 들어가기 전에 갖추어야 할 전제조건으로 영어, 대수학, 철학, 종교, 역사뿐 아니라 화학, 해부학, 생리학, 미생물학, 연구실에 관한 수업을 이수하는 것을 들었는데, 실제로 그는 간호사가 되기 전 그것들을 모두 수강했다고 했습니다. 현재 바통루즈 의료 센터(Baton Rouge General Medical Center)에서 일하고 있는 크리스 버티스트가 알려준 전형적인 하루 일과는 다음과 같습니다.

- 의사, 간호사가 포함된 팀에서 일하며 저는 최대 6명의 환자들을 관리하고 있습니다.
- 환자 교육을 실시하고 주치의가 처방한 특정 시술을 실행합니다. 이 시술은 예를 들면 호흡 처치일 수 있습니다. 몇 가지는 유쾌하지 않은 것도 있습니다. 저는 또한 환자들에게 위안을 줍니다.
- 저는 10대의 어린 환자들부터 나이 드신 환자분들까지 돌봅니다.

● 저는 오후 7시에 시작하여 아침 7시에 끝나는 12시간의 교대근무를
  합니다. 간호학 학사 학위를 얻기 위해 현재 학교를 다니고 있기 때
  문에 저의 한 주간의 근무일은 달라집니다.

학생들에게 들려줄 크리스 버티스트의 조언은 다음과 같습니다.
"포기하지 마세요! 끈기는 확실히 언젠가 결실을 맺습니다. 저는 38살
학생입니다. 장애물이 닥쳐도 여러분은 극복할 수 있습니다. 여러분의 교
육 목적의 달성을 위해 주어진 모든 기회를 활용하세요."

이 직업에 필요한 것

● 면허증(공인 간호사)
● 공학 및 기술의 실용적 응용에 대한 지식
● 산술, 대수학, 기하학, 미적분, 통계학 및 이들의 응용 지식

취업,
이제는
글로벌 기업이다!

Job search &
Application Method
일자리 찾기와 지원 방법

활용 방법

이제 앞 Chapter들을 통해 회사에 지원하기 위한 준비를 마쳤다면, 이 Chapter에서는 어떻게 적극적으로 일자리를 찾아볼 수 있는지 알려줄 것입니다. 이 Chapter의 내용을 잘 파악하고 가이드 하는 대로 따라하여 여러분의 꿈의 직장을 잘 찾기 바랍니다.

THERAPY SERVICES
PRN Opportunities for
OT, PT PTA
previous inpatient rehab, acute or skilled nursing therapy experience desired. Current Ohio licensure required.
Speech Language Therapists - FT
Current Ohio licensure required
JOBS
RHIA or RHIT; equivalent medical experience in in/outpatient hospital or rehab desired. Responsible for compilation of medical data, ICD-9-CM coding, CCS or AHIMA certification preferred. Previous experience in a medical records department in an acute or rehab hospital

1. 인맥 관리

직장을 찾는 일이란 모두 사람에 관한 것입니다. 이들은 여러분이 아는 사람, 만나는 사람, 정보를 가진 사람으로 여러분이 찾는 바로 그 사람들이며, 반드시 일자리를 얻는 데 도움을 줄 분들입니다. 취업은 수백 군데의 회사에 이력서를 보낸다고 되는 것이 아닙니다. 어떤 회사도 전화기 옆에 앉아 여러분의 이력서를 기다리고 있다가 전화해주지는 않습니다. 궁극적으로 여러분이 일자리를 얻게 길을 닦아줄 사람들을 찾아보고 친분을 쌓아가야 합니다. 좋은 기회를 찾고, 회사로 하여금 인터뷰를 위해 여러분을 초대하도록 만들고, 그런 다음 똑같은 일자리를 놓고 그 많은 지원자들과 경쟁하는 것은 매우 힘든 일처럼 보입니다. 그럼 구직자들이 어떻게 채용 중인 일자리를 발견하고 결국 채용될 수 있을까요? 취업에 성공한 누구에게든 이 질문을 하면 듣게 될 대답은 다름 아닌 '개인 인맥', '추천인' '회사 내 누군가의 추천', '입소문', '사람 접촉' 등일 것입니다.

1-1. 무엇이 '인맥 관리'일까?

인맥 관리는 사람들과의 관계 형성 과정을 말합니다. 이런 관계는 여러분이 전략적으로 어떤 사람들과 인맥을 형성하고, 그 관계유지를 위해 노력하며, 또 참여하는 모든 사람들에게 그 혜택이 호혜적으로 미칠 때 가장 효과적입니다. 전략상 중요한 직업은 변화하고, 경우에 따라 얼마 동안 실직하는 것도 흔히 있는 일입니다. 그러므로 좋은 인맥은 장래 채용 기회의 문을 열어줍니다. 인맥의 혜택에 관해 몇 가지

만 예를 들더라도, 올바른 관계를 맺으면 자신이 속한 산업계 또는 분야에서 가시도와 신뢰도를 향상시키는 데 도움을 주고, 또 자신에게 전문가적인 발전 기회를 주기 때문입니다. 인맥 형성은 의심의 여지없이 새로운 직업 진출을 위해 가장 좋은 방법입니다. 그것은 구인회사들이 지인의 추천이나 기존의 인맥으로부터 사람을 채용하는 것을 좋아하기 때문입니다. 신기하게도 이 전략은 구직자들이 일자리를 찾을 때 거의 잘 쓰지 않는 방법입니다. 그 이유는 이것이 시간이 가장 많이 걸리는 방법이기 때문일 것입니다.

> 인맥 관리는 33%의 성공률을 가지고 있습니다.
> 채용자의 1/3이 개인 또는 전문 인맥 및 기존 관계를 통해 채용되고 있었습니다.

인맥 형성에 필요한 TIP

정보 요청하기
- 직업에 관한 문의. 산업 또는 채용 회사들에 관한 문의
- 자신이 알고 싶어 하는 것들
- 예의 바르게 행동할 것 : 너무 밀어붙이지 마세요. 그렇지 않으면 그 사람들이 흥미를 상실할 가능성이 있습니다.

자기 자신에 관해 이야기할 준비하기
- 자신의 업무 기술과 직업 목표의 백 그라운드를 명백히 하기
- 이력서 준비해놓기

좋은 인맥을 관리하는 습관 따르기
- 인맥 관리는 친구를 사귀는 것과 같습니다(관계 형성에 관한 것입니다).

● 도와준 사람들에 대한 보답으로 무엇인가를 되돌려줄 방법 생각해보기

취업하려는 직업 내에서 사람 찾기
● 친구, 가족, 전직 동료, 이웃과 더불어 시작하기. 목표로 하는 직장의 누군가를 알 가능성이 있습니다.
● 자신이 취업하려고 하는 직장에 관해 말해주기

도움 준 사람들에게 '감사 편지' 보내기
● 제공해준 정보와 취업할 수 있도록 인도해 준 것에 대해 항상 감사의 뜻 전하기

멘토 찾기
● 멘토는 여러분이 관심 있는 직업에 관하여 알고 있는 사람입니다.
● 여러분의 구직에 관한 생각과 질문에 대해 피드백 받기
● 그 직장에 다니는 직원의 하루 동안 일하는 모습을 지켜봐도 되는지 물어보기

전문가 그룹 조사하기
● 여러분이 목표로 둔 직업이 전문가 그룹을 가지고 있는지 아닌지 알아보기. 이 그룹의 많은 회원들이 구직자들을 돕고 싶어 합니다. 그들은 채용 중인 채용 관계자들을 알 가능성이 있습니다.

핵심 인맥에게 자신의 구직 노력을 알려주기
● 여러분의 인맥은 여러분을 돕길 원합니다.
● 인맥 내 행사, 수업 또는 워크숍에 참여하기
● 개인 전화나 편지하기
● 위원회에서 자원봉사자로 일하기
● 온라인 커뮤니티에 참여하기
● 직장 내 클럽에 참여하기
● 학교 동문회 연락하기
● 전문가 협회에 연락하기
● 업계 신문 및 잡지 읽기
● 자기 분야에 관한 기사 작성하기
● 여러분의 산업 또는 커뮤니티(모임)에서 연설하기

누가 나의 인맥일까?
자신의 관심 분야의 산업이나 조직 내 사람들과 만나고 이야기하는 것은 취업가능성이 있는 일자리 소식에 대해 듣고 자신이 추구하는 직업에 관한 유용한 정보를 얻는 데 도움을 줄 수 있습니다. 그러나 자신이 사회적으로 또는 개인적으로 알고 있는 사람과 그들이 알고 있는 사람을 무시하지 마세요, 왜냐하면 대상 일자리에 관한 이야기나 접근을 더 많이 하면 할수록 일자리를 얻을 가능성이 커지기 때문입니다.

인맥 리스트

여러분의 인맥 목록에 포함시킬 수 있는 사람들은 :

● 친척과 가족(그들의 친구들)
● 지인과 친구
● 동료와 전직 동료
● 이웃(현재와 과거)
● 교사와 교수
● 이전 직장 또는 지원 중인 회사
● 자신의 운동·스포츠 팀 팀원
● 여러분의 교회나 커뮤니티 그룹의 사람들
● 함께 자원봉사 활동했던 사람들
● 사업상 알게 된 사람들(은행 매니저, 보험 회사)
● 자신이 바라는 분야의 전문가들
● 전문가 기관의 회원
● 정치가들
● 상공회의소 직원

여러분이 한 번 만난 사람에 대한 후속 관리를 하지 않으면 만나는 시간을 낭비하는 것임을 기억하세요. 또한 누군가가 여러분에게 귀띔해줄 말이 있으면 당연히 전화해줄 것이라고 기대하지 마세요. 그들이 여러분을 한 번 만났다고 해서 여러분을 다 기억하는 것은 아니기 때문입니다. 자신을 잘 홍보한다는 것은 자신이 어떤 유형의 일자리를 찾고 있는지를 적절한 사람에게 반복하여 말하는 것을 의미합니다. 대부분의 사람들은 인맥관리가 방 안에서 이리저리 생각하고 가능한 한 많은 사람을 초고속으로 만나는 과정이라고 생각합니다. 불행히도 이런 부정적인 이미지는 취업을 위해 인맥형성이 정말 필요한 사람들을 실망시킵니다. 될 수 있으면 많은 수의 사람을 한 번씩 만나고 마는 대신, 좀 더 적은 숫자의 사람들이더라도 관계를 심화 발전시키는 데 중점을 두세요. 여러분의 지인을 카페나 점심에 초대하여 정보 제공 인터뷰를 하고 자신이 참석하려는 또 다른 행사에 동행하는 등 항상 인맥 강화를 위한 길을 찾으세요.

2. 잡 포털 사이트와 헤드헌터

2-1. 잡 포털 사이트

미국에서 대부분 구직자들은 www.monster.com, www.careerbuilder.com, www.4jobs.com, SnagA-job.com, www.job.com, www.employmentguide.com 등과 같은 잡 포털 사이트를 활용할 수 있습니다. www.theladders.com은 10만 달러 이상의 고액 연봉을 받는 관리자급 사람들만 이용할 수 있는 전용 웹사이트로서 이곳에 이력서를 올려놓으면 대기업과 유명 헤드헌터들이 열람할 수 있습니다. www.linkedin.com과 같은 몇몇 전문적인 인맥 사이트를 통해서 경력과 소속 회사를 기초로 사람을 찾을 수 있고, 원하는 회사의 담당자를 알아볼 수 있으며, 채용 광고를 보고 직접 지원할 수도 있습니다. 또한 특정 회사나 그 회사에 재직 중인 사람의 업무 경험 및 학력 수준을 알아볼 수 있습니다. 미국 밖에 살고 있는 사람도 이 유용한 잡 포털 사이트를 이용할 수 있습니다.

General employment Portal sites (USA)

www.Careerbuilder.com	www.craigslist.com	www.employmentguide.com
www.ihirejobnetwork.com	www.jobing.com	www.jobkabob.com
www.Monster.com	www.simplyhired.com	www.Yahoohotjobs.com

Health care (USA)

American Medical Association	www.ama-assn.org/
American Medical Group Association	http ://amga.org/
Cancer Registrars	www.ncra-usa.org
Clinical Pathology	www.ascp.org
Colleges of Pharmacy	www.aacp.org
Health Information Professionals	www.AHIMA.org
Health Information Professionals	www.fortherecordmag.com
Health System Pharmacists	www.ashp.org/
Healthcare Executives	www.ache.org
Medical Dosimetrists	www.medicaldosimetry.org
Medical Laboratory jobs	http ://laboratorian.advanceweb.com/
Microbiology	www.asm.org/microbe/
Neurophysiological Monitoring	www.asnm.org/
Nutrition jobs	http ://nutritionjobs.com/
Perioperative Registered Nurses	www.aorn.org/
Radiology jobs	http ://radworking.com/
Sterile Processing	http ://sterileprocessing.org/cbspd.htm
Therapy jobs	www.therapyjobs.com/
Utah Health Information Professionals	www.uhima.org/

Other speciality (USA)

Computer jobs	http ://computerjobs.com/homepage.aspx
Human Resources jobs	www.shrm.org
Nonprofit professionals	www.usfr.org
Social Service jobs	http ://socialservice.com/
Technology jobs	www.dice.com
Training jobs	www.astd.org

Diversity/Minority (USA)

African American Careers	www.africanamericancareers.com/
Asian Bilingual Jobs	www.asian-jobs.com/
Career Resources for Women	www.womenforhire.com
Diversity Management	www.diversityinc.com
Diversity Online Job Board	www.diversityworking.com
Diversity Recruitment	www.hirediversity.com
Hispanic & Bilingual Jobs	www.latpro.com
Native American Jobs	www.nativeamericanjobs.com/
Woman in Technology International	www.witi.com

Korean Job Portal sites (Korea)

Classification	Site Name	Site
Korea Labor Foundation middle age job site	HOPE-NET	www.4060job.or.kr
Korea International Trade Association job site	JOB-TOGETHE	tradejob.kita.net
Job portal site	WORK-NET	www.work.go.kr
	JOB-KOREA	www.jobkorea.co.kr
	SARAMIN	www.saramin.co.kr
	INCRUIT	www.incruit.co.kr
Headhunter	YOU & PARTNERS	www.younpartners.com
	CAREER CARE	www.careercare.co.kr
	KORN FERRY International	www.kornferry.com
	HR KOREA	www.hrkorea.co.kr
	P & E CONSULTING	www.pneconsulting.co.kr
	JOININC	www.joininc.net
Trade & Distribution	TRADEIN	www.tradein.co.kr
Finance & Economy	ACCOUNTING PEOPLE (accounting)	accountingpeople.co.kr
Construction	CONSTRUCTOR	worker.co.kr

취업, 이제는 글로벌 기업이다!

Classification	Site Name	Site
Design	Fashion biz	fashionbiz.co.kr
	Fashion WORK	fashionwork.co.kr
	Fashion SCOUT	fashionscout.co.kr
Woman	Women Resources Development Center	www.vocation.or.kr
Senior Job Information	Korea Labor Force Development Institute for the aged	www.kordi.or.kr
	Seoul Senior Job Referral Center	www.noinjob.or.kr
Social Welfare	WELFARE-NET	bokji.net
	Korea Association of Social Workers	www.welfare.net
Health & Medical Treatment	Medical JOB	medicaljob.co.kr
Foundation Site	Small Enterprise Development Agency (SEDA)	www.seda.or.kr
	(Incorporated Association) Korea Management Consulting Company Association	www.kmcca.net
	Korea Management Association	www.kma.or.kr
	Korea Technology Finance Corporation	www.kibo.or.kr
	Small & medium Business Corporation	www.sbc.or.kr
Job Class Site	BIO JOB(Medicine Site)	www.biojob.co.kr
	HOTEL JOB	www.hoteljob.co.kr
	Distribution /Shop Master	www.shopma.net
	FIND JOB	www.findjob.co.kr
	MEDIA JOB	www.mediajob.co.kr
	Web / Compilation (Designer JOB)	www.designerjob.co.kr
Salary Information	PAY OPEN	payopen.co.kr
Financial Information	Data Analysis, Retrieval and Transfer System	dart.fss.or.kr

Others

International	Jon in International	www.overseasjobs.com
	Jon in Europe	www.eurojobs.com
영국(UK)	UK postal site	www.monster.co.uk
		www.jobsite.co.uk
호주(Australia)	Australia postal site	www.seek.com.au
		www.jobsearch.gov.au

2-2. LinkedIn

링크드인(LinkedIn)은 간단히 말하면 학력과 경력, 지식, 기술을 사이트에 올림으로써 사람이나 일자리를 찾고, 다른 전문가들과 인맥을 넓혀가는 데 도움을 주는 소셜 네트워크 웹사이트입니다. 심지어 이력서를 사이트에 올릴 수도 있고, 이곳에서 친구도 사귈 수 있습니다. 트위터나 페이스북과 달리 링크드인은 여러분이 알 수도 있는 다른 전문가들과의 공식적인 관계 형성에 중점을 둡니다. 링크드인을 통해서 여러분과 밀접하게 연결된 여러분의 상사나 동료 또는 고객들은 여러분이 누구를 찾거나 새로운 직업 혹은 사업을 찾을 필요가 있을 때 가장 큰 자산이 될 것입니다. 또한 여러분의 비즈니스에 관한 의견을 다른 사람과 공유할 수도 있습니다. 링크드인은 2003년부터 서비스를 제공하기 시작하여 현재 2억 2천 5백만 명 이상이 사용하고 있습니다. 여러분은 또한 오늘 링크드인의 회원이 될 수 있으며, 링크드인을 사용함으로써 이 장점을 활용할 수 있습니다.

TOP 10 온라인으로 일자리 찾기 TIP
링크드인으로 최고의 기회를 찾고 혹은 그 기회를 내 것으로 만들 수 있게 하는 방법

1. 시간을 낼 것
이력서 작업과 온라인망의 프로필 체크 및 업데이트, 그리고 잡 리스팅 검색을 위해 매일 최소 15분간을 할애하세요. 기회는 왔다가도 빨리 지나가버리기 때문에 여러분은 지속적으로 링크드인에 접속해야 합니다.

2. 주의 끌기
전문 인력 프로필 검색의 첫 번째 결과에서 여러분이 나오는 것보다 채용 회사에게 더 깊은 인상을 주는 방법이 또 있을까요? 여러분의 링크드인 프로필을 100% 완전하게 만들면 여러분의 검색 순위도 올라갈 것이며 채용 회사 관계자들에게도 좋은 인상을 줄 것입니다.

3. 잘 알려진 용어 사용하기
채용 담당자의 주의를 끄는 키워드로 프로필을 작성하세요. 여러분의 눈길을 끄는 취업 게시판과 링크드인 프로필을 훑어보고 같은 단어나 구절을 포함시키세요. 직업 및 산업 특유의 단어뿐 아니라 리더십 용어(지휘관, 사장)와 행동 단어(관리된, 고안된)를 포함시키세요.

4. 연락을 취해볼 것
링크드인에서 알고 있는 친구, 가족, 이웃, 교수, 가족의 친구, 인턴십 동료, 그 밖의 다른 사람들에게 연락해보세요. 일단 연락이 되면 링크드인에 친절한 메시지를 남겨 당신이 찾고 있는 일자리나 다른 특별한 직장이 있는지 눈여겨봐줄 것을 요청하고, 또 자신에게 도움이 되는 다른 사람에게 소개해줄 수 있는지 물어보세요.

5. 홍보하기
구직 중 신뢰를 쌓고 다른 사람의 지속적인 관심을 끌기 위해서는 정기적으로 링크드인을 비롯한 다른 소셜 네트워크상에서 자신의 상태를 업데이트해야 합니다. 또 관심 분야에 관한 기사나 참석하는 행사 및 좋은 업무 뉴스를 링크에 올리는 것도 좋은 인상을 주게 될 것입니다.

6. 그룹에 참여하기
개인과의 인맥 형성을 넘어 여러분의 모교 동문회, 전문가 협회, 봉사활동 기관, 취직하고 싶은 기업과 관련된 링크드인 그룹에 가입하세요. 토론에서 자신이 한 발언은 장래 여러분을 채용할지도 모르는 사람들에게 자신을 알릴 수 있는 좋은 기회입니다.

7. 여러 방면으로 탐색하기
링크드인의 채용 공고는 단지 어느 회사가 채용 중인지에 대해서만 알려주는 것이 아닙니다. 심지어 여러분이 다른 사이트에 실린 일자리를 보았을 때, 링크드인 회원 중 그 회사 사람이 있는지 알아보는 데도 도움을 주고, 그와 여러분이 개인적으로 어떻게 연결되어 있는지

를 알려주기도 합니다. 여러분의 구직 장소가 어디든 상
관없이 때때로 검색 용어와 검색 기준을 바꿈으로써 검
색 범위를 더 넓혀 나갈 것입니다.

8. 회사 따라가 보기

다른 취업 게시판에서 여러분이 좋아하는 일자리가 있
는지 보고, 그 회사를 조사하는 데 링크드인을 활용해
보세요. 여러분이 일하고 싶은 회사가 어디이든지, 링
크드인의 회사 페이지를 찾아가 'Follow company'를
클릭해보세요. 그 회사의 활동(채용 공고, 고용, 발표)
이 여러분의 홈페이지에 나타나고, 여러분에게 취업가
능성이 있는 기회를 알려줄 것입니다.

9. 집요하기(성가시지 않으면서)

링크드인을 통해 후속 메시지를 보내는 것은 다른 지원
자들보다 두드러져 보이도록 하는 데 도움이 될 것입니
다. 여러분이 링크드인을 통해 누군가에게 메시지를 보
낼 때마다, 그 채용자나 채용 담당자는 여러분의 프로필
을 쉽게 클릭하여 자격을 확인해볼 수 있습니다.

10. 링크드인 '학생 잡 포탈'을 사용해보기

여러분은 '학생 및 최근 졸업생 취업 포탈'
http ://linkedin.com/studentjobs에서 몇몇 세계
적인 회사의 신입 채용 및 인턴십에 대한 정보를 얻을
수 있습니다.

링크드인에서 해야 할 것과 하지 말아야 할 것

1. 전문성을 유지하세요.

여러분은 비즈니스 사이트에서 인맥을 맺고 있습니다.
전문성 있고 예의 바르게 행동하세요.

2. 철자, 문법, 문장 부호를 확인하세요.

온라인상에서 자신을 소개할 때는 이력서나 지원서 쓸
때 못지않게 주의를 기울여야 합니다.

3. 채용 중인 일자리를 찾기 위해 링크드인 업데이트 를 확인해보세요.

이를 위해 프로필 페이지 맨 오른쪽 상단으로 이동하여
'People(사람들)'의 오른쪽에 있는 화살표를 클릭하고
'Updates(업데이트)'를 선택하면, 선호하는 장소나 지
역에서 광고된 최신 일자리(업데이트) 소식을 검색할 수
있습니다. 예를 들어 'Graduate jobs in Leeds'을 입
력하고 검색하세요.

4. 링크드인을 통해 이력서 작성의 기회를 제공하는 LinkedIn Resume Builder(링크드인 이력 서 작성하기)를 탐색해보세요.

여러분은 이것을 사용할 수 있고, 또 자신의 이력서를
등록하거나 온라인 이력서로서 링크드인 프로필을 사
용할 수 있습니다.

5. 동창회를 최대로 활용하세요.

인맥을 형성할 수 있는 행사에 참여하고 채용 중인 일자
리가 있는지 알아보세요.

6. 항상 신용을 지키세요.

이력서나 지원서에는 정확한 최신 정보를 기재하여 믿
을 만한 정보를 제공해야 합니다.

7. 프로필 향상을 위해 추천서를 포함시키세요.

8. 링크드인 프로필을 100% 완벽하게 만드세요.

학력, 실적 및 경력사항을 상세하게 쓰세요.

9. 관심 있는 직종 분야와 관련 있는 그룹에 가입 하세요.

링크드인은 여러분의 관심 분야 그룹을 제안해줄 것입
니다. 이 그룹을 보기 위해서는 'Groups(그룹들)'과
'Groups You May Like(여러분이 좋아하는 그룹들)'
을 선택하세요. 또한 'Group Directory(그룹 알파벳
순 나열본)'를 선택하여 관심 분야 그룹을 찾아볼 수
도 있습니다.

10. 취업수단으로 오로지 링크드인만 의존하지 마 세요.

이 사이트를 일자리 검색 소스 중 일부로 활용하세요.

11. 알지도 못하는 수많은 사람들에게 연락을 취하 려고 애쓰지 마세요.

차라리 그룹이나 기존 연락처를 통해 인맥을 만드세요.

12. 개인이나 기관에 대한 부정적인 피드백은 하지 마세요.

2-3. 성공적인 온라인 구직을 위한 10가지 정보

아래 정보를 활용하여 보다 더 효과적으로 일자리를 찾고 취업 가능성을 높이세요.

1. 취업 사이트를 신중하게 선택하기

일자리는 수천 개의 각기 다른 웹사이트에 올라와 있습니다. 그러므로 어느 사이트를 사용할지 신중하게 선택해야 합니다. 취업을 위한 종합적인 검색 엔진으로서 www.Indeed.com은 여러분의 관심을 충족시켜주는 전문적인 취업 게시판이나 직업 사이트를 찾는 데 도움을 줄 것 입니다. 이것은 또한 여러분의 시간을 절약해주고, 다른 데서는 찾을 수 없는 일자리도 알려줄 것입니다.

2. 구직방법 개선하기

키워드를 사용하여 검색하고 여러분의 검색 망을 좁히기 위해 더 많은 용어를 추가하세요. 여러분의 위치를 구체화하는 것을 잊지 마세요. 우편번호는 일반적으로 좋은 효과가 있습니다. 대부분의 취업 사이트는 고급 일자리 검색 시스템을 갖고 있기 때문에, 예를 들어 특정 회사의 이름, 직위, 출퇴근 거리를 사용하여 검색 결과를 좁힐 수 있을 것입니다.

3. 이메일 직업 알림 설정하기

여러분의 기준에 맞는 새 일자리를 포함하여 이메일 직업 통보를 이용함으로써 구직 시간을 절약하세요. RSS(Rich Site Summary 사이트) feed 같은 일부 사이트는 이메일을 보내줌으로써 일자리 검색을 생략하도록 도와줍니다. 이것은 사용자들로 하여금 새 일자리가 게시판에 올라오자마자 지원할 수 있게 도와주어 채용담당자들이 여러분을 더 잘 알아볼 수 있도록 해줍니다.

4. 지원분야에 초점맞추기

여러분의 기량에 맞는 일자리에만 지원하세요. 회사들은 기량과 경험을 토대로 해서만 자신이 찾는 지원자를 알아봅니다. 그런 기량과 경험이 기재되지 않은 이력서는 별 쓸모가 없습니다.

5. 사기용 직업 목록에 주의하기

빠르고 쉽게 돈을 벌 수 있다는 약속을 하거나 사회보장 번호(주민번호) 및 요금을 요구하는 직업 목록이 있으면 조심하세요. 이것은 사기일 가능성이 있습니다.

6. 맞춤 커버레터 작성하기

지원하려는 회사나 개인에게 맞추어 쓴 커버레터는 여러분이 얼마나 진지하게 일자리를 찾고 있는지 보여줍니다. 여러분의 자격과 경험이 회사의 필요에 부합한다는 것을 보여주세요.

7. 이력서 게재하기

취업 게시판에 이력서를 올려놓으면 회사들이 온라인에서 여러분을 찾는 데 도움을 줍니다. 여러분의 현재 고용주를 포함하여 누구든지 그것을 볼 수 있다는 것을 항상 명심하세요. 대부분의 취업 사이트가 익명으로 이력서를 올리는 선택권을 주고 있으나, 그러면 회사가 여러분에게 연락할 가능성은 그만큼 줄어듭니다.

8. 깔끔한 이력서

이력서와 커버레터에 오타와 문법적 오류가 없는지 체크하세요. 이력서 작성 시 일정한 글꼴 크기와 형식을 사용하세요. 여러분이 취업하게 될지도 모르는 회사의 고용주가 여러분의 온라인 프로필을 볼 수 있으니 이력서와 커버레터를 항상 최신 것으로 업데이트시키고, 여러분을 당황스럽게 할 내용은 넣지 마세요.

9. 회사 조사하기

회사 웹 사이트에 들어가서 그 회사 제품과 서비스에 관해 할 수 있는 한 많은 것을 알아보세요. 회사 소식과 그 업계의 소식을 파악하세요. Wikipedia 와 ZoomInfo와 같은 사이트를 사용해보세요. 인터뷰 담당할 사람을 구글로 검색해서 어떤 사람인지 파악해보세요. 만일 여러분이 지원하려는 회사에 아는 사람이 다니고 있다면 먼저 그 사람들에게 조언을 구하세요.

10. 봉급

일단 여러분에게 일자리를 제공하기로 했다면, 회사 측에서는 여러분이 원하는 봉급에 관하여 협의하고자 할 것입니다. 만일 여러분이 보수에 관한 객관적인 정보를 가지고 있다면 협상에서 유리한 입장에 서게 될 것입니다. www.indeed.com/salary에서 실제로 연봉을 검색해보세요.

경우에 따라 전문적인 채용 회사를 이용하는 것도 효율적일 수 있습니다. 신입사원 취업은 취업 웹사이트를 사용하면 충분합니다. 하지만 전문 디자이너나 전문 엔지니어 같은 전문가 일자리를 구하기 위해서는 전문 직업 전문가를 이용하는 것이 더욱 효과적일 것입니다. 관리자급 사원을 모집하려는 회사와 긴밀한 관계가 있는, 헤드헌팅 회사를 물색하여 연락할 수도 있을 것입니다. 이것은 지원자의 경력과 기술에 대해 전문 채용 회사가 추천하는 것이 경력직이나 관리자급 전문가 채용에서 중요한 역할을 할 뿐만 아니라, 회사의 채용 담당자도 채용된 지원자의 자격을 신뢰할 수 있기 때문입니다. 여러분은 JOININC(Global Executive Search Firm)와 같은 글로벌 잡 서치 회사를 이용할 수도 있지만, 일자리를 찾는 일에 스스로 좀 더 익숙해지는 것이 좋을 것입니다.

3. 다른 일자리 찾기 기술

3-1. 웹사이트나 지역 신문에 게재된 취업광고 활용하기

많은 대기업은 웹사이트나 지역 신문에 채용광고를 내서 지원자를 모집합니다. 잡 포털 사이트 및 채용 전문 회사를 통해 지원했음에도 불구하고 뜻을 이루지 못했을 경우, 지역 신문 및 웹사이트의 구직광고를 통하여 여러분이 지원하려는 회사에 대한 정보를 얻고 원하는 일자리에 지원하는 것이 유리합니다. 그렇게 함으로써 채용광고들을 한꺼번에 비교 평가할 수도 있습니다.

3-2. 회사 웹사이트로 지원하기

여러분은 회사 웹사이트를 통하여 직접 지원할 수 있습니다. 보통 회사에서는 정원의 30% 정도를 웹사이트 지원자 중에서 채용하고, 30%는 전문 헤드헌팅 회사를 통해서, 그리고 40%는 광고 혹은 취업 박람회 등 기타 방법으로 채용합니다. 이것은 상당히 적은 인원이 회사 웹사이트를 통해 채용된다는 것을 보여줍니다. 지원자가 채용 담당자에게 이력서 및 관련 서류를 보낸 후에는 다시 메일로 확인해야 합니다. 어떤 경우에는 서류가 전달되지 않거나 미처 서버에서 확인하지 못하는 수도 있기 때문입니다.

3-3. 직접 접촉하기

어느 일자리에 지원하기에 앞서 자신이 희망하는 지역과 생활비, 연봉 등 지원하려는 회사에 대해 알아보아야 합니다. 그리고 취업하고자 하는 회사에서 근무 중인 직원들에게 연락하고 이메일을 통하여 간단한 자기소개와 함께 커버레터 및 이력서를 보내보세요. 이메일을 보낼 때는 어떻게 연락처를 알게 되었는지 밝히고, 간단한 약력과 함께 희망하는 일자리를 명시하고 그에 대한 업무 기술서를 보내주도록 요청하세요. 그런 다음 채용담당자가 당신의 이력서와 지원 관련 다른 서류를 잘 받았는지 확인하는 메일을 보내야 합니다. 왜냐하면 때로는 이런 서류가 채용담당자에게 제대로 전달되지 않아 검토 되지 않을 때가 있기 때문입니다. 이력서는 대개 채용담당자가 읽고 검토합니다. 만약 당신이 인사부의 채용담당자에게 거절당했을 경우, 혹은 채용담당자가 여러분의 전문분야에 대해 잘 알고 있지 않는 경우에, 회사 내 당신과 같은 분야의 다른 사람에게 이력서를 다시 한 번 보낼 것을 권장합니다. 왜냐하면 당신과 같은 분야에서 일하는 사람이라면 큰 관심을 가지고 당신의 이력서를 읽고 당신의 진정한 가치를 이해하여 채용담당자나 다른 사람으로 하여금 당신의 이력서를 재검토하도록 할 가능성이 있기 때문입니다.

채용담당자에게 연락하기

일단 여러분이 지원하려는 회사에 관해 어느 정도 파악이 되면 여러분은 회사에 전화해볼 수 있습니다. 전화하기 전에 어떤 말을 할 것인지 미리 준비해 두기 바랍니다. 대화가 잘되었다고 생각하면 커버레터와 이력서를 보내겠다고 제안해 보세요.

채용 담당자에게 연락하는 TIP

- 말하려고 하는 것을 적어두세요. 채용담당자와 전화하는 것이 익숙하지 않다면 이것은 매우 중요합니다. 원고를 그대로 읽지 말고 자연스럽게 대화를 하세요.
- 전화로 말할 때는 미소를 지으세요. 목소리가 활기차고 편안하게 들립니다.
- 발송되는 음성 메시지에는 음악이나 농담을 하면 안 됩니다. 음성 메시지에는 오직 당신의 이름을 남기고 상대방에게 메시지를 남겨달라는 말만 하기 바랍니다.
- 룸메이트와 가족에게 채용 회사로부터 전화가 올 것이라고 말하고, 전화가 걸려오면 확실하게 받아 즉시 자신에게 전달해달라고 미리 부탁해 놓으세요.
- 여러분에게 전화한 채용 회사 관계자에게 다시 전화하세요. 비록 그 일자리를 더 이상 원하지 않을 때도 마찬가지입니다. 회답 전화는 24시간 이내에 하는 것이 좋습니다.

전문적 이메일 쓰기

전문적 이메일 에티켓

전문 이메일은 일상적 이메일이나 메신저와는 매우 다릅니다. 구직지원 과정에서 이메일이 점차 일반화됨에 따라 채용 관계자에게 보내는 이메일과 메시지의 내용을 신중하게 생각해볼 시간을 가질 필요가 있습니다. 지원한 일자리를 얻기보다는 탈락되기가 더 쉽다는 것을 기억하세요. 일자리를 알아보거나 지원하기 위해 이메일을 쓸 때 유념해야 할 규칙들은 다음과 같습니다.

예의 갖추기 :

여러분이 자라면서 배운 "please and thank you.(…해주십시오, 감사합니다)"와 같은 기본 규칙들에 대해 생각하세요. 모르는 사람에는 Mr., Ms., 혹은 Dr.(씨, 양, 혹은 박사) 등 경칭을 넣어 부르되, 상대방이 괜찮다고 하면 이름만(성을 빼고) 불러도 됩니다.

- 자신을 소개할 때는 항상 커버레터에서 소개한 방식대로 하세요.
  Dear Mr./Ms. So and So(친애하는, 또는 존경하는 --- 씨(님) 등):
  Please accept this letter as an application for the XYZ position at ABC Company.
  (이 편지를 ABC 회사의 XYZ 포지션을 위한 지원서로서 받아주시기 바랍니다.)
- 제목 란에는 왜 이메일을 쓰는지 분명히 할 것 : "Application for XYZ position."(XYZ 직위에 관한 지원서)
- 여러 개의 이메일을 한꺼번에 보낼 때는 메일을 받을 사람과 회사에 따라 연락처 이름과 내

용을 반드시 바꾸어야 합니다. 이것은 여러 사람에게 감사편지를 보낼 때 특히 유념해야 할 중요한 것입니다.

- 만일 여러분이 이메일에 회답할 경우에는 받을 사람이 당신의 메일을 정확한 문맥에 따라 분류할 수 있도록 원 메일을 포함시켜야 합니다.
- 문서에는 "your name, resume."(당신 이름, 이력서)라고 이름 붙입니다. 이렇게 문서 명을 쓰면 하루에도 이메일을 통해 수백 개의 이력서를 받는 채용 담당자에게 자신의 이메일을 받았는지 안 받았는지 물어보며 후속 조치를 할 때, 그들이 '이력서'라고만 이름 붙여진 300개의 이력서를 모두 훑어볼 필요는 없을 것입니다.
- 이력서를 첨부할 때, 수신자에게 어떤 형식으로 이력서를 보내는 게 좋을지 물어보세요(예를 들면 Microsoft Word, Rich Text Format 형식이나 또는 PDF 방식 등).

말투(어조)에 유의할 것

글을 쓸 때 말투를 나타내기는 매우 어렵습니다. 여러분은 무뚝뚝하고 부담스런 말투로 들리길 원치 않고, 존경스럽고, 호의적이며, 다가가기 쉬운 말투로 느껴지기를 원합니다.

- 문장을 전부 대문자로 쓰지 마세요. 채용 담당자들은 당신이 비명을 지르고 있다고 생각할 수도 있습니다. 또한 읽기가 어려울 수도 있습니다.
- 채용담당자가 격식을 잘 차리지 않는 사람이라고 해서 여러분도 그렇게 해도 될 거라고 생각하지 마세요.

간결하게 하기 :

가능한 한 이메일 내용의 핵심을 빨리 표현하세요. 그러나 수신인이 여러분의 질문에 대답하는 데 도움이 될 중요 세부사항은 빠뜨리지 말고 적으세요.

전문성을 띠기 :

약자와 이모티콘(웃는 얼굴)을 사용하지 마세요. 또한 업무용 의사전달을 위해 여러분이 사용하는 이메일이 전문성을 띠도록 하세요.

- 여러분의 이메일 주소와 보내는 메시지에 대해 생각해보세요. 이메일 주소를 간단하게 하고, 비전문적으로 보이는 'studmuffin' or 'partygirl' 같은 이름은 피하세요.
- 속어는 사용하지 않는 것이 바람직합니다.

올바른 철자와 적절한 문법을 사용하세요 :

철자 검사만을 사용하지 마세요. 철자 검사는 철자는 정확한데 문장의 맥락에서 잘못 사용된 단어를 걸러내지 못하기 때문입니다. 이메일을 보내기 전에 다른 사람에게 자신이 쓴 메시지를 읽고 교정하게 하세요. 이메일을 출력한 후 검토하면 틀린 부분을 찾아내기가 더 쉽습니다.

수신인 란('TO')에 상대방 이메일 주소는 나중에 넣기 :

이것은 아직 미완성된 이메일을 실수로 잘못 보내는 일을 예방해줄 것입니다. '첨부 버튼'을 클릭하려고 했지만 '보내기 버튼'을 클릭하는 일이 일어날 수도 있기 때문입니다.

이메일 샘플

당신의 이메일은 간략한 자기소개이기도 합니다.

To: xyzperson@abccompany.org
From: cap@psued.edu
Subject: XYZ Job Application

Dear Ms. Clark,

This email is in response to the ad posted in the Wisconsin State Journal for the XYZ position at ABC Company (Job Posting #123). Please accept the attached letter and resume as my application for this position. My skills and experience closely fit the posted job description, and I hope to hear from you soon.

Thank you,
Jane Student
(715) 425-5555
jane.student@yahoo.com

또는 당신의 이메일은 커버레터이기도 합니다.

To: xyzperson@abccompany.org
From: cap@psued.edu
Subject: XYZ Job Application

Dear Ms. Clark,

This email is in response to the ad posted on the University of Wisconsin-La Crosse Eagle Opportunities for XYZ position at ABC Company (Job #123). Please accept the attached resume as an application for this position. My educational background and two years of banking experience fit the posted job description, and I am excited to apply.
As a Business Administration student at the University of Wisconsin-La Crosse, I have taken advantage of numerous internship opportunities to gain relevant banking and customer service experience. For the past two years I have worked as a Bank Teller at Wells Fargo, where I was responsible for serving customers, balancing my drawer and mentoring new tellers. In addition, I have served as the treasurer of the Business Association on campus for the past two years, studied abroad in Scotland, and completed a financial management internship this summer.
These experiences helped enhance my leadership, teamwork, customer service and time-management skills, which can be useful at ABC company.

The opportunity to become a contributing member of ABC Company, and continuing the tradition of friendly and accurate service excites me. A meeting to learn more about your needs and how I can contribute would be greatly appreciated. I look forward to hearing from you.

Sincerely,

Joe Student
(715) 426-4444
Joe.student@gmail.com

4. 회사 조사하기

직업개발 및 코칭 전문가들은 종종 대학생들과 MBA 학생들을 인터뷰한 회사와 채용자로부터 피드백을 받습니다. 채용 회사 관계자들이 가장 많이 지적하는 것은 학생들이 인터뷰 준비가 안 되어 있다는 것입니다. 국가 전문 인사 협회(Human Resources Executives nationwide)도 같은 지적을 했습니다. "인터뷰에서 실패하는 가장 큰 이유 중 하나는 준비 부족입니다. 예를 들면 지원자들이 자기가 지원한 회사에 대해 조사를 하지 않았다는 것입니다."

인터뷰, 취업 박람회 또는 회사 대표와 이야기를 나누기 전에 가능한 한 많은 조사를 해야 합니다. 회사 제품, 서비스, 경쟁사, 문화, 역사, 재정 상태, 목표, 승진 기회에 대해 알아보아야 합니다. 여러분은 또한 자신이 회사에 어떻게 잘 맞을지, 또 회사를 위해 무엇을 할 수 있을지 알고 있어야 합니다. 채용자들은 시간을 들여 회사에 대해 조사해온 지원자들로부터 감명을 받는다고 하는데, 이것이 바로 채용이냐 실패냐를 판가름하는 것입니다.

회사 조사 방법

1. *Adams Job Bank Books*와 같은 참고서적을 확인하여 관심 분야의 회사와 업계의 정보를 알아봅니다.

2. 회사, 업계 및 고용 시장의 최근 동향을 파악하기 위해 *Wall St. Journal, Business Week, and The Economist* 같은 잡지, 무역 잡지, 신문 읽기 등 최선의 노력을 해야 합니다(경제 동향을 파악할 수 있는 잡지를 읽거나 인터넷 검색을 꾸준히 해야 합니다).

3. Hoover's Online, Hoovers.com 등과 같은 회사의 조사에 필요한 다른 리소스와 연결해 주는 '구글' 또는 'MetaCrawler'과 같은 다양한 검색 엔진을 조사해보기 바랍니다. 그리고 회사 연구, 산업 연구, 위치·국가 연구 등을 위한 수많은 링크를 제공하는 www.quintcareers.com에도 접속해보세요.

4. 회사의 웹 사이트를 확인해보고, 어떤 채용 정보가 있는지 읽어보세요. 회사의 제품과 서비스, 정책에 친숙해지도록 하세요. 만약 여러분이 회사의 웹 사이트를 찾을 수 없다면, Hoover's Online과 Companies Online을 이용하고, 연락처 정보를 얻고 싶다면 SuperPages.com or Big Yellow.(USA 의 경우)를 이용해보세요

5. 지원하려는 회사가 모회사인지 자회사인지 또는 부서인지 알아보기
회사의 자회사 지위와 모회사의 이름을 알아보기 위해서 'Directory of Corporate Affiliations, National Register Publishing Co 및 Who owns Whom : North American Edition, Dun & Bradstreet, America's Corporate Families, Dun's Market-

ing Service and Standard and Poor's Register of Corporations, Directors and Executives, Volume 3.' 등을 참조하세요.

6. 회사에 대한 언론 보도를 검색해보세요. Business Week와 The New York Times, Fortune 그리고 산업별로 더욱 구체적인 제목을 가진 The Industry Standard(인터넷), Ad-Week(광고), MediaWeek(미디어 / 엔터테인먼트)와 같은 출판물을 온라인 출판 기록 보관소에서 확인해 보세요.

7. 산업계 조사하기
- 최고 기업과 경쟁사들
- 최신 동향 및 성장 분야
- 그 산업에 대해 신기술이 미치는 영향

8. 회사의 재무 정보를 검색해보세요. 회사가 어디서 왔고 어디로 가고 있는지에 대한 아이디어를 알려줄 것입니다. 상장 기업(일반 대중에게 주식을 판매하는 회사)은 주주와 증권 거래위원회(SEC) 모두에게 특정 금융 정보(연간 보고서, 주가 및 기타 관련 정보)를 보고해야 합니다. 이 정보는 웹에서 쉽게 찾을 수 있습니다. 비상장 기업과 외국 소유의 기업은 조사하기가 더 어렵지만, 조금 더 조사해보면 여러분이 원하는 정보를 얻을 수 있을 것입니다.
- 선도하는 민간 기업의 명부(National Register Publishing Co.)
- 미국 내 외국 제조업자의 명부(Georgia State Univ.의 Business Press)
- 미국 내 외국 투자기업의 명부(Gale Research Inc.)

9. 공정한 제3자 공급자로부터 정보를 얻을 수 있습니다. www.Vault.com 같은 회사가 자신들이 커버하는 기업을 위해 일하는 사람을 포함한 다양한 소스(source)로부터 다양한 정보를 수집하고 분류합니다.

10. 조사한 내용 확인하기
인터뷰 동안 잘못된 정보를 말하는 것은 좋지 않습니다. 회사에 대한 정보가 생각나지 않을 때는 면접관에게 물어보세요. 그들은 여러분이 회사에 대해 조사해온 것을 알고 기뻐할 것입니다.

11. 여러분이 관심을 둔 회사에서 일하고 있는 직원에게 조언을 구하세요. 만일 가능하다면 여러분이 지원하려는 직위나 적어도 같은 부서 안에서 일하고 있는 직원에게 조언을 구하세요. 만일 여러분이 앞으로 일하게 될 팀의 직원들에게 소개되면 그 기회를 최대한 활용하세요. 그들이 직장에서 무엇을 하며 자신들의 업무에 대해 어떻게 생각하는지 물어보세요

12. 여러분의 인맥 형성 기술을 활용하세요. 회사나 업계에서 가능한 접촉을 위해 친구와 가족, 동창회 조직과 연락하세요.

13. 조사한 것을 모두 흥미로운 기사들은 파일로 만들고, 설령 관련이 없는 것도 모아두세요. 여러분은 그 정보들을 언젠가 사용할 수 있을 것입니다. 그리고 언제 또 다른 구직자가 그 직업에 관한 조언을 구하기 위해 여러분을 찾아올 지도 모르기 때문입니다.

5. SWOT 분석

회사를 조사할 때, 회사의 S(강점) W(약점) O(기회) T(위협) 정도를 규명하기 위해 각 회사의 SWOT 평가서를 준비하세요. SWOT 평가는 지원하려는 회사와 제품, 경쟁 회사에 관한 여러분의 지식에 자신감을 주어 의사전달에 도움을 줄 것입니다. 아래의 SWOT 평가서는 Boeing 회사를 예로 든 것입니다.

샘플 SWOT 분석지

Boeing S.W.O.T 분석지

S

- 우수한 직원 혜택
- 직업 보장을 제공하고, 살아남은 역사로 검증된 큰 회사
- 승진을 통한 발전의 기회
- 리들리 공원, 펜실베니아 근처의 헬기 운영 시설을 가지고 있는 것
- 많은 현재의 엔지니어들이 곧 은퇴할 것이기 때문에 곧 많은 기술직 사원의 채용이 예상됨

W

- 최고 직위까지 올라가기가 매우 어려운 초 대기업
- 입사하기 쉽지 않은 점, 종종 회사 내부에 인맥이 있는 지원자를 채용하려고 함

O

- 회사가 정부와의 계약에 크게 의존함
- 인류가 우주여행에 더 많이 다가가려 하기 때문에 항공우주 기술이 필수적임
- 경제성장이 운송 수단의 필요성을 촉진시키므로 아시아의 성장 경제가 앞으로 항공기를 필요로 할 것임.
- 테러에 대한 전쟁으로 인한 수요 때문에 군용 항공기 생산이 계속될 것임

T

- 항공기는 긴 수명을 가지고 있음, 그리고 이것은 민간 항공사의 주문과 수십 년 차이가 남
- 지속적으로 성장하는 프랑스 회사 Airbus와의 경쟁이 증대하고 있음
- 해외 군사 행동에 대한 정치적 지원 감소로 MBA에 대한 주문이 취소될 수도 있음

Get a Job Using the Hidden Job Market

숨겨진 직업시장을 이용해서 취업하기

활용 방법

이 Chapter에서는 공개되지 않는 경로로 많은 사람들이 채용되고 있는 방법에 대해 안내해줄 것입니다. 많은 채용이 이루어지는 부분이니만큼 이 Chapter를 숙지하셔서 여러분에게 많은 도움이 되시길 바랍니다.

1 6가지 숨겨진 일자리 찾는 방법

2 회사가 필요한 것을 알아봄으로

3 채용 회사와 인력 파견 업체

4 취업 박람회

5 신문

THERAPY SERVICES
PRN Opportunities for
OT, PT, PTA
inpatient rehab, acute or
nursing therapy experience desired.
Current Ohio licensure required.
Speech Language Therapists – FT
Current Ohio licensure required
JOBS
RHIA or RHIT; equivalent medical experi-
ence in in/outpatient hospital or rehab de-
sired. Responsible for compilation of
data, ICD-9-CM coding, CCA,
AHIMA certification preferred.
experience in a medical records
in an acute or rehab hospital

1. 숨겨진 일자리를 찾는 6가지 방법

"요새는 대부분의 회사가 광고도 내지 않은 채 사람을 채용한다."라는 말은 취업을 위해 필사적으로 매달리는 사람에게 잔인한 농담으로 들릴지 모릅니다. 그러나 이것은 전형적인 '숨겨진 취업시장'의 일부이며, 사실은 수백만 개의 일자리가 전혀 공식적으로 게시되지 않습니다. 그리고 어떤 평가에 따르면, 이렇게 채용되는 경우가 전체 채용 중 80%에 달한다고 합니다. 채용할 필요가 있어도 대부분의 고용주들은 광고 없이 채용하기를 더 좋아합니다. 이렇게 하는 것이 돈과 시간을 절약시켜주기 때문입니다. 더욱 중요한 것은, 채용 담당자들은 이미 회사를 위해 일하는 사람(또는 전에 일했던 사람)이나 또는 현재 일하고 있는 직원의 추천을 받은 사람이 후보자로서 가장 적합하다고 생각한다는 것입니다. 하지만 어떻게 이런 쉬쉬하는 일자리에 대한 정보를 얻어 그 회사에 지원할 수 있을까요? 그 대답은 바로 모두 인맥에 있습니다. 지금부터 인맥 형성 기술 향상 및 기술 발휘와 범위를 확대하여 '숨겨진 일자리'를 찾아내는 데 도움을 줄 6가지 좋은 전략을 아래와 같이 소개합니다.

1-1. 인맥 관리 방법 바꾸기

숨겨진 일자리 시장을 깨고 들어가려면 공식적으로 광고되지 않은 일자리에 대한 내부 정보를 알고 있는 사람과 더욱 현명한 방법으로 연락을 취해야 합니다.

3가지 핵심 방법

첫째, 취업할 필요가 있을 때만이 아니라 평소에도 인맥 관리를 습관화하세요.

일상생활에서 이를 실천하면 자연히 채용에 관한 소식을 들을 가능성이 높아질 것입니다. 그렇기 때문에 전직 회사 동료와도 정기적으로 연락하고 지내고 링크드인에서 새로운 인맥을 추가로 형성하세요.

둘째, '받기 전에 먼저 베풀기'라는 인맥 관리의 주요 원칙을 알아두라는 것입니다.

도움이 될 만한 정보를 아는 사람들에게 전달해주고, 또 들어 알게 된 일자리 소식도 알려주세요. 인맥 관리는 호의를 부탁하는 것이 아니라, 진정한 관계를 형성하는 것입니다.

마지막으로, 다른 사람들이 여러분의 취업을 쉽게 도와줄 수 있게 하는 것입니다.

여러분이 구직하는 데 중요한 역할을 해줄 만한 사람과 이야기할 때는 원하는 직위 종류와 관심 있는 회사나 분야를 말해주세요. 그런 다음 후속 조치로서 이야기했던 주요 내용을 요약해서 이메일을 보내세요.

추가정보 대화가 끝날 무렵에는 항상 "이제 또 어느 분과 상의해봐야 할까요?"라는 질문으로 마무리 지으세요. 이 질문이 결국 여러분을 다른 사람에게 소개하는 기회로 이어질 수도 있습니다.

1-2. 전문 인맥 그룹에 가입하기

때로는 같은 구직 동지들이 사원을 채용할 가능성이 있는 회사에 대해 알아볼 수 있는 가장 좋은 소식통이 될 수 있습니다. 대부분의 사람들은 자신이 아는 정보를 열심히 알려주려고 하는데, 그것은 같은 처지에 있는 다른 사람도 보답으로 잘 알려줄 것이라는 것을 알고 있기 때문입니다(다만, 같은 지역에서 같은 직종, 같은 직급의 일자리를 찾는 사람끼리는 다릅니다). 그래서 전국적 또는 지역적인 구직 지원 그룹에 가입하는 것이 바람직합니다. 전국 관할 지부를 가진 그룹으로는 상위 직을 대상으로 하는 Execunet과 직위에 상관없이 모든 구직자를 대상으로 하는 the five O'clock Club이 있습니다(미국의 경우).

1-3. 회사에 직접 연락하기

자신이 일하고 싶어 하는 회사가 있어도 채용광고가 나기 전에는 그 회사 사람들에게 연락하는 사람이 별로 없다는 것은 놀라운 일입니다. 물론 만나달라고 설득하기가 쉬운 일은 아니지요. 하지만 현명한 인사 담당자는 회사 사업에 도움이 되는 전문가를 만나는 데 항상 관심이 있습니다. 따라서 채용 담당자가 누구인지 알아보고 용기를 내시기 바랍니다. 이메일이나 전화로 자신을 소개하고, 여러분의 배경과 경험이 회사에 어떻게 도움이 될지 설명해주세요. 만일 취업하고 싶은 자리가 현재 채용 중이 아닐지라도 앞으로 사람이 필요할 때는 여러분이 제일 처음 고려 대상이 될 것입니다.

추가정보 소셜 네트워크 인맥을 통해 채용 결정권자를 소개 받으려면 링크드인을 사용하세요. 만일 그에게 소개되면, 취업하려는 회사로부터 관심을 받게 될 가능성이 높아집니다.

1-4. 구글의 뉴스 알림에 가입하세요

숨은 일자리를 찾는 최고 방법 중 하나는 채용 유망 회사에 관한 최신 정보를 눈여겨보는 것입니다. 이런 방법은 예를 들면 어느 회사가 사무실을 추가로 임대한다든지, 큰 제휴 협약을 체결한다든지, 또는 새로운 자금 제공을 받는다는 것을 맨 먼저 알게 되는 사람들 중 하나가 되는 것인데, 이런 움직임은 회사가 머지않아 사원을 채용하리라는 신호입니다. 이런 일은 구글 뉴스를 이용하면 됩니다. 구글 알림 페이지에 들어가 정보를 받아보고 싶은 회사, 채용 결정자. 관심 분야를 적으세요. 그렇게 하면 구글이 발굴하여 게시하는 최신 뉴스를 이메일로 받아볼 수 있습니다.

추가정보 취업하고 싶은 회사의 핵심 간부에 관해 구글 알림을 받은 다음에는 인터뷰를 요청할 때 쓸 수 있도록 이메일이나 전화를 통하여 자신을 어필할 수 있는 정보를 준비해두세요.

1-5. 회의에 참석하기

무역 박람회와 컨벤션은 숨은 일자리를 찾을 수 있는 이상적인 장소입니다. 이런 행사는 게시되지 않은 일자리를 알려줄 새로운 인맥을 만나게 해주고, 인터뷰 기회를 얻게 도와줄 것입니다. 또 채용 권한을 갖고 있는 사람과 만날 기회를 제공해주고, 곧 사원을 모집할 가능성이 있는 성장 중인 회사를 찾게 해줄 것입니다. 하지만 회의 참석 비용이 비쌀 수도 있는데, 특히 취업 준비생에게는 더욱 그러할 것입니다. 그러나 자신이 선택한 분야의 중요한 회의에 적어도 1년에 한 번은 참석하세요. 만일 재정적으로 그것을 감당하기 어려우면 지역적으로 열리는 업계 모임에 참석하는 것도 괜찮습니다.

추가정보 자원 봉사자로 봉사하면서 회의 참석 비용을 줄이거나 아예 안 낼 수 있는 방법도 있습니다.

1-6. 마지막으로 현재 다니는 회사는 좋은데 업무가 맘에 들지 않는 경우, 그 회사의 구인 중인 다른 부서 알아보기

또 다른 부서에 아주 좋은 자리가 날 수도 있습니다. 빈자리가 있을 때 외부 지원자들보다 회사 내부 지원자를 더 좋아한다는 것을 기억하세요. 꿈꾸던 일자리가 바로 옆에 숨어 있을 수도 있습니다.

외부 채용 소스

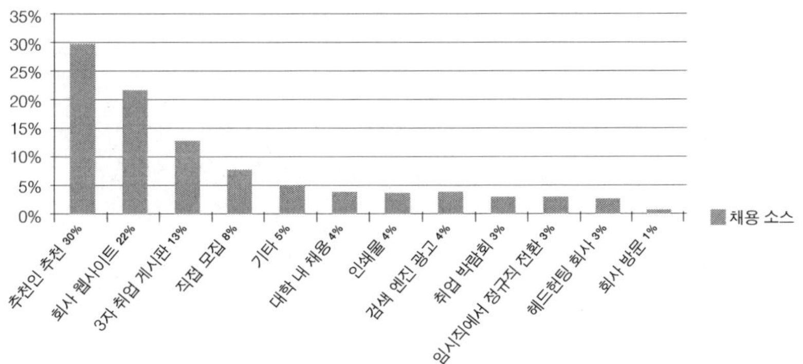

2. 회사의 필요를 파악하여 숨은 일자리를 찾을 수 있습니다

1. 목표 회사 정하기

요즘 대부분의 회사는 <u>내부 취업 게시판</u>(internal job boards)에 회사의 모든 채용광고를 냅니다. 취업하고 싶은 회사의 목록을 만들어 그 회사의 취업 게시판을 찾아가 바로 지원하세요. 이것은 회사의 채용 중인 일자리를 찾는 가장 직접적인 방법입니다. 채용 소식을 제일 먼저 듣기 위해서는 그 취업 게시판을 자신의 RSS reader(<u>www.rssreader.com</u>을 참조하세요)에 추가하세요. 새로운 일자리가 올라올 때 바로 알게 됩니다.

2. 개인 연락망을 통해 연락하기

가장 많이 쓰는 방법이지만 이야기하겠습니다. 자신의 전문가 인맥을 활용하세요. 취업하고 싶은 회사의 취업 정보에 대해 알고 있는 사람으로부터 개인적인 조언을 받으세요. 전문가 인맥은 누군가를 아는 사람이나 또 누가 다른 누구를 알고 있는지, 그리고 채용 정보를 아는 사람을 찾아내는 데 도움이 될 수 있습니다.

3. 사회적 인맥 쌓기

취업하고 싶은 회사 사람으로서 링크드인에서 여러분을 연결시켜줄 만한 사람을 찾으세요. 취업하려는 분야의 업계 그룹에 가입하고, 그곳에서 인맥을 형성하거나 친구에게 여러분을 소개시켜달라고 부탁하세요. 그들과 연결되면, 그 산업에 대한 흥미로운 기사나 블로그의 게시 글에 대해 대화를 나누며 자신의 가치를 보여주세요. 그래서 나중에 채용 중인 일자리가 나면 그 사람들과 상의를 하세요.

4. 과감한 접근

취업하고 싶은 회사의 인사 담당자에게 접근하세요. 희망 부서의 담당자가 누구인지 알아보고 그에게 자신을 소개하세요. 당분간 채용 계획이 없더라도 정보 제공 인터뷰를 위해 만나보세요. 그들의 팀에서 하는 일을 더 배우고 싶다고 알려주세요. 이렇게 하면 당장은 채용이 안 되더라도, 다음번 채용 대상자로서 여러분을 생각할지도 모릅니다.

5. 새로운 일자리 만들기

두각을 나타내세요. 취업하고자 하는 회사의 누군가와 일단 연결이 되면, 그들이 지금까지 알지조차 못했던 문제에 대한 해결책을 제시하세요. 이렇게 해서 새로운 일자리가 생기게 됩니다. 여러분이 그 아이디어를 냈기 때문에 회사 관계자들은 이를 실현하기 위해 여러분을 이사회에 출석시킬 수도 있습니다. 회사는 모든 채용 절차를 생략한 채 자신의 필요를 충족시켜준 여러분을 채용하는 것입니다.

취업 대상 회사에 연락하기

여러분은 취업 대상 회사 명단을 가지고 있으나 그들의 채용 계획은 모릅니다. 그렇다면 회사 홈페이지에 가서 채용 게시판 섹션이 있는지 확인해보세요. 만일 없다면, 인사 담당자나 채용 담당자에게 전화해보세요.

- 자신의 이력서 검토와 전화로 말할 내용을 연습하면서 준비하기
- 당황할 경우를 대비하여 시작할 때 인사말을 무엇으로 할지 적어놓으세요, 아래의 샘플 내용을 참조하세요.
  "안녕하세요. 제 이름은 _______입니다. 제가 알기로는 귀사는 _______을 하는 회사로 알고 있는데, 그것은 저의 관심 분야입니다. 죄송하지만 회사의 채용 계획이 있는지 알고 싶습니다."
- 만일 회사 측에서 현재 진행 중인 채용 정보가 없다고 하면, 앞으로 채용할 계획은 없는지, 또는 같은 부서 내 채용을 담당하는 다른 사람을 알고 있는지 물어봅니다.
- 전화할 때는 상대방의 성명(full name)과 직함을 반드시 알아두세요.
- 채용 담당자의 질문에 대비해 자신의 이력서를 앞에 놓고 통화하세요.
- 채용 담당자가 여러분에게 관심이 있어 보이면, 만나서 채용 가능성에 대해 더 자세히 논의할 수 있는지 물어보세요.
- 만날 수 없다고 하면, 이력서를 보내도 되는지 물어보세요.
- 무슨 일이 있어도 연락해준 것에 대해 감사하고 감사 노트를 보내면서 그 회사에서 근무하고 싶다는 관심을 다시 한 번 보여주세요.
- 언제 다시 필요할지 모르니 연락처와 회사에 대한 정보를 잘 보관하세요.

연락할 사람 결정하기

어디서 일하고 싶은지 알았다면, 다음 단계는 어떤 회사에서 일할 것인지를 정하는 것입니다. 장래의 채용 담당자를 알아보기 위해서 업계 관련 기사를 읽고 링크드인 또는 구글로 검색해보고, 기업의 웹 사이트 내 관리 팀 페이지를 방문해보세요.

회사 웹사이트에서 채용 중인 일자리가 있는지 둘러보세요. 모든 회사들이 채용광고 페이지를 세심하게 관리하지는 않으므로, 완벽한 채용 정보 리스트가 없다고 해서 너무 낙담하지 마세요. 누가 최선의 채용 담당자인지 알아낼 수 없다면 인사과에 연락해서 알아보는 것이 그 다음으로 괜찮은 방법입니다. 제일 좋은 방법은 아니지만, 아무도 주목하지 않을 일반적인 이력서나 커버레터를 보내는 것보다는 훨씬 낫습니다.

주목받는 이력서 보내기

- 이력서를 제출할 때 다방면으로 접근할 것을 권장합니다. 문법이나 철자에 오류가 없게 하고, 자신의 업적 사례는 설득력 있게 간단히 쓰세요.
- 채용 담당 매니저의 이메일 주소를 알아내는 것은 비교적 쉽습니다. 많은 회사들이 다음의 3가지 형식 중 하나를 씁니다. FirstInitialLastName jsmith@companyxyz.com, FirstName.LastName or john.smith@companyxyz.com or First Name_Last-Name john_smith@companyxyz.com. 이 규칙에 대한 예외가 있습니다. 몇몇의 이메일 사이트 중 한 곳에 들어가 이메일 주소 테스트를 해보세요. Rolosoft는 테스트해볼 좋은 사이트 중에 하나입니다.
- 팩스번호 또한 얻기 쉬운 편입니다. 만일 안내원에게 전화해서 어느 개인에게 팩스를 보내려고 한다고 말하면 필요한 정보를 줄 것입니다. 이메일을 보낼 때 팩스를 함께 보내는 것도 좋은 생각입니다. 그러나 흔히 말하는 스토커라는 의심을 받지 않으려면 채용 담당자에게 먼저 보낸 내용이라는 것을 알려주기 위해 팩스 용지에 꼭 기입하여 정정하시기 바랍니다.
- 더욱 주의를 끄는 방법은 US Mail을 사용하는 것입니다. 어떤 취업 지원자들은 자신이 가장 좋아하는 회사의 관심을 끌기 위해 한밤중 메일발송(over night letters)를 선택하기도 합니다.

3. 채용 회사와 헤드헌팅 회사 이용하기

많은 도시에는 규모가 큰 취업 지원 센터가 있습니다. 이 외에도 민간 헤드헌팅 회사와 인력파견 업체도 있는데, 이들을 잘만 이용하면 구직에 도움이 될 수 있습니다. 일반적으로 채용 회사는 헤드헌팅 회사에 수수료를 지불하기 때문에, 채용 회사들의 필요와 관심은 종종 여러분의 것보다 우선할 때가 있습니다. 이런 헤드헌팅 회사들과 거래상 성공 여부는 회사 자체가 아니라 헤드헌터에 달려 있을 수도 있습니다. 여러분이 상담가와 쌓은 관계와 취업목표 전달 노력, 그리고 구직검색 노력은 여러분의 취업에 도움이 될 것입니다. 만일 배치된 헤드헌터(Consultant)가 마음에 들지 않으면, 다른 사람으로 바꾸거나 다른 헤드헌팅 회사에 의뢰해보세요.

헤드헌팅 회사와 거래할 때 지켜야할 중요한 규칙 :

- 전직 회사에서 얼마를 받았었는지에 대한 질문에 대답하지 않기
- 계약서에 사인하거나 수임료를 지불할 때 주의할 것
- 질문을 하고, 모든 문서와 계약서를 꼼꼼하게 읽기
- 헤드헌팅 회사들은 임박한 채용 계획이 없으면 취업 지원자들을 거의 찾지 않음
- 헤드헌팅 회사들은 채용 중인 회사의 이름을 거의 알려주지 않음

4. 취업 박람회

이런 공공 행사에서 회사들은 구직자와 상담을 맡을 대표자를 보내는데, 이것은 여러분으로 하여금 한꺼번에 몇몇 채용 회사들과 인맥을 형성할 수 있는 아주 좋은 기회입니다. 또 취업 박람회는 하루 동안 한 지붕에 연결된 장소로서 다양한 회사와 산업에서 나온 채용 담당자들을 만날 수 있습니다. 취업 박람회에서 좋은 인상을 주는 데 도움 줄 Tip을 소개합니다.

- 취업 관심 분야의 전문가 협회를 확인하기
- 대학교에 있는 취업 센터에 전화하기
- 상품 거래소나 상공 회의소를 확인해보기
- 인터넷 검색하기
- 이러한 취업 박람회를 유용하게 활용하기 위해 웹사이트 Job/Career Fairs에 들어가 찾아보기
- 다양한 버전으로 이력서 개발하기

펜실베이니아 주립 대학교(Pennsylvania State University)에서 취업 서비스를 위한 직업 프로그램의 책임자인 크리스티나 맥길(Christina MacGill)은 희망 직종에 맞추어 이력서를 다듬고, 다양한 버전의 이력서를 취업 박람회에 가져가라고 말합니다.

"취업 지원자들이 박람회에 참여한 회사에 대해 조사한 다음에는 몇몇 회사들을 겨냥해서 서로 다른 이력서를 만들 수 있습니다."라고 크리스티나 맥길은 조언합니다. "예를 들어, 금융에 관심 있는 지원자는 몇 개의 전형적인 직위와 직무의 형태를 조사한 다음, 이를 기초로 몇 가지 서로 다른 버전의 이력서를 만들 수 있습니다. 지원자는 은행 업무에 맞추어 쓴 이력서와 GE 같은 대기업의 금융부서 업무에 맞추어 다른 이력서를 만들 수도 있습니다." 여러분은 특별한 목적이 없는 일반 이력서도 준비해야 합니다. "이러한 방식으로 지원자들은 여러 분야에 제출하기 쉬운 다양한 버전의 이력서를 갖추어 취업 박람회에 대비해야 할 것입니다." 하고 크리스티나 맥길은 말합니다.

간결한 이력서 만들기

취업 박람회에 제출할 이력서는 간결하게 작성하는 것이 매우 중요합니다. "제가 취업 박람회에 있었을 때, 8~10명씩이나 줄선 사람들이 당신과 이야기하기 위해 기다리고 있는 것을 보았습니다. 저는 한 페이지 반이 넘는 분량의 이력서를 보고 민망스러웠습니다."라고 데니스(Dennis)는 말했습니다.

"이력서가 조잡하고 읽기 어려우면, 이것은 문제가 됩니다."라고 펜실베이니아 주에서 열린 취업 박람회 주최를 관리한 맥길은 말했습니다. "취업 박람회에서 채용 회사들은 너무나 많은 이력서를 받기 때문에, 이력서는 반드시 한눈에 읽어 이해하기 쉽고 핵심 정보를 담은 간결한 것이라야 합니다."

이력서 보충 자료

취업 자격을 뒷받침해줄 추가 자료는 취업 대상 산업과 목표 회사에 따라 다르지만 보통 커버레터, 전문 포트폴리오, 성적증명서(신입 지원자), 추천인 목록, 추천서, 취업 지원서 등이 있습니다. 커버레터 개선을 위해서는 회사를 조사하여 알아낸 정보를 활용하세요. 여러분은 아마도 인사부 담당자의 이름과 채용 중인 일자리, 또 그 회사에 맞추어 커버레터를 쓰는 데 도움이 될 업무요건을 이미 알아냈을 것입니다. 만일 이 정보가 없으면 각 이력서 버전에 맞추어 함께 보낼 커버레터를 작성하세요. 이 편지는 이력서가 구체적으로 나타내고 있는 목적에 맞게 자신이 갖춘 자격 전반에 관한 개요를 제공해야 합니다.

동시에 보충자료는 이력서만큼은 중요하지 않기 때문에, 작은 관심조차 두지 않습니다. 데니스는 취업 박람회에서는 커버레터가 필요하지 않다고 말합니다.

후속 조치

각 채용 담당자들에게 명함을 요청하세요, 그리고 각 대화가 끝나면 바로 그 내용을 메모해놓으세요. 후속 조치를 할 때 그 당시를 기억해내는 데 도움이 됩니다. 취업 박람회가 끝나고 24시간 이내로 이메일이나 우편으로 감사편지를 보내세요.

"제가 취업 박람회에서 괜찮아 보이는 유망한 지원자를 만나면 저는 후속 조치를 위해 그들을 찾아봅니다. 그리고 만일 그 지원자들이 감사편지를 보내면 이것은 그들이 이 직업에 진지한 관심이 있다는 의미입니다." 하고 데니스는 말합니다. "또 지원자들이 누군가를 만났고, 어떤 일자리에 대해 더 많은 것을 알게 되면, 그에 맞추어 이력서를 업데이트하여 만났던 사람들에게 바로 보낼 것을 권장합니다."라고 맥길은 말합니다.

5. 신문

    여러분이 일하고 싶어 하는 도시의 현지 일간지 채용광고 란을 확인하세요. 주요 도시의 현지 일간지뿐 아니라 그보다 작은 많은 신문의 항목별 광고는 웹상에서도 확인할 수 있습니다. 그러나 신문에만 전적으로 의존하지 마세요. 왜냐하면 조사에 따르면 신문광고를 통해 채용이 되는 것은 극히 일부에 불과하기 때문입니다. 일요일판 신문에는 가장 큰 구인 광고란이 있습니다(USA 의 경우).

취업 채용 광고

- *Daily Times*와 같은 지역 신문
- 커뮤니티·지역 신문, 이 신문들은 종종 무료이며 우체국에서 배달됩니다. 이것은 특히 작고 지역적인 일자리를 찾는 구직자에게 좋은 방법이 됩니다.

Resume Writing Techniques
이력서 쓰는 방법

활용 방법

이 Chapter에서는 여러분 자신을 표현하는 가장 중요한 서류인 이력서 작성 방법을 알려줄 것입니다. 안내해주는 다양한 팁들을 숙지한 후에 여러분의 이력서에 잘 반영해 나간다면 하나의 멋진 이력서가 완성될 것입니다.
이력서 양식(국문, 영문)은 Chapter 11을 참고하거나 www.joininc.net에서 무료로 다운받을 수 있습니다.

1 국문 이력서

2 영문 이력서

3 마스터 이력서

THERAPY SERVICES
PRN Opportunities for:
OT, PT PTA
inpatient rehab, acute or
nursing therapy experience desired. Current Ohio licensure required.
Speech Language Therapists - FT
Current Ohio licensure required
JOBS
RHIA or RHIT; equivalent medical experience in in/outpatient hospital or rehab required. Responsible for compilation of statistical data, ICD-9-CM coding. CCS or AHIMA certification preferred. Previous experience in a medical records department in an acute or rehab hospital
Medical
MEDICAL ASSISTANT

1. 국문 이력서

1-1 국문 이력서 작성 방법

이력서 작성에는 모범답안이 없습니다. 굳이 어떠한 틀에 얽매이지 않고 기본적인 사항들을 지켜가면서 자신의 개성과 장점을 최대한 살려 일목요연하게 기록한다면 그것으로 충분합니다. 이력서는 정성껏 작성해야 하며, 글씨에 자신이 없다고 해서 남에게 부탁하면 안 됩니다. 간단명료하게 작성하되, 구체적으로 자신의 기록, 즉 출신학교나 학과, 자격증뿐만 아니라 수상 경력, 대내외적 활동 등 자신의 능력이나 장점을 돋보이게 할 수 있는 사항들을 일목요연하게 정리하도록 하세요. 다음은 이력서를 작성하는 구체적인 방법과 작성 시 기본적으로 유의해야 할 사항들입니다. 취업 시 불이익을 당하지 않도록 잘 살펴보고 올바른 이력서를 작성하시기 바랍니다.

이력서 작성 순서

STEP 1 정리하기

이력서를 작성하기 위해 다음과 같은 사항을 준비하세요.

- 데이터 수집
- 핵심 사항 나열하기
- 문체 정하기
- 목적 정하기

STEP 2 작성하기

이 단계의 목적은 이력서에 넣을 내용을 만드는 것입니다. 어디부터라도 좋으니 일단 시작하는 것이 중요합니다. 초안을 작성한 뒤 지속적으로 수정하는 것 또한 중요합니다.

STEP 3 수정하기

이 단계의 목적은 위에서 준비한 내용을 정확한 비즈니스 용어를 이용해 흥미를 일으킬 만한 표현으로 간결하고 명확하게 고치는 것입니다.

조언 (Tip)

작성 단계에서는 일단 생각나는 것을 종이에 모두 적으세요. 수정하고 편집하는 작업은 나중에 하는 것이 바람직합니다. 수정하기 전까지 어느 정도 시간의 여유를 둘 필요가 있습니다. 작성과 수정을 동시에 하려고 하지 마세요.

이력서의 구성 요소

1. 인적 사항

이 부분에는 이름과 주소, 전화, 팩스, 이메일 등 개인의 기본적인 인적 사항과 연락처를 기재하면 됩니다. 일반적으로 이러한 정보는 이력서 첫 장의 상단 중앙이나 오른쪽 부분에 적음으로써, 수많은 이력서들을 재빨리 훑어보는 인사 담당자의 눈에 쉽게 띌 수 있도록 하세요. 사진은 최근 3개월 이내의 것으로 하고, 즉석 사진이나 스티커 사진, 지나친 포토샵 처리는 피하세요. 생년월일을 기재할 경우 주민등록상의 생일과 일치하게 적으세요.

2. 요약(SUMMARY)

이 부분은 지원하고자 하는 부분과 관련된 여러분의 지식과 강점, 과거의 업무 성취 사례를 간단하게 요약해서 적는 공간입니다. 여러분의 경력 목표를 정확히 지지해줄 수 있는 내용으로 해당 업무를 수행할 만한 능력이 있다는 것을 증명할 수 있어야 합니다. 이력서의 다른 부분과 마찬가지로 경력사항을 단순히 연대순으로만 정리하는 것이 아니라, 점차 발전하고 있는 여러분의 모습을 보여주는 지표가 될 수 있도록 해야 합니다. 요약 부분은 여러 가지 형태로 적을 수 있습니다.

- 서술형(1~3문단 정도의 길이로 정리)
- 도입부를 짧은 서술형으로 작성한 뒤 핵심 사항은 요약하여 정리
- 핵심 요약만으로 정리하거나 요약과 서술형을 함께 사용

[가족관계]

※ 참고 사항

호주와의 관계 기재 방법

호주	할아버지	아버지	형	오빠	남동생
호주관계	손녀/손자	자(子)	제(第)	매(妹)	자(姉)

- 남매가 있을 경우, 첫째가 아니면 모두 차남, 차녀로 기재
- 1남 1녀의 경우, 비록 둘째라 하더라도 장남, 장녀로 기재

※ 참고 사항

가족 사항 작성 방법

관계	아버지	어머니	형, 오빠	누나, 언니	남동생	여동생
작성법	부(父)	모(母)	형(兄)	자(姉)	제(第)	매(妹)

3. 경력 사항

이력서에는 여러분이 지원하고자 하는 업무와 관련 있는 자신의 강점과 능력을 객관적으로 보여줄 수 있는 내용만을 간략하게 적어야 합니다. 경력 사항은 가장 최근의 것부터 최초의 경력 순으로 작성하는 '연대순 형 작성법'을 사용하는 것이 일반적입니다. 또한 경력이 더 길더라도 보통 10년에서 12년 정도의 경력만 기재하는 것이 좋습니다. 이 기간 이전의 경력은 보통 마지막 부분에 1~2문장 정도로 정리하거나 재직했던 회사명을 나열하는 방법으로 적으시면 됩니다.

확인해야 할 사항

- 경험을 명확하고 일관성 있게 설명하고 있는지
- 이전 직장 설명 : 채용 담당자가 여러분이 근무했던 회사에 대해 아무것도 모를 경우 이력서를 통해 회사에 대해 이해할 수 있는지
- 재직 기간이 연도만 표시되어 있는지(월까지 표기하는 것을 권장합니다)
- 여러분의 업무 분야에 대해 잘 모르는 채용 담당자가 이력서를 통해 이를 이해할 수 있는지
- 역할과 업무의 범위를 명확하게 기재했는지
- 역할과 업무 범위를 설명하기 위해 강한 동작동사를 사용했는지
- 역할과 업무의 범위가 여러분의 핵심 기능이나 책임의 수준에 적합하게 쓰였는지
- 사용된 어휘들이 관련 업계에서 최근 많이 사용되고 있는 일반적인 단어인지

이전 직장 기재

첫 줄에는 재직했던 직장명과 재직 기간을 적으세요. 채용 담당자들의 이해를 돕기 위해 이전 직장의 서비스나 제품 내용, 매출 규모나 사업의 범위 또는 기업 순위 등의 정보를 한 문장 정도로 정리하는 것이 좋습니다. 만일 인수합병 등으로 인해 명칭이 변경된 경우에는 이전의 이름도 같이 표기해야 합니다(예 : 한국 스탠다드차타드 은행(구 제일 은행)).

경력 사항 기재

경력 사항을 쓸 때에는 각각의 업무에 대한 자신의 직위와 그 업무를 담당했던 기간(연도)을 적으세요(이 기간은 이전 직장에서 근무했던 전체 기간과는 다를 수 있습니다). 그리고 근무했던 지역이 한 곳이 아닐 경우에도 그 내용을 적으세요. 인사 담당자가 이력서를 읽을 때, 이전 직장이나 경력에 대한 사항을 더 쉽게 볼 수 있게 하려면, 근무 기간은 페이지의 오른쪽 부분에 기재하는 것이 좋습니다.

직무 범위 정의

다음으로 여러분이 담당했던 직무의 범위에 대하여 적는데, 여기에는 그 일의 중요성과 범위, 수준, 직원 수, 예산 및 보고체계 등의 내용이 포함됩니다. 이때 수행했던 업무 내용이나 활동

사항 등에 대한 것만 나열해서는 안 되고, 성취한 결과를 구체적인 예를 들어 제시함으로써 위의 내용을 뒷받침해줄 수 있어야 합니다.

각 직무에 대한 성취 업적 기재

여러분이 담당했던 각각의 직무에 대한 성취 사례를 적고 이를 뒷받침해줄 수 있는 구체적인 예를 제시함으로써 조직의 생산성과 수익성 향상에 기여할 수 있다는 사실을 설득력 있게 보여주어야 합니다. 이러한 자료는 인터뷰 때 질문에 대한 답변용으로도 활용할 수 있으므로, 성취 사례에 여러분의 강점을 최대한 포함시켜야 합니다. 성취 업적을 잘 쓰려면 다음과 같은 내용을 포함해야 합니다.

1. **도전(Challenge)** : 맡은 업무가 무엇이었습니까? 어떤 상황 또는 환경에서 맡은 업무를 수행해야 했습니까? 예를 들어 마감 시한이 촉박했던 경우, 부서 이동이 필요했던 경우, 팀원의 절반이 없는 상황, 담당 업무 이외에 추가적인 업무를 부여받은 상황 등을 생각할 수 있습니다.

2. **행동(Action)** : 어떤 성취 사례를 이룰 수 있었는지, 이를 위해 어떤 일을 했고 어떤 강점을 활용했는지 적으세요. 반드시 구체적인 예를 들어 설명하고 강한 동작동사를 사용하세요.

3. **결과(Result)** : 행동의 결과가 회사에 어떤 영향을 끼쳤는지에 대해 조직의 시각에서 본 기여도, 구체적인 성과, 수치화된 결과로 적으세요. 결과를 더욱 부각시키기 위해서는 자신이 이런 성과를 내지 못했다면 회사가 어떻게 되었을까를 생각해보는 것도 효과적인 방법이 될 것입니다. 예를 들어 효과적인 파일 시스템을 만들었다면, 그것이 없었을 경우 동료들이 문서를 찾지 못하는 사태가 발생하여 회사에 심한 타격을 입힐 수도 있었다는 것과 같은 내용으로 말입니다.

성취 업적 구문을 통해서 여러분은 이력서를 읽는 사람들에게 여러분이 보이기 원하는 모습 그대로를 인식시킬 수 있을 것입니다. 채용 담당자들에게 무작정 믿으라고 말하기보다는, 자신의 성취 사례를 구체적으로 제시해야 합니다. 여러분이 아무리 능력 있는 사람이라고 이야기해도 채용 담당자들은 그 말을 곧이곧대로 믿지 않습니다. 그렇지만 이력서에 적힌 성취 사례를 본 대부분의 채용 담당자들은 여러분이 뛰어난 능력을 가진 사람이라는 것을 인정하게 됩니다.

확인해야 할 사항
- 자신이 가진 각각의 강점을 구체적인 업적을 통해 뒷받침할 수 있는지
- 각각의 성취 사례 구문이 행동, 결과, 도전에 해당되는 내용을 포함하고 있는지
- 각각의 성취 사례 구문이 동작동사 또는 문장으로 시작되는지
- 이력서에 사용한 표현이 명료하고 구체적이며 전문적인지
- 성취 사례에서 도출된 결과를 숫자나 금액, 백분율, 기타 방법으로 수치화시켰는지

　　　　　　　　　　　　　　　　　　　　　　취업, 이제는 글로벌 기업이다!

4. 추가 정보 작성

추가 정보를 적는 목적은 업무적으로나 개인적으로 소속되어 있는 모임 등에 대한 여러분의 참여나 성과, 가치관 등을 보여줌으로써 전문성 있는 이미지를 주기 위함입니다.

확인해야 할 사항
- 각 항목이 이력서의 목적에 부합되는지, 또는 중요한 것인지
- 가족관계나 건강, 취미활동 같은 개인적인 사항은 제외시켰는지

학력 사항
학력 사항을 적는 목적은 지원하는 회사의 채용 담당자에게 여러분이 해당 업무에서 뛰어난 성과를 얻기 위해 필요한 관련 학위와 전문성을 갖추고 있음을 보여주기 위함입니다. 학력은 간결하게 적는 것이 좋습니다. 고등학교 이상부터 적되 최근의 학력부터 적으세요. 지원하는 업무와 관련 있는 학위를 먼저 적은 후에 학교명과 졸업 연도, 전공을 적으세요.

확인해야 할 사항
- 열거한 학력 사항이 이력서의 목적에 부합하는지
- 자신이 취득한 가장 높은 수준의 학력에서부터 시작되는지
- 학위 과정뿐 아니라 업무와 관련된 비 학위 과정도 포함하고 있는지
- 교육 과정의 명칭을 채용 담당자도 이해할 수 있는 표현으로 정리했는지

가입 단체
공인된 전문 단체에 가입한 상태라면 현재 그 단체에서 맡고 있는 직책을 쓰는 것이 좋습니다 (예 : 회원, 임원 등). 클럽 멤버십 같은 사항은 쓰지 않는 것이 좋지만, 지원하는 분야와 관련이 있거나 클럽에서 임원직(예 : 회계, 회장 등)을 맡고 있는 경우에는 '취미/관심사' 란에 적는 것도 좋습니다.

교육이수 사항
기타 이수한 교육이나 훈련 과정, 자격증 등의 사항은 목적에 부합되는 것만 적으세요. 과정명과 기간 등을 적는 것은 선택 사항입니다.

전문적인 기술
요약 부분에 포함되지 않은 전문기술 보유 사항을 적으세요.

보유 자격증

취득한 모든 자격증 가운데 업무와 관련 있는 것만 적으세요.

이력서에 포함하지 말아야 할 사항들
● 이직 사유
● 연봉
● 개인적인 정보나 신체의 특징
● 정치적, 종교적 성향
● 서류심사 시 부정적으로 작용할 수 있는 정보

내용 작성 요령

목적에 맞춰 일관성 있게 작성하기

이력서에 기재된 모든 내용은 여러분의 목적에 부합해야 합니다. 지원하는 업무와 관계없는 사항을 적음으로 인사 담당자를 혼란스럽게 해서는 안 됩니다. 최우수 교사로 선정됐다거나 올해의 영업사원상을 수상한 사실이 있다면, 뛰어난 업무 능력과 성취사례를 보여줄 수 있는 좋은 기회이므로 목적에 부합하는 경우 기재할 만한 가치가 있습니다.

중요한 것 먼저 적기

이력서 첫 장의 1/3이 지나기 전에 여러분이 주장하는 논리를 명확하게 밝혀야 합니다. 첫 부분은 누구나 관심을 가지고 빨리 읽는 부분이므로 이 부분에서 채용 담당자의 눈길을 끌 수 있다면, 이들은 그 이후의 내용까지도 관심 있게 읽을 것입니다.

정직하게 쓰기

이력서의 모든 세부 사항을 정확하게 적으세요. 종종 이력서상의 정보가 사실인지 확인하기 위한 서비스를 이용하는 기업도 있습니다.

과거시제의 사용 피하기

업무와 성과는 같은 시제를 사용해서 적으세요. 이는 일관성 유지를 위해 필요합니다.

강한 동작동사를 사용하기

강한 인상을 남길 수 있는 동작동사를 사용하여 강점을 부각시킬 수 있는 성취 사례 문장을 만들어 적으세요.

축약어 풀어쓰기

축약어나 특정 업계에서만 쓰는 단어는 일반적으로 사용하는 단어로 바꾸어서 적으세요.

취업, 이제는 글로벌 기업이다!

기호(Bullet point) 사용하기

요약 구문을 작성할 때는 가장 중요한 것부터 배치하고, 업무별 그룹을 만들어 각각의 업무에 대한 성취 사례가 연결되어 쓰일 수 있도록 하세요.

전체적인 검토

마지막으로 이력서를 읽는 채용 담당자에게 즉각적으로 여러분에 대한 좋은 인상을 심어줄 수 있는지, 요약 부분이 다음과 같은 사항을 충족시키는지 확인하세요.

- 지금까지 일해온 업무 분야나 산업에 대한 경험이 포함되어 있는지
- 가장 큰 강점이 확실히 부각되어 있는지
- 향후 해당 기업에 기여할 수 있는 잠재력을 충분히 보여주는지
- 여러분이 어떤 사람인지, 또 회사를 위해 무엇을 할 수 있는지에 대한 사항이 명확하게 전달되고 있는지
- 자신의 이력서가 정보를 전달할 목적으로 작성되었는지, 읽는 사람이 내용을 명확하게 이해할 수 있는지
- 내용이 자신을 진실하고 정확하게 나타내고 있는지, 자신이 기여할 수 있는 바가 명확한지
- 경력에 대한 내용이 명확하게 전달되는지
- 각 성취 사례가 요약 내용을 제대로 뒷받침하는지
- 작성된 모든 내용이 이력서의 목적에 부합되는지, 내용상 서로 배치되는 사항은 없는지
- 내용에 적절한 형식을 선택했는지
- 철자와 문법을 확인하고 다른 사람한테 검토를 받았는지
- 내용이나 표현상의 문제는 없는지

마무리

"위의 사실이 틀림이 없습니다."라고 쓰고 이력서를 작성한 날짜와 지원자 명을 적으세요.

1-2 이력서 Q&A

Q-1. 이력서를 이메일로 전송할 때 유의사항은 무엇인가요?

A : 1. 이메일 제목, 지원자의 이름, 첨부파일 명을 한눈에 알 수 있도록 적기

① 이메일 제목 : "귀사의 [영업부문_경력]에 입사 지원하는 OOO입니다."의 형식으로 작성

② 지원자 이름 : 닉네임으로 되어 있다면 필히 본인의 성명으로 고쳐 전송하세요.

③ 첨부파일 명 : "김 OO_이력서"로 이름과 함께 파일 내용을 알 수 있는 제목으로 작성하세요.

A : 2. 이메일에 간단한 편지를 쓰는 것

파일만 첨부할 것이 아니라 간단한 메시지를 쓰는 것이 인상적일 것입니다.

[간단한 예]

안녕하십니까? 귀사에 지원한 OOO입니다.

OO 게시판의 채용공고를 보고 귀사 [영업부문_경력]에 지원하게 되었습니다.

첨부한 이력서/자기소개서를 신중히 검토해주시기 바랍니다.

좋은 만남이 될 수 있도록 기원합니다. 감사합니다.

OOO 드림

A : 3. 온라인 채용 회사 인터넷 등록 서식 이용에 주의하기

온라인 채용 회사 회원가입 서식을 그대로 발송한다면, 무조건 지원부터 하고 보자는 스팸 형 이력서와 다를 바 없습니다. 직접 이력서와 자기소개서를 반드시 별도로 첨부하도록 하십시오.

A : 4. 첨부할 파일을 저장할 때 커서 위치는 최상단(이름 옆)에 위치하도록 하기

파일을 열면 최종으로 저장할 때 놓인 커서의 위치로 보이기 때문입니다.

A : 5. 부속서류는 한 파일로 발송하기

성적증명서나 자격증을 첨부해야 할 때, 하나의 파일로 만들어서 첨부해야 합니다. 압축해서 첨부하는 것은 되도록이면 피하고, 부득이하게 파일 용량이 클 경우에는 이메일 내용 하단에 글을 첨부해서 압축파일에 대한 간단한 설명을 달아주는 것이 좋습니다.

Q-2. 신입 이력서 작성 시 중요한 것은 무엇인가요?

A : 1. 지원 분야의 직무를 명확히 표기하기

구체적으로 어떤 업무를 맡고 싶은지를 적는다면, 지원자의 열의와 업무에 대한 자신감을 내비칠 수 있습니다.

A : 2. 사소한 일이라도 지원 분야와 연관된 활동을 작성하는 것

뚜렷한 경력이 아니더라도 다양하게 경험한 것을 융통성을 발휘하여 적는다면, 이 사람이 어떤 일에든 능동적이며 적극적이라는 인상을 심어줄 수 있습니다.

Q-3. 경력 사항에 아르바이트 경험도 기입해야 할까요?

A : 경력 사항은 자신의 사회적 경험을 돋보이게 합니다. 하지만 많은 아르바이트를 했을 경우 그 경력을 다 쓰는 것은 오히려 해가 되므로, 지원 분야와 연관이 깊은 아르바이트 경험만을 기재하는 것이 좋습니다. 또는 이력서상에 쓰지 않고 자기소개서로 어필하는 것도 좋은 방법입니다.

Q-4. 경력 이력서 작성 시 중요한 것은 무엇인가요?

A : 경력사원의 최대 장점은 당장 업무가 가능하다는 것입니다. 때문에 자신이 지원 분야에서 전문가라는 점을 뚜렷하게 드러낼 수 있도록 경력 사항을 작성해야 합니다. 지금까지 맡아온 업무와 앞으로 하게 될 업무의 연계성을 보여주고, 회사가 필요로 하는 경력을 최대한 융통성 있게 포장하는 것도 필요합니다. '전문가적인 느낌'을 강조하라는 것입니다.

2. 영문 이력서

이력서는 회사에 대한 여러분의 첫 번째 소개서입니다. 그렇기 때문에 이력서는 매우 신중하게 작성해야 합니다. 그리고 이력서를 작성할 때는 자신의 목표직장을 염두해 두고 써야 하며, 이력서라는 것이 마치 제품을 홍보하는 책자와 같은 것이기 때문에 채용담당자가 이력서를 읽을 때 자신의 업적과 기량을 한눈에 파악할 수 있게 적는 것이 중요합니다. 또한 이력서는 자신의 일대기를 적는 것이 아닌 채용회사를 겨냥해서 만드는 홍보물이라는 것도 기억하기 바랍니다. 이력서는 입사 결정의 60%를 차지한다고 해도 과언이 아닌데 그렇기 때문에 이력서의 질, 그리고 이력서에 들어가는 한 자, 한 자가 매우 중요합니다. 그렇다면 어떻게 써야 훌륭한 이력서가 되는지 그리고 주의사항은 무엇인지 알아보도록 하겠습니다.

좋은 첫인상을 주는 방법

이력서는 초반부에서 읽는 사람의 마음을 사로잡아야 합니다.
- 특별한 채용기회를 염두해 두고 희망직책을 간략하게 적으세요.
- 자신의 우수한 기술과 자격은 이력서 상단의 기술요약란 혹은 업무기술란 첫 줄에 적으세요.
- 직책과 회사는 알아보기 쉽게 쓰세요.

이력서는 채용 회사를 염두에 두고 써야 합니다.
- 지원하는 회사에 맞추어 쓰세요. 만일 지원하려는 회사가 달라졌다면 그 회사가 원하는 내용을 파악하여 다시 작성해야 합니다.
- 이력서에 적은 자격은 자신이 지원 중인 업무 기술서상의 자격과 일치해야 합니다.

실적이 돋보여야 합니다.
- 담당자가 경력 란을 읽고 실적을 쉽게 파악할 수 있도록 적으세요. 별로 중요하지 않은 것을 읽는 데 시간이 소모되지 않게 하세요.
- 자격에 관한 내용을 너무 길게 쓰지 마세요. 이력서는 한눈에 끌려야 합니다.
- 깔끔하고 전문적으로 보이게 작성하세요.
- 문단 사이에 충분한 간격을 주고, 한 페이지에 너무 많은 내용을 넣으려 하지 마세요.

이력서를 보면서 채용 관계자가 눈여겨 보는 내용
- 충분한 경력 기간과 수준을 갖고 있는지
- 적절한 분야의 경력인지

- 중요한 경험을 누락시킨 것이 아닌지
- 전문 지식을 폭넓게 충분히 갖고 있는지
- 감독이나 관리, 리더십 기술을 충분히 갖고 있는지
- 확실한 실적 기록이 있는지
- 생각 중인 다른 지원자와 이 지원자가 어떻게 비교되는지

'Yes' 파일 쪽으로 분류되게 하는 방법

Q : 한 시간 안에 어떻게 100개가 넘는 이력서를 읽습니까?

A : 각 이력서를 보는 데 20초에서 30초 정도밖에 걸리지 않습니다. 이 시간 동안 대부분의 채용담당자들은 인터뷰할 이력서를 고르기보단 아닌 이력서를 추려냅니다.

이력서를 'Yes' 파일에 분류하도록 하는 방법은 다음과 같습니다.

- 유명 이름 적기 : 유명인 및 전에 일했던 성공한 회사의 이름을 적으세요.
- 평범한 이메일 주소로 적으세요 : 예를 들어 david1@email.com은 괜찮지만 sugar-lips@email.com은 적절하지 않습니다.
- 지원하는 회사에 맞추어 쓰고 그와 관련된 기량과 경험을 적으세요.
- 읽기 쉬운 폰트를 사용하세요.(예: Tims New Roman – 크기 12) 또한 한 페이지에 너무 많은 내용을 쓰지 말고 흰 여백을 충분히 남기세요.
- 이메일이나 전자로 이력서를 제출할 때는 기호와 그림, 밑줄 친 것이 없는 상태로 워드 문서 같은 표준 포맷을 사용하세요.
- 가장 중요한 실적은 이력서 첫 부분에 적으세요.
- 이력서를 제출할 때는 언제나 커버레터와 함께 보내고, 이메일이나 팩스를 통해 보낼 때도 커버레터를 함께 보내세요.
- 문법 지식이 있는 사람에게 문법 교정을 받으세요.
- 일관성을 유지하세요. 주 이름의 철자를 모두 적었다면 처음부터 끝까지 그렇게 쓰고, 또 우편번호를 적을 때도 마찬가지입니다.
- 글자 들여쓰기 및 포맷의 일관성을 유지하세요.
- 너무 많이 적으려 하지 말고, 굵은 글자도 너무 자주 사용하지 마세요. 그리고 글자 크기는 9 이상으로 하세요.
- 웬만하면 한 페이지로 만드세요. 수상 경력이나 실적, 커뮤니티 봉사 등을 추가로 적기 위해 공간이 필요하면 반 페이지를 추가하여 적으세요.
- 경력이나 실적을 과장하지 마세요.

이력서 작성시 가장 흔한 실수

실수 학교 이름 잘못 표기
바름

학교 이름은 생략하지 말고, 예를 들면 DeSales University처럼 풀 네임(Full Name)을 쓰거나 또는 DeSales University(DSU)처럼 먼저 풀 네임과 괄호 안에 약자를 한 번 쓴 다음, 그 뒤에서부터는 약자(DSU)로 쓸 수 있습니다. 또한 그 학교의 지역이 어디인지도 함께 적어야 합니다. 예를 들어 Center Valley, 도로명 주소, 학교 우편번호 식으로 적되 산업용 이력서에는 적지 않아도 됩니다(하지만 연방용 이력서에는 적어야 함).

실수 너무 작은 글씨
바름

채용 회사들은 일반적으로 아주 많은 이력서를 읽습니다. 보통 이력서 하나를 훑어보는 데 걸리는 시간이 15초에서 20초 정도라는 것을 기억하세요. 작은 글씨는 읽기도 어렵고 선명하게 잘 출력되지도 않습니다(이것은 주소 란에도 해당됩니다). 그렇다면 얼마나 작아야 작다고 하는 것일까요? 일반적으로 10포인트보다 더 작으면 별로 좋지 않습니다. 그러나 글자체에 따라 크기가 좀 다르다는 것을 알아두세요. 예를 들어 Arial 폰트의 10 포인트는 Antique Olive 폰트의 10포인트보다 크기가 더 작습니다.

실수 가장자리 여백은 지나치게 넓고 가운데는 너무 빽빽한 이력서
바름

여러분이 쓰는 이력서 여백은 아마도 1.5인치는 될 것입니다. 그러나 1인치 이상 둘 필요는 없습니다. 많은 학생들이 이력서 여백을 얼마나 두어야 하는지 묻곤 합니다. 하지만 회사가 읽는 것은 이력서 내용이지 여백이 아니며, 여러분도 여백을 신경쓰기보다 채용담당자가 여러분의 이력서를 쉽게 읽을 수 있기를 바랄 것입니다.

실수 희망 직업란 등 이력서 란을 너무 장황한 말로 쓰는 것
바름

이력서에 들어가는 내용을 완성된 문장으로 적을 필요는 없습니다. 간결하되 이해할 만한 문구를 쓰면 됩니다. 이 가이드에 나오는 샘플을 참고해보세요. 또한 이력서 작성을 취업 센터 담당자에게 도와달라고 부탁할 수도 있습니다.

실수 오타
바름

회사에 첫 인상을 줄 기회는 한 번입니다. 회사에 주는 여러분의 첫 인상은 오로지 이력서 또는 그에 덧붙여 보내는 커버레터에 달려 있습니다. 출력본이든 또는 이메일 형태이든, 이력서는 자신을 나타내는 중요한 문서입니다. 이력서에서 실수하는 사람은 아마도 업무에서 더 많은 실수를 할 거라는 것이 일반적인 견해입니다.

실수 한 페이지 이상 쓰는 것
바름

채용 회사는 한 페이지 정도의 간결한 이력서를 원합니다. 99%에 달하는 거의 모든 학생들이 적절한 포맷과 레이아웃만 잘 설정한다면 한 페이지 안에 자신의 정보를 충분히 넣을 수 있습니다. 작성 중에 막히는 부분이 있을 때는 취업 센터 담당자에게 도움을 요청할 수도 있습니다. 하지만 이러한 '페이지 룰(rule)'에 대한 예외가 있는데, 예를 들면 교직 지원자는 2페이지 정도 쓸 수 있고, 대학원 졸업자나 해박한 전문 경력자들은 좀 더 긴 이력서를 쓸 수도 있습니다(같은 이력서라도 박사 학위 소지자가 학문 분야 취업 지원 시 제출하는 긴 이력서를 curriculum vitae라고 하며, 이것은 일반적으로 쓰는 이력서와 구분됩니다).

실수 너무 복잡한 포맷을 사용하거나 과하게 꾸미는 것
바름

채용회사들이 이력서 하나를 훑어보는 데 15초에서 20초 정도밖에 걸리지 않습니다. 이 책에 나와 있는 샘플 양식처럼 레이아웃을 간결하고 깔끔하게 만들고, 내용을 작성할 때도 너무 많이 들여쓰거나 글자 크기도 너무 자주 바꾸지 마세요.
글자 크기는 하나 내지는 두 개만 차이를 줘도 충분하며 여러 글자체를 섞어 쓰는 것도 삼가는 게 좋습니다.

Resume Secret 1.
자신의 기량과 자기 자신 PR 하기

모든 채용 담당자들은 기량과 상식 그리고 특유의 스타일을 가진 사람을 찾습니다. 그만그만한 사람이 아닌 개성을 가진 사람을 원합니다. 그러므로 자신의 스타일을 가짖고 이력서를 작성하고 스스로가 이 회사에 제공할 수 있는 부분에 대하여 주저하지 말고 어필하세요. 다시 말하면, 자신의 능력을 명확하게 말하고 자신의 특성을 드러내라는 것입니다. 어쩌면 새로운 방식으로 회사를 빛나게 할 사람이 바로 여러분이 될 수도 있습니다.

예를 들어 여러분이 타고난 훌륭한 매니저라고 가정해봅시다. 이런 경우라면, 이력서에 직원들이 임무를 더 잘할 수 있게 하려고 짧은 시간 안에 어떻게 직원들을 훈련시키고, 관리하고, 고무시켰는지 적고, 또 그렇게 함으로써 회사의 명성과 수입을 얼마나 증대시켰는지 적는 것이 좋습니다. 그리고 자신의 강점을 약 5가지 정도를 적고 이 강점들이 업무수행 시 어떻게 발휘되었는지 쓰는 것도 좋습니다.

이런 부분을 스스로 어필하지 않는다면 아무도 대변해줄 사람이 없기 때문에 특유한 강점에 대해서는 스스로 어필할 수 있어야 합니다.

〈예시〉

Communication : I hired and personally trained three employees to take over new sales territories in the Southern States. I traveled with each one, met their constituents, observed their presentation skills and critiqued them when we returned to headquarters. All three have broken sales records in the first year.

Organization : I helped the office staff completely reorganize the front office : streamlining files, replacing paper documents with computer records, purging client paper files of ten years and older and moving their contact information to the computer. This effort made more working space for each employee and allowed for a good cleaning, as well.

Inspiration : I led a series of motivational training sessions for all employees, encouraging them to pursue individual goals in the office, participating in company leisure activities such as softball, bowling, and a reading club, which has reinforced 'team' playing and curtailed turnover.

세세하게 적는 것이 중요합니다.

이력서는 자신의 기량과 업무상 강점을 보여주기 위한 완벽한 수단입니다. 스스로가 이 회사에 어떤 이점을 제공해줄 수 있는지 세세하게 적는 것이 좋습니다. 예를 들어 회사의 재정적인 측면에 기여할 만한 특성을 적는 것 뿐 아니라 이 회사에 대한 자신의 인간적인 관심과 스스로의 인적 효율성에 대해서도 세부적으로 적어보세요. 위의 예시를 참고해서 이력서를 작성하면, 여러분이 취업하려는 회사의 채용 담당자로부터 취업 제안을 받는 등 좋은 결과를 얻을 수 있을 것입니다.

Resume Secret 2.
힘 있는 단어들의 효과

새로운 직장을 찾는다고요? 훌륭한 이력서를 먼저 준비하세요.

이력서는 강렬한 인상을 주는 어휘를 사용하는 것이 효과적입니다. 왼쪽 리스트에 있는 단어들을 보고 오른쪽에 있는 단어들과 비교해보세요. 어떤 단어들이 더 와 닿으세요?

Started	Initiated
Made	Created
Did	Completed
Finished	Handled
Sent	Delievered
Helped	Delegated

단어 하나로 큰 차이가 나는 것을 느낄 수 있을 것입니다. 예를들어 왼쪽에 있는 것과 같은 단어들은 에너지와 활력이 부족하지만, 오른쪽의 단어들은 강한 활력을 주므로 효과적인 표현이 가능합니다. 이러한 단어를 잘 쓰면 당신이 업무를 감당하고, 마감날짜를 잘 지키며, 다른 사람들과 잘 어울리고, 맡은 업무에 대한 책임을 질 것이라는 것을 보여줄 수 있습니다. 세부적인 사항도 효과적으로 어필할 수 있도록 이전 회사에서 자신이 잘 수행하였던 업무에 대해 이러한 단어들을 사용하여 적어보세요.

〈예시〉 힘 있고 간결한 예문

Mayfield Enterprises, Mayfield, USA
2005-2007
Assistant Production Manager
Initiated a new software program for the field-based sales force, delegated several individuals to use it and report back; created a file to contain the results and completed all testing by the assigned deadline.

앞의 내용과 아래의 내용을 비교해보세요.

〈예시〉 지루한 예문

Mayfield Enterprises, Mayfield, USA
2005-2007
Assistant Production Manager
I came up with an idea for a new software program to try with the sales force while they are out in the field taking orders and then calling them in for the order department to fill. I asked certain people to try this program and then come back to me with their results so I could put them in a special folder. It was important to do this in order for me to finish everything on time, since I had a deadline that I was expected to keep.

바로 위의 글은 자기 전에 침실 머리맡에 두고 읽을 만한 글입니다. 마치 오랫동안 불면증이 있는 채용 담당자도 첫줄을 다 읽기도 전에 잠들 수 있게 할 만한 글입니다. 모자라는 것만 못하다, 즉 '과유불급'이란 말을 기억하세요. 두 번째 글은 같은 내용을 표현하는 데 첫 번째 글보다 두 배나 더 되는 단어(89 vs. 34)를 썼습니다. 그리고 이러한 89개의 단어들은 매우 번잡하고 지루합니다. 반복하여 단조롭게 읊어대는 둔하고 지루한 문구보다는, 몇 개 안 되지만 적절하게 잘 쓰여진 힘 있는 단어가 이력서에 더 큰 힘을 실어줍니다.

Resume Secret 3.
정확하고 간결하게!

이력서를 작성하는 일은 사실 굉장히 버거운 일처럼 느껴질 수 있습니다. 아마도 여러분은 이력서 작성 시 필요한 전문용어가 부족하다는 것을 느낄 것이고, 불안한 문장구조라던가 구두법 기술이 약한 것에 대해서도 걱정할지도 모릅니다. 하지만 걱정하지 않아도 됩니다. 언제든 그에 대한 도움을 얻을 수 있기 때문입니다. 단 도움을 받지 못하는 부분이 있는데 그것은 자신만이 작성해야 하는 부분으로서 자신의 가장 중요한 기량과 경험에 대하여 명확하고 간결하게 적는 것입니다. 이를 잘 하면 채용 담당자의 눈길을 끄는 이력서를 성공적으로 작성할 수 있게 될 것입니다.

작성방법

- 자신의 이름, 연락처를 왼쪽에 동일하게 맞추어 적습니다. 핸드폰 번호와 이메일 주소도 포함하세요.
- 간단하고 명료하게 희망 직책을 적으세요 : 〈예시〉 A position as a Clothing Store Manager
- 자신이 이 업무에 적합하다는 것을 보여줄 수 있는 특성을 요약하여 적으세요 : 〈예시〉 Good communicator and leader, friendly personality, knowledgeable about the clothingindustry, organized and goal oriented.
- 가장 최근 직업 두 개정도를 적고, 첫 출근 날짜와 마지막 근무 날짜, 회사나 기관의 이름, 도시와 주를 적으세요. 그리고 회사에서 맡았던 업무를 설명하는 내용으로 한두 줄 정도 적으세요 : 〈예시〉 As assistant store manager, my responsibilities included monitoring inventory, conducting new employee training and assisting the store manager with day-to-day-operations and staffing.
- 학력을 적고 도시와 주, 교육 과정을 수료한 날짜도 포함시키세요.
- 받은 상이나 표창 등을 적고, 수여한 기관의 이름과 날짜를 적으세요 : 〈예시〉 Retail Professionals of America, Community Service Award, May 2004.

정확하게 쓰세요.

채용 담당자는 매일 수많은 이력서를 받아봅니다. 매일매일 받는 이력서가 쌓이고 쌓여 책상에 넘쳐납니다. 그렇기 때문에 채용 담당자들은 이력서 하나를 겨우 몇 초 만에 훑어보고 결정을 내립니다. 괜찮은 이력서는 나중에 보려고 'STASH(보관)'로 분류하고, 그렇지 않은 것은 폐기하려고 'For Good(폐기)'으로 분류합니다. 자신의 이력서가 STASH로 분류되게 하려면 앞에서 살펴본 제안을 이력서 작성 시 참고하세요. 또 자신의 경력과 자격을 간결하게 나타낼 수 있도록 상냥하면서도 명료한 단어를 사용하세요. 그런 후에 이력서를 보내고 잠시 휴식을 취하세요. 자신이 할 일은 끝났고, 남은 일은 채용 담당자 손에 달려 있기 때문입니다.

채용담당자가 찾고 있는 기량을 명확히 보여주는 이력서는 채용담당자의 관심을 사로잡을 수 있게 될 것입니다. 그 결과 지원자는 채용담당자로부터 인터뷰를 원한다는 전화나 메일을 받게 될 것입니다.

Resume Secret 4.
동작동사를 사용하자

이력서에 잘 쓰여진 몇 단어들만으로도 채용담당자로부터 인터뷰 요청 전화를 오게 할 수 있는 방법이 있는데 그것은 바로 동작동사를 사용하는 것입니다.

사실 대부분의 구직자들은 한 문장으로도 충분히 표현할 수 있는 내용을 문단으로까지 작성하기도 하고, 업무경험을 설명하면서 간단한 문구로 표현할 수도 있는 것을 너무 자세하게 쓰려 하기도 합니다. 또 글머리기호를 사용하여 간략히 기재할 수 있는 부분도 그 모든 부분을 장황하게 설명하기도 합니다.

예시

I have spent the last seven years developing and executing a plan of action that included holding communication classes for new employees, making sure they are onboard with the company's policy, based on my ability to bring more clarity to management's relationship with foreign partners and also helping middle and upper management get along better.

위와 같이 쓴 이력서는 제아무리 자격을 잘 갖추고 있는 지원자의 것이라도 폐기 대상이 될 뿐입니다. 여러분의 이력서가 그렇게 되면 안 되겠지요. '동작동사' 비법을 사용하여 수많은 지원자들 사이에서 단연 돋보이는 이력서가 되도록 작성해 보세요.

여러분을 더욱 빛나게 하려면 어떤 단어들을 사용해야 하는지 예를 들어 살펴보겠습니다.

학력
- Earned a Master of Business Communication from South Texas University.
- Served a one-year apprenticeship at Lawton Business Institute.

구체적 업무
- Led communication classes for all new employees….
- Created a manual and conducted training on business ethics and integrity.

핵심 실적
- Created new marketing channels for our South American partner.
- Revitalized communication between upper and middle management.

채용담당자가 여러분에게 연락을 취할 만하게 박차를 가해야 합니다. 작지만 강한 도구인 동작동사를 사용하여 채용 담당자로 하여금 여러분에게 인터뷰 요청 전화를 하게끔 해보세요. 그리고 이러한 단어들은 앞으로 여러분이 그 회사에 들어가 업무 수행을 잘 할수 있을 것이라고 확신시켜 줄 수 있는 강력한 도구가 될 것입니다.

하지만 너무 복잡하고 이해하기 어려운 단어는 피하세요. 그 동안의 자신의 실적과 잠재력을 적절하게 잘 표현하되 자질구레한 부분은 과감히 지우고 핵심이 잘 표현되게 적으세요.

아래의 동작동사 중 여러분의 이력서에 적을 수 있는 단어를 적절히 골라 이력서 작성 시 적용시켜 적어보세요. 여러분의 평범한 이력서가 눈에 확 띄는 이력서로 바뀌게 될것입니다.

Create (Created)
Restructure (Restructured)
Lead (Led)
Place (Placed)
Change (Changed)
Commandeer (Commandeered)
Direct (Directed)
Serve (Served)
Implement (Implemented)
Provide (Provided)
Manage (Managed)
Resolve (Resolved)
Increase (Increased)
Coordinate (Coordinated)

채용담당자가 찾고있는 기량을 명확히 보여주는 이력서는 채용담당자의 관심을 사로잡을수 있게 될 것입니다. 그 결과 지원자는 채용담당자로부터 인터뷰를 원한다는 전화나 메일을 받게될것입니다.

Resume Secret 5.
자신의 가치를 올려줄 봉사활동 적기

많은 구직자들이 봉사활동 기록을 이력서에 적어야 하는지 물어봅니다. 이는 상당히 생각해볼 가치가 있는 질문입니다. 어떤 채용담당자는 지원자들이 어디에서 어떤 일을 했는지 알 수 있는 기초적인 세부 내용에만 관심이 있는가 하면 어떤 채용담당자는 지원자가 여가시간에 어떤 일을 하는지에 대해 관심을 갖기도 합니다. 여기서 말하는 여가시간의 하는 일은 골프나 치러 가는 그러한 여가생활이 아닌 여러분이 공동체를 위해 자원봉사를 한 부분에 관해 말하는 것입니다.

아마도 노숙자를 위해 매주 몇 시간씩 봉사를 할 수도 있을 것이고, 또는 이민자들을 위한 어문 교육 프로그램의 일원으로 참여하거나 노인들에게 식사를 제공하는 일을 하고 있을지도 모릅니다. 이것은 여러분이 지역사회에 잘 참여하고 또 훌륭한 공중도덕 정신을 갖고 있음을 보여줄 수 있기 때문에 중요한 부분이라고 말할 수 있습니다. 봉사활동을 적는 위치는 지난 10년 전 후의 경력 등 직장 경력을 쓰고 그 뒤에 적으면 됩니다.

〈예시〉
EMPLOYMENT HISTORY :

2000-2007 Assistant Sales Director, Acme Manufacturing, Inc.

Austin, TX. In charge of training, observing, and communicating with new sales people.

American University, Earned an M.A. in Sales and Marketing

Then create a spot on your resume for whatever volunteer work you've done or are now doing. For example :

VOLUNTEER WORK :

2000-2004 Led nature hikes for local Boys' Club. Organized annual barbecue to raise funds for the organization.

2004-2008 Assistant director of annual Thank-you Picnic For Seniors. Here the community acknowledges our elderly citizens for their contributions of time, wisdom and volunteer hours to our citizens.

회사 측에서 인터뷰 요청이 온 후에 이력서에 관한 세부 내용을 물어볼 때, 자원봉사에 대해 더 많은 이야기를 자유롭게 말할 수 있을 것입니다. 그리고 덧붙여 직원들의 지역 봉사활동이 어떻게 주민들에게 회사의 신뢰도를 향상시키는지 보여줄 수도 있을 것입니다. 실제로 직원의 봉사활동은 그 회사의 제품이나 서비스에 대해 2배의 홍보 효과를 낳는다고 합니다.

그리고 이력서 작성 시에 유급 업무든 자원봉사활동이든, 경험했던 모든 내용을 주저하지 말고 보여주는 것이 좋습니다. 채용 담당자는 사원을 채용해야 할 경우, 지원자가 업무 능력을 갖추었을 뿐 아니라 너그럽게 시간을 할애하여 지역사회에 헌신하는 사람이라는 것을 알게 되면, 그 지원자를 채용 대상으로 고려할 가능성이 큽니다. 게다가 직장과 지역사회 참여와의 사이에서 균형을 잘 잡고 있는 모습까지 보여주었으니, 누가 그러한 능력 있고 사회적 인식까지 제대로 가지고 있는 지원자를 채용하지 않으려 하겠습니까?

Resume Secret 6.
우수 직원의 10가지 특성

여러분은 현재 좋은 직장을 구하려고 구직 시장에 나와 있습니다. 그렇다면 채용담당자들이 자신의 책상위에 올려져 있는 이력서들 가운데서 실제로 찾고 있는 것이 무엇인지 한번 생각해 보세요. 아래는 우수 직원의 특성 10가지 목록입니다. 여러분의 이력서에 아래의 예시를 잘 적용시켜 더욱 훌륭한 이력서로 완성해 보세요.

〈예시〉

1. 개방성(Openness)
Mastered a new software program under the supervision of the sales manager and taught it to others throughout the sales department.

2. 회사에 대한 전념(Commitment)
Studied the company's vision statement so I was better prepared to carry it out in my daily tasks.

3. 다양한 인종의 사람 경험(Ethic Experience)
Studied Spanish(or German, Italian, etc.) in order to be able to communicate and negotiate effectively with international partners.

4. 의사소통(Communication)
Took a communications class on my own to improve my skills with coworkers and clients.

5. 사회봉사(Community Service)
Headed up a community-service program on behalf of the company to serve the local community's underprivileged children.

6. 열성(Enthusiasm)
Joined the local branch of Business Network Allies in order to network with other professionals.

7. 성실성(Integrity)
Presented the company's products and services in an honest and aboveboard manner, thereby drawing new clients and building the bottom line.

8. 반응성(Responsiveness)
Learned from (and shared with) others new and innovative ideas that helped broaden our client base and increase revenue.

9. 독창성(Ingenuity)
Initiated an idea for expediting processes that was adopted by the company and subsequently credited to me.

10. 협동 정신(Team Spirit)
Received the 'Team Spirit' Award for fair and balanced work with colleagues and management.

여러분의 이력서는 이것을 읽는 채용담당자의 마음이 당신 쪽으로 마음이 기울어지고, 또 여러분의 이력서를 더 읽고 싶어지도록 만들어야 합니다. 여러분은 이력서를 통해 채용담당자들이 찾고있는 지원자가 바로 여러분이라는 것과 또한 여러분이 믿을 만한 사람이라는 것, 그리고 여러분이 가지고 있는 훌륭한 인품으로 인해 많은 지원자들 중 단연 돋보이는 지원자라는 것을 보여줄 수 있어야 합니다.

Resume Secret 7.
자신만의 장점을 충분히 나타낼 수 있게 하기

여러분은 어떤 문제가 일어나면 잘 해결할 수 있는 사람입니까? 혹은 회사의 자금을 절약하거나 수입을 증대시키는 능력이 있습니까? 아니면 어떤 업무를 할 때 힘들이지 않고 손쉽게 관리하며 잘 범주화 하는 능력이 있습니까?

부하 직원들 간의 마찰을 해결하는 능력은 좋은 특성입니다. 경비 절약 방법을 실천하는 능력과 세부적인 것에 집중하는 능력 또한 마찬가지입니다, 하지만 이런 귀중한 능력을 이력서에 간단히 써넣는다고 해서 그것이 회사의 순익을 향상시키는 데 도움이 된다는 것을 보여주기는 어렵습니다. 그렇다면 어떻게 해야 할까요? 그렇다고 이러한 장점을 이력서에서 빼버려야 할까요? 그렇지 않습니다. 방법은 바로 자신의 장점을 부각시킬 수 있는 단어를 사용하여 적는 것입니다.

For example :

Sales Manager
Resolved conflicts among subordinates. Excellent communication skills that allowed for each person to be recognized and heard, fostering a greater sense of cooperation among staff. Result : Marked decrease in staff turnover. Company benefit : Money and time saved on training new personnel.

Retail Shoe Salesperson
Created a database of returning clients. Contacted them quarterly and prior to semiannual sales. Sent birthday and holiday cards with notes. Result : Increased client base through referrals from satisfied customers, expanded personal income by $8,000 in one year. Company benefit : Added to the bottom line and reputation for outstanding customer service.

Medical Office Administrator
Streamlined the office personnel by increasing duties of two full-time workers who previously didn't have enough work to fill a day. Result : Allowed for letting go two half-time workers. Company/office benefit : Saved practice $10,000 in unnecessary wages and also resulted in reduced congestion in the office.

여러분의 장점을 멋지게 표현하세요. 그리고 지원한 회사에 도움이 될 것 같다고 생각되면 더더욱 어필하세요. 예를 들어 여러분의 활동이 회사의 순익 향상과 동료 및 고객 만족에 얼마나 도움이 되었는지, 또 자신감 향상과 업무수행 능력을 향상시키는 방식으로 자신의 기량을 어떻게 활용했는지 구체적인 예시와 함께 적으세요.

위의 예시를 따라해 보면, 곧 인터뷰 요청을 더 많이 받을 수 있게 될 것입니다.

Resume Secret 8.
희망 직업을 이력서 앞쪽에 적기

채용담당자의 눈길을 사로잡고 여러분의 이력서를 처음부터 끝까지 읽게하고 싶습니까? 그렇다면 '희망직책'을 연락처 바로 아래에 적어보기 바랍니다.

〈예시〉

Jason Job-Seeker

123 ABC Lane Any Town, USA 9999

Home : (888) 888-8888

Cell : (888) 888-7777

jjobseeker@sampleresume.com

OBJECTIVE

A position as a Medical Office Admin-istrator

(희망 직책

의료 센터 사무관리 직)

채용담당자가 이렇게 쓴 이력서를 마음에는 이 지원자를 채용대상자로 염두한 상태로 처음부터 끝까지 읽을 수 있는 이유는 바로 희망직책을 구체적으로 명시해 놓았기 때문라고 할 수 있습니다. 만일 여러분이 이 희망직책을 모호하고 일반적으로 적게 되면 여러분의 이력서는 아마 채용담당자의 관심을 끌지 못한 채 슬쩍 읽히고 버려지는 이력서가 될 것입니다.

이력서를 작성할 때 구직자들은 자신이 원하는 것이 무엇인지, 무슨 능력과 자격을 갖추고 있는지 분명하게 적어야 합니다. 그리고 이렇게 했을 때 비로소 채용담당자들은 여러분을 진지하게 채용대상자로 간주할 수 있게 될 것입니다. 예를 들어 희망 직종이 생산 분야('production)일 경우에는 "희망 직종 : 가죽제품 생산 및 코디" "Objective :

Leather Production Coordinator."라고 쓰는 것이 훨씬 좋다는 것입니다.

여기서 'Leather'(가죽) 과 'Coordinator'(조정자, 코디네이터)라는 단어에 주의를 기울여보세요. 하나는 여러분이 겨냥하고 있는 산업 분야를 나타내고, 다른 하나는 포지션을 구체적으로 설명해주고 있다는 것을 알 수 있을 것입니다. 오늘날 채용담당자들은 매우 바쁜 사람들입니다. 그렇기 때문에 채용담당자들은 이력서 첫 부분 몇줄이 마음에 들 경우에만 이어서 계속 읽게 되는 것입니다. 따라서 채용담당자로 하여금 여러분의 이력서를 끝까지 읽게하고 싶다면 '희망직책'을 쓸때 구체적으로, 또 눈에 확 들어오게끔 적는것이 무엇보다도 중요합니다.

이보다 더 중요한 것은 없기에 이력서 작성 시에는 이 부분을 꼭 적용하여 작성해보기 바랍니다.

채용담당자가 여러분의 이력서를 펼치자마자 '희망직책'을 한눈에 파악하는 모습을 상상해 보세요. 아마도 채용담당자는 이렇게 확실하고 명확하게 적은 여러분과 만나서 여러분의 생각을 들어보고 함께 이야기해 보길 원하게될 것입니다. 자신의 전문성을 잘 활용할 수 있는 사원은 회사에서 굉장히 유익하기 때문입니다.

다음번 취업기회에서는 명확한 희망직책과 그에 맞는 자격과 경험을 정확하게 작성함으로써 좋은 결과가 있기를 바랍니다.

이력서 길이는 어떻게 결정할까?
(by Monster의 이력서 전문가)

"제 이력서의 길이는 어느 정도로 해야 합니까?" 라는 질문은 이력서에 관한 많은 질문 중 하나입니다. 얼마 전만 해도 구직용 이력서는 한 페이지를 넘으면 안 된다고 했었습니다. 그리고 이 황금률을 깨는 이력서는 곧 버려지곤 했습니다. 하지만 시간이 지나면서 이력서 길이에 대한 기준도 바뀌었습니다. 바로 이력서가 채용담당자로 하여금 인터뷰요청 전화를 하게 할 만큼 충분한 길이여야 한다는것이 새로운 기준이 된 것입니다.

이 말이 막연하게 들릴수도 있지만 모두에게 딱 맞는 이력서 길이가 정해져 있는것이 아니기 때문에 자신에게 맞는 이력서 길이를 찾아 그 길이에 맞추어 이력서를 작성하면 되는 것입니다. 고려할 요소로서는 경력 목표, 직업, 산업, 경력 연수, 근무한 회사의 수, 실적과 교육 및 훈련의 범위가 포함됩니다.

아래의 내용들을 염두해 두고 이력서 길이를 정해보세요.

- 이력서는 자신의 일대기를 설명하는 글이 아닌 홍보도구와 같은 것입니다. 그렇기 때문에 자신의 주된 장점이 잘 표현될 수 있도록 적어야 하며 현재 지원한 회사와 관련성이 없는 경력은 적지 않는 것이 좋습니다. 즉 이력서의 모든 글들을 채용담당자가 읽었을 때 여러분의 자격과 가치를 충분히 파악할 수 있고 호감이 가게끔 적어야 한다는 것입니다.

- 채용담당자들에게 있어서 한자리를 채우기 위해 수백 개 혹은 수천 개의 이력서를 분류한다는 것은 흔한 일입니다. 그렇기 때문에 이들은 여러 이력서들을 빠르게 훑어 본 후 괜찮은 이력서 몇 개만 분류하곤 합니다. 만일 여러분에게 인터뷰 요청이 왔다면 아마도 여러분의 이력서는 담당자에 의해 세심하게 읽혀질 것입니다. 그러니 즉시 그들의 눈길을 사로잡을수 있도록 강력한 자신만의 장점을 부각시키도록 노력하세요.

1페이지로 이력서를 작성해도 좋은 경우(한국어 이력서의 경우 2페이지)

- 10년 미만의 경력
- 급격한 진로 변경을 추구하는 경우, 현재 새로운 목표가 이전 경력과 관련이 없을 때
- 한 회사에서 하나 혹은 두 개의 직위에 근무한 경우

2페이지로 이력서를 작성해도 좋은 경우(한국어 이력서의 경우 3페이지)

- 지원한 회사와 관련된 경력이 10년 이상인 경우
- 자신의 분야가 기술적 또는 엔지니어링 기술을 필요로 하고, 자신의 기술적 지식을 적고 증명하기 위한 공간이 필요한 경우

이력서 첫 페이지 상단에 자신의 경력을 간단히 요약하여 적음으로써 핵심자격을 첫 페이지에서
부터 쉽게 파악할 수 있게 하는것이 중요합니다.

두 번째 페이지에는 페이지수와 이름, 연락처를 포함하여 적으세요.첫 페이지 상단에 가장 중요
한 정보를 적으세요.

2-2 이력서 형식과 내용

이력서 형식

▶ 연대순 형 이력서

가장 일반적인 이력서 형식은 연대순 형입니다. 이 형식의 이력서는 지원하는 회사와 동일한
직장경력 혹은 활동을 강조합니다. 또한 기재 시 학력과 경력을 역순으로 (가장 최근부터 나
중순으로) 적습니다.

이 유형의 이력서를 쓰기에 합당한 지원자는

> 1. 전에 일했던 직장과 동일한 분야에서 일자리를 찾는 경우
> 2. 업무경험과 훈련에 있어서 특정한 양상을 띠고 있을 때

이 유형의 이력서를 쓰기에 합당하지 않는 지원자는

> 1. 실직 기간이 있거나 직업을 자주 바꾼 지원자의 경우
> 2. 가장 최근의 직업에 그다지 큰 중요성을 두고 싶지 않을 경우
> 3. 이전의 업무경험이 현재 지원한 회사의 업무와 연결성이 많이 부족한 경우

▶ 기능형 이력서

기능형 이력서는 연대순형 이력서에서 조금 변형된 형식으로서 자신의 배경과 자격을 부각
시켜 나타낼수 있는 형식입니다.

예를 들어, 이전의 직업과 인턴쉽 등이 현재 지원한 회사의 업무와 연관성이 있는 경우, 그러한
내용을 업무경력이라고 표현하지 않고 '업무관련 경력'이라고 표현하는 형식입니다.

▶ 기술형 이력서

기술형 이력서는 기술을 조합시킨 형식으로서, 만일 다양한 분야에서의 업무경험 혹은 자원
봉사, 학과활동, 학교수업, 프로젝트로부터 현재지원한 회사와 관련된 기술이 있다면 그 관련
기술을 적는 형식입니다. 이 형식은 특히 일반 이력서 형식으로는 특유의 관련기술이 잘 표현
되지 않아 자신을 좋은 후보자로서 나타내기 어려운 경우에 쓰기 좋습니다.

이력서 내용

이름
이메일 주소
주소 (현지)   주소 (본적)
전화 번호   전화 번호

OBJECTIVE
희망 직책

지원하려는 회사의 직책이 절대적인 경우를 제외하고는 너무 구체적으로 쓸 필요는 없습니다.
또한 희망직책이 변경가능 하다는 여지를 남겨도 좋습니다.
직책/업무환경, 혹은 기능/기술을 적으세요
(Human resources generalist in a corporate setting, To produce commercials for advertising products and services utilizing artistic and design skills).

- 채용담당자로 하여금 여러분의 명확하고 일관된 구직목표를 보고 이 분야의 강한 구직의지를 갖고 있음을 알게 하세요. 막연하고 일반적인 두루뭉실한 표현은 삼가하는 게 좋습니다.
- 희망직책이 하나 이상이라면, 그에 상응하는 이력서를 각각 만드세요.

EDUCATION
학력

학력을 적을 때는 가장 최근 것부터 역순으로 기재하세요. 학위를 받은 날짜와 전공 및 부전공도 적으세요. 또한 참여했던 관련과정이나 프로젝트도 적으세요. (만일 팀프로젝트였다면 더욱 상세하게 적는것이 좋습니다.)

- 대학교 졸업생의 경우에는 고등학교 정보는 적지 않지만, 석사 혹은 박사학위를 소지하고있는 경우에는 학사 학위를 함께 적으세요.
- 졸업 예정자는 '예상 졸업일 – 월/년'과 같이 적으세요. 가장 높은 학력이 고졸이라면, 고졸학력인증서(GED certificate)와 수여받은 날짜도 함께 적으세요.
- 최근에 졸업한 경우, 지원업무와 관련된 과목의 학점이 3.0 인 경우라면 함께 적는것이 좋습니다.

HONORS
상

우등생, Honorary Societies(높은 점수를 가진 학생들 모임), 학술장학금(Academic Scholarships), 기타 수상 경력

EXPERIENCE(S)
경력

가장 최근 경력부터 나중순으로 적되, 최근 경력을 상세하게 적으세요. 필요하다면 '인턴십''관련업무''자원봉사''업무'와 같이 나누어 적어도 좋습니다.
글머리기호를 사용하여 회사이름, 위치(주, 도시), 주요실적, 업무에 대해 적고 간단한 설명과 해당 날짜를 덧붙이세요.

구절이나 문장을 피하는 것이 좋으며 업무실적은 능동형 동사를 사용하여 적으세요.
* 지원하는 업무와 관련 없는 경력은 생략하세요.
* 각 업무를 적을 때 지원한 업무의 수행능력을 쉽게 파악할 수 있게 주된 수행업무실적을 강조하여 적으세요.

SPECIAL SKILLS
특별 기량

연구를 수행했다던가 작업물을 출판한적이 있다면 이에 대해 적으세요.
또 컴퓨터(하드웨어/소프트웨어)나 기타특수장비를 다룬 경험과 잘하는 외국어(독해/작문)가 있다면 함께 적으세요.

LEADERSHIP EXPERIENCE
리더십 경험

캠퍼스 활동을 포함(동아리, 스포츠, 학생회, 기숙사 생활 등)하여 리더십이나 보조 역할을 맡았던 경력을 쓰세요. 조직 이름은 풀 네임(full name)으로 쓰고 뒤에 괄호 안에 약자를 함께 적으세요(예:Student Government Association(SGA)).

VOLUNTEER EXPERIENCE
봉사활동

캠퍼스 안이나 밖에서 했던 활동을 모두 적으세요.

Activities (optional)
기타 활동 〔선택 사항〕

자신의 흥미와 과외활동 및 취미활동을 적음으로써 회사의 관심을 받을 수도 있습니다.
실제로 이런 활동은 인터뷰를 편한 대화로 시작하는데 도움을 주기도 합니다.
또한 지원자가 학력이 낮거나 업무경험이 많지 않은 경우에 이러한 부분이 잘 부각되면 취업에 유리하게 작용될 수도 있습니다.

Military(optional)
군복무 경력 〔선택 사항〕

'만기 제대(Honorable Discharge)'와 같은 방식으로 이력서에 적으세요.
−지원 업무와 관련된 특별한 경험이나 훈련을 받았다면, 업무 설명서에 쓰는 것처럼 자세하게 쓰세요. 군대 용어는 피하고, 인사 담당자가 쉽게 알아들을 수 있는 용어를 사용하세요.
−군복무 경력은 생략하지 마세요. 군복무경력자를 선호하는 회사도 있기 때문입니다.

쓰지 않아도 되는 내용

* 나이, 혼인 여부, 자녀, 건강, 신체 크기
* 이전의 직장 퇴직 사유
* 평균 학점
* 추천인 이름 − 그들의 연락처 정보는 다른 페이지에 따로 쓰세요.
* 1인칭 대명사 사용
* 증명사진
* 희망 연봉 (선택사항)

2-3. 경력별 이력서

신입(Entry Level)

Name O. Graduate

<table>
<tr><td>CAMPUS:
123 College Way
Okemos, MI 48805
111-222-3333
name.o.graduate@msu.edu</td><td>PERMANENT:
123 Main Street
Anytown, MI 12345
555-666-7777
name.o.graduate@gmail.com</td></tr>
</table>

SUMMARY:
- One year of supervisory experience at student computer center.
- Launched a B2B e-mail newsletter campaign for internship with a start-up.
- Advanced skills in social media including: Twitter, Facebook, and YouTube.

EDUCATION:

Bachelor of Science in Marketing, May 2010
Michigan State University, East Lansing, MI
GPA 3.6/4.0

Courses taken included:
Advanced Facebook Apps   Project Managemen
Computer Programming

EXPERIENCE:

Panta Rei Web Development Center Jan. – May '10
Social Media Coordinator **East Lansing, MI**
- Maintained our Twitter, Facebook and YouTube presence.
- Wrote write papers about social media that resulted in 3,000+ downloads.
- Launched the company's first ever webinar series and hosted 25 social media webinars for marketing professionals from all over the US.

MSU Student Computer Center June '09 – Dec. '09

Supervisor East Lansing, MI
- Scheduled all student staff members for shifts.
- Responsible for maintaining inventory of all equipment.
- Created and oversaw maintenance schedule for all computers and printers.

ACTIVITIES:
- President, MSU Student Project Managers Association, 2007
- President, American Marketing Association, Student Chapter, 2008-2010
- Member, Students Against Drunk Drivers, 2009

Free resume format in http://www.joininc.net

경력직 (Middle Level)

Rakesh XXXX

Mobile: 99********   e-mail: rakesh.****@gmail.com   Phone: 011-******

Career Summary:

- More than 5 years of work experience as Network administrator with MCSA, CCNA, CCNP courses.
- Exposure to configuring PF Sense firewall, Cisco Pix 505, Proxy, VPN, troubleshooting LAN and WAN, modems, installation and integration of networking equipments.
- Implementing security policies at organizational level.
- Experience of dealing with vendors to buy equipments for the infrastructure — analysing and finalising the right equipments, as per the requirements.
- Team player with ability to analyse the problems quickly and implement the solutions.
- Strong leadership skills with an ability to keep the team motivated.

Skill Set:

- Configuration, maintenance and trouble shooting of LAN, WAN, modems.
- Connecting multiple locations through MPLS with l2tp tunneling & Rip configurations.
- Deployment and trouble shooting DHCP Server, DNS Server, Citrix Server, Proxy Server, application server.
- Installation and maintenance of security software on the mail servers, desktops and application servers. Implementing security policies.
- Installation and configuration of Aruba 800 controller & Access Points, User Roles, User Authentication Wep, 802.1x Authentication, Captive Portal Authentication.
- Configuration and maintenance of Cisco router, hp layer3 switch, l2 switches.

Achievements:

- Reduced the system downtime with current employer by 20%, increasing the productivity.
- Reduced the cost of installing new equipments by identifying the effective solutions from right vendors by 10%
- Awarded employee of the month for pulling down the deployment time of two new web servers by 15 days.

Work Experience:

Since Aug 2008   Company: ABC Ltd.   Designation: Sr. Network Administrator
Jan 2007 – July 2008   Company: XYZ Ltd.   Designation: Jr. Network Administrator
Jan 2006 – Dec 2006   Company: PQR Ltd.   Designation: System Administrator

Job responsibilities:

- Managing a team of 8 system/ network support executives.
- Setting up the process for attending to the support request from the users.
- Laying down the network design for the premises and recommending the required equipments.
- Co-ordinating with vendors for the procurement of goods and internet linkage.
- Ensuring the 24 X 7 connectivity of head office with offsite locations through MPLS
- Getting the issues solved in a timely manner and escalating the problems which require intervention from higher levels.
- Securing the mail servers, application servers and nodes from any security threats by installing firewalls and other security suites.
- Getting desktop PCs assembled and Operating systems & other applications installed.

- ➢ Deploying, maintaining and troubleshooting mail servers, application servers, DHCP servers and modems.
- ➢ Ensuring proper working of all the equipments.
- ➢ Producing reports network productivity, plans and issues for higher management.

Academia:

- ➢ BE from University X, Institute 1, City A in the year 20XX with Y% marks
- ➢ HSC from X Board in the year 20XX with X% marks

Certifications:

- ➢ MCSA - ID – XXXX
- ➢ CCNA – ID – XXXX
- ➢ CCNP – ID – XXXX

Extracurricular activities:

- ➢ Active player in regional tennis club.
- ➢ Active member of the local group working for protection of environment

Personal Details:

- ➢ **DOB:** 18th May, 19XX
- ➢ **Languages known:** English, Hindi.
- ➢ **Address:** 24, XYZ Society, City A, State B.

Jody Sample

49 Sample Road, Sample, NM 87056
Tel: (555) 555-2675 / Cell: (555) 555-5440, E-mail: samplejody@gmail.com

Seeking new opportunity as...

SENIOR-LEVEL COMMUNICATIONS EXECUTIVE
13 Years' High Visibility Experience

Government, Media, Communications, and Public Relations Specialist

Achievement-driven Communications/Public Relations Executive with outstanding qualifications in all phases of corporate and government communications. Skillful developer of strategic communications programs that continually surpass expectations. In-depth program management experience from conception to implementation through team development and leadership skills. At ease with budget limitations, deadlines, and high pressure situations. Strong ability to influence thinking, forge strategic alliances, and build consensus. Available for travel and relocation.

Uniquely Qualified For...
Top Senior Management Leadership Positions

With organizations that need to ignite communications programs

FORMAL EDUCATION

Masters in Diplomacy & Trade MONASH UNIVERSITY

Post Graduate Diploma in Business Administration VICTORIA UNIVERSITY OF WELLINGTON

Bachelor of Arts in Sociology & Women's Studies VICTORIA UNIVERSITY OF WELLINGTON

SPECIALIZED TRAINING

CERTIFICATE IN MILITARY STUDIES QUEENS COMMISSION NZ ARMY OFFICER CADET SCHOOL

MILITARY SERVICE & AWARDS

QUALIFICATION SUMMARY

- High-caliber Communications Executive with over 13 years of multinational experience in public and private sectors.
- Provide effective communication strategies, advice, and support to Chief Executives, Board of Directors and Government Ministers.
- Extremely adept in business transformation and change, including M&A, restructures, brand change, regulatory programs, and new markets.
- Strong performance in the development and delivery of corporate communications training programs to diverse audiences.
- Excellent experience in personnel training, team building and leadership.

PROFESSIONAL EXPERIENCE

DIRECTOR, Altitude Consulting Group, Wellington, New Zealand. Provider of communications advice and services to public and private-sector organizations.

- As founding partner participated in firm's start-up, direction, growth, and management. Principal responsibility for directing the design and delivery of communication/marketing strategies for key client engagements.
- Developed communication infrastructures, business cases, training programs, public relations activities, marketing communications plans, and corporate branding strategies. Completed multi-million projects on-time and within budget. Effectively managed project budgets of $1M.
- Equally strong contributions in strategic planning, business development, and account retention. Cultivated relationships with senior business leaders, landing engagements in excess of $100K. 2003-06.

Public Relations Officer
NZ ARMY / UN
PROTECTION FORCE

Medal for Service UNITED
NATIONS

CORE STRENGTHS

* Communications
  Management
* Marketing Communications
* Corporate Branding
* Public Relations
* Media Spokesperson
* Writing / Editing
* Business Development
* Strategic & Tactical
  Planning
* Resource Allocation
* Staff Management

DIRECTOR OF CORPORATE COMMUNICATIONS, Fonterra Co-operative Group, Ltd., Auckland, New Zealand. Leading multinational dairy company. Employs 17,000 with $13B in annual revenue.

* Served in high-profile role, fully responsible for developing and implementing a company-wide communications strategy. Garnered support from senior management for program execution. Managed four direct reports. Administered a $1M budget.
* Developed continuous disclosure documentation as well as other material disclosures, such as public offerings, acquisition opportunities, quarterly and annual financial reporting, and information circulars.
* Provided advice and guidance to board of directors on communications related issues. Interfaced with the media and acted as company spokesperson. Developed strategic relationships with key members of the press. 2002.

CAREER HIGHLIGHTS

* Directed a 17-month, $100K strategic communications integration and branding program for new multi-divisional government agency.
* Developed an 18-month communications strategy to support introduction of major regulatory reform bill, introducing occupational licensing requirements for designers and builders.
* Represented Ministry of Economic Development as media contact at the Asia Pacific Economic Cooperation (APEC) SME Meeting.
* Produced a presentation for the New Zealand Government's economic response to the Asian Financial Crisis, spawning positive responses from economic commentators and business leaders.
* Played key role as communication strategist in the sale, and subsequent listing, of two of New Zealand's largest airports on the New Zealand Stock Exchange (NZX).
* Served as media spokesperson for the world's 4th largest dairy company following a critical service failure, water contamination, and serious injury of a farmer shareholder. Positioned company in media as both responsible and proactive.
* Provided communications advice and support regarding adversarial union negotiations to publicly-held telecommunications company, directly contributing to a cease of court action by Australian union.
* Led highly successful branding campaign for new product line developed by leading international fashion designer and a New Zealand paint manufacturer.
* Managed public relations program and served as on-location spokesperson for the NZ Army and United Nations Protective Force during "peacekeeping" mission in Bosnia.
* Integral part of creative collaboration leading to the development of an on-line women's military museum, honoring the lives of women who have served across all services, in all countries.
* Authored "Writing for Success & Presentation Skills" training workshops for public and private sectors. Conducted 3 workshops in 2 months, generating $26K in additional revenue.

PROFESSIONAL EXPERIENCE cont'd

DIRECTOR OF ACCOUNTS, Sweeney Vesty, Ltd., Auckland, New Zealand. International consulting firm providing business strategy and communications services to clients in over 80 cities in 40 countries.

- Recruited to create sustainable communication plans and provide leadership support for key clientele. Drafted core communications and collateral materials. Monitored media and implemented PR programs as required.
- Cultivated exceptional relationships through solutions-based selling and delivering value added services. Landed account with one of the top four legal firms in New Zealand with an initial outlay of $30K.
- Served as media spokesperson and communications manager for top-tier, publicly-held company. 2001-02.

COMMUNICATIONS MANAGER, Fletcher Building, Ltd., Auckland, New Zealand. Multinational manufacturer and distributor of building materials. Employs 16,000 with $5.5M in annual revenue.

- Directed the development and implementation of global communications strategy, providing up-to-date information to business leaders across New Zealand, Australia, South Pacific, Asia, North America, and South America. Managed two direct reports. Administered a $500K budget.
- Managed all PR and marketing communications activity, including the creation and application of new brand identity, investor focused website, and bi-monthly in-house magazine.
- Coordinated the preparation and dissemination of information to company shareholders and internal/external stakeholders (press releases, investor relations, government communications, and media relations). 2001-02.

CHIEF COMMUNICATIONS ADVISOR, Ministry of Economic Development Wellington, New Zealand. Government advisor working to ensure New Zealand's business environment promotes productivity and growth. Employs 800 with $100M in annual revenue.

- Recruited as communications advisor to Chief Executive and senior management on issues involving organizational development, internal communications, media management, and corporate branding.
- Facilitated the production of all core information in the preparation of briefing papers for incoming Ministers. Reviewed documents for clarity and risk. Received positive feedback from new Ministers on quality of briefing papers.
- Led corporate re-branding initiative to support Ministry's change of name and focus. Met stringent budget and deadline requirements. 1998-00.

ASSISTANT DIRECTOR OF COMMUNICATIONS, The Treasury, Wellington, New Zealand. Government's leading advisor on economic and financial policy.

- Developed and managed strategic communications plan during a significant period of change for The Treasury 3/4 New Zealand had its first coalition government and the role of Treasurer was introduced.
- Directed government liaison activities between Treasure's Office, Select Committees and Parliament. Provided communications advice to senior executives regarding Budget Policy and Crown Financial statements.
- Requested by Treasurer to serve an extended term as Press Secretary to the Deputy Prime Minister and Treasurer's Office. Avoided negative media coverage following an adverse report of Treasury's performance. 1996-98.

2-4. 이력서에 관해 자주 하는 질문

Q : GPA(학점)를 이력서에 표기해야 하나요?

　　A : 그것은 자신의 학점, 희망하는 직업 분야, 구비한 자격에 따라 다릅니다. 학점을 중요시 하는 기술분야회사에서는 학점표기를 요구합니다. 학점을 중요시 하는 회사에 지원할적에 학점을 쓰지 않으면 아마 채용담당자들은 여러분의 학점이 매우 낮을 것이라고 생각할 것입니다. 하지만 어떤 직업에서는 사원채용 시 학점이 별로 중요하지 않기도 합니다. 만일 학점을 써야 할지 말아야 할지 확실히 모르겠다면 자신의 상황에 따라 교수님 혹은 직업서비스센터에 문의해 보세요. 또한 아래의 학점관련 질문을 참고해 보세요.

Q : 전공 학점을 표기해야 하나요? 전공학점을 어떻게 알 수 있나요?

　　A : 여러분이 3학년이나 4학년이 될 때쯤이면 전공 학점이 어느 정도 구비가 될 것입니다. 대부분의 학생들은 전공 학점이 평균 학점보다 높습니다. 그렇기 때문에 전공 학점을 표기하는 것이 도움이 될 수 있습니다(또한 이것은 회사 측에 여러분의 강점 분야를 알려줄 수 있습니다). 만약 평균 학점은 낮은데 전공 학점이 매우 높다면, 전공 학점만 쓰세요. 그리고 전공 학점을 알아보려면 교무실에 문의하면 됩니다. 그리고 어떤 학점을 포함시켜야 할지 모르겠다면, 각 상황에 맞게 상담을 도와주는 직업서비스센터에 문의하세요.

Q : 이력서에 기재할 만한 최저학점기준은 몇 점인가요?

　　A : 뚜렷한 기준은 없고 여러 요소들에 따라 다릅니다. 이력서에 넣으려면 학점이 3.0이거나 그 이상이 되어야 한다는 말보다는 상황에 따라 다르다는 말이 맞는 말입니다. 사실 이 부분은 진출 분야가 학점을 중요하게 여기는 분야인지 또는 그렇지 않은 분야인지, 또 취업하는 데 경쟁률이 높은지 또는 낮은지에 따라 다릅니다. 뿐만 아니라 다른 자격증 소지 여부, 학비 조달을 위해 일한 경험의 유무와 학교나 지역사회 단체에서 리더 역할을 맡은 일이 있는지에 따라서도 다르고, 목표 직책과 관련된 좋은 경력의 유무, 학점 평균을 낮게 만들었던 어려운 전공에서 현재의 전공으로 변경한 후의 성적 향상 여부 등에 따라 달라집니다. 평균 학점이나 전공 학점을 적어야 하는지 또는 둘 다 적어야 하는지가 확실하지 않을 때는, 자신의 개인 상황에 맞추어 조언해줄 수 있는 전문 컨설턴트에게 조언을 구해보세요.

Q : 집 주소와 학교 주소 두 가지를 다 이력서에 넣어야 하나요?

　　A : 물론입니다(만일 여러분의 집 주소와 학교 주소가 같지 않다면요). 여러분은 회사로부터 쉽게 연락을 받고 싶어 할 것입니다. 만일 졸업했거나 여름방학을 맞이해서 집에 가 있는 경우, 또는 직업이나 방학 중 임시 일자리를 찾고 있는 경우에는 학교 주소로는 회사 측이 여러분을 찾기가 어려울 것입니다. 또 여러분이 해외에 거주함으로 인해 회사 측이 전화하기 어렵거나 비용이 많이 들 수 있는데, 만일 다른 곳으로 여름휴가를 떠날 경우에 대비하여 연락할 수 있는 대체 주소를 써놓아야 합니다.

Q : 희망 직책을 적어야 하나요?

A : 일반적으로 그렇습니다. 여러분은 채용담당자가 여러분이 어떤 직책을 원하고 있는지 잘 파악하지 못 하길 원치 않을 것입니다. 만약 무슨 일을 해야 할지 모르겠으면 여러 가지 검색을 많이 해보세요. 만약 한 가지 이상의 직책에 관심이 있으면, 그 희망 직책별로 알맞은 이력서를 따로 만들어놓으세요. 이메일로 커버레터와 함께 이력서를 보낼 때는, 커버레터에 희망 직책에 대해 상세하게 설명할 수 있습니다. 이때는 이력서에 희망 직책을 적지 않아도 되지만, 이력서가 커버레터에서 분리될 수도 있는 점도 유의해야 합니다.

마지막 노트

위에서 말한 내용이 모두 정해진 답은 아닙니다. 자신의 상황에 더할 것은 더하고 맞지 않는 부분은 제하여 활용하면 됩니다. 이것은 여러분의 이력서이므로 자신에게 맞게 작성하세요. 이력서 작성은 결국 단어의 선택, 배열(레이아웃), 구분 등, 대부분 스타일에 관한 문제이며 어떤 형식을 선택했든 간에 처음부터 끝까지 일관성을 유지하는 것이 중요한 것입니다.

이력서 형식을 만들 때 마이크로 소프트 견본은 사용하지 마세요. 회사는 종종 이 견본을 파악하고 있어서 이런 형식의 이력서를 용납하지 않기 때문입니다. 가장 좋은 방법은 자신만의 포맷을 만들어 쓰거나 직업 서비스 센터에서 추천해주는 포맷을 사용하는 것이 좋습니다.

2-5. 포트폴리오 만들기

체계적으로 미리 준비해두세요.
구직을 위해 하는 활동을 기록하세요.
그리고 포트폴리오를 만드세요. 포트폴리오는 여러분의 업무 실적을 고용주에게 보여줄 수 있는 효율적인 문서가 됩니다. 포트폴리오에는 수행한 업무나 학교의 프로젝트 샘플을 넣으면 됩니다. 또한 바인더에 이 샘플을 넣을 수도 있는데, 어떤 사람은 온라인에 올리기도 하며, 그렇지 않을 경우 인터뷰를 하러갈 때 직접 가져가도 됩니다.

포트폴리오에 포함시켜야 할 것

예술가라면 자신의 사진 작품을 넣을 수 있습니다.

요리사나 제빵사는 자신이 만든 음식이나 식사의 사진, 자신이 고안한 요리법, 이전 상사의 추천서 등을 넣을 수 있습니다.

컴퓨터 프로그래머나 멀티미디어 전문가라면 자신이 만든 프로그램의 스크린 샷, 컴퓨터 코드 인쇄물, 이전의 상사로부터 받은 추천서 등을 넣을 수 있습니다.

무용가, 배우, 음악가라면 당신의 공연 비디오나 노래를 녹음한 것을 포함할 수 있습니다.

패션 디자이너 또는 재단사인 경우, 자신이 만든 옷의 사진을 넣을 수 있습니다. 인터뷰할 때 그 옷을 입어볼 수도 있습니다.

사무실 보조 직원이라면, 도움을 주었던 프로젝트의 브로셔, 보고서, 자신이 만든 회보, 다른 업무 샘플, 과거 상사로부터 받은 추천서를 포함시킬 수 있습니다.

작가 또는 기자일 경우, 출판된 기사의 사본, 웹사이트에 올린 글의 출력물, 새로운 이야기에 대한 비디오를 포함시킬 수 있습니다.

2-6. 저는 과도한 자격을 갖추고 있습니다

Monster의 기고 작가의 조언

여러분은 지금은 없어진 회사의 경영 간부직에서 해고당했습니다. 800개의 회사로 이력서를 보냈지만, 인터뷰 요청이 온 곳은 겨우 한 군데였고 그나마 취업 제안도 받지 못했습니다. 여러분은 더 낮은 곳을 내려다보게 되고 때로는 자신이 다니던 회사를 망하게 만든 경쟁 회사의 라인 관리자 채용광고에 눈을 돌리게 될지도 모릅니다. 만일 여러분이 지원하려는 일자리에 비하여 너무 과분한 자격을 갖춘 것을 분명히 알면서도 지원을 해야 할 때, 어떻게 취업이 되도록 할 것입니까?

이력서를 아직 제출하지 마세요.

하지 않아야 할 것 : 인사부에 무조건 이력서를 제출하는 것. "이력서를 보내봐야 잊히기는 쉽습니다"라고 『이력서를 보내지 마세요(Don't Send a Resume)』의 저자 제프리 폭스(Jeffrey Fox)는 말합니다. 인사부는 일자리 하나를 위해 제출된 수백 개의 이력서 중 거의 모두를 없애야 합니다. 이력서에 불필요한 자격이 있는 걸 눈치 채는 순간, 채용 담당자들은 여러분의 지원서에 불합격 도장을 찍을 것입니다. "여러분의 이력서는 읽혀져 봤자 이후에 연락은 오지 않을 것입니다."라고 폭스는 말합니다.

지나친 자격을 갖춘 지원자에 대한 해결 방법은 무엇일까요? 채용 담당자를 직접 만나 채용 중인 일자리에서 뛰어나게 잘할 수 있다는 것을 설명하세요. 당신은 전화를 걸거나 편지를 할 수 있지만, 회사 측과 처음 접촉할 때 이력서는 제출하지 마세요.

회사가 필요한 부분에 여러분의 능력을 어필하세요.

회사와 해당 일자리에 대해 가능한 한 잘 파악한 다음, 여러분의 자격을 어떻게 업무 수행에 필요한 요건과 완벽하게 조화시킬 수 있을지 상상해보세요. "만일 여러분이 과도한 자격을 갖추고 있다면, 그 기술로 어떻게 그 회사에 도움을 줄 수 있는지 분명히 설명해야 합니다." 하고 『헤드헌터에게 물어보세요(Ask the Headhunter)』의 작가인 닉 커로딜러스(Nick Corodilos)는 말합니다. 적어도 처음에는 눈앞에 있는 일자리와 관련 없는 높은 수준의 기술에 대해 아무 말도 하지 마세요. 대신 여러분에 대해 회사가 좋은 인상을 가질 수 있도록 하세요.

조만간 여러분은 아마 이력서를 보내야 할 것입니다.

여태껏 유례가 없을 정도로 자신에 관해 한 페이지 분량의 프레젠테이션을 준비해야 할 것입니다. "자신의 전문기술이 과하게 부곽되지 않게 하기 위하여 좀 더 평범한 정보를 제시할 수 있으니 여러분에 대해 오해하지 않도록 신경써야 합니다."라고 그는 말합니다.

그렇다면 어떤 방법이 있을까요?

그것은 기능 형 이력서를 작성하는 방법인데, 이를 통하여 관련 기량을 이력서 상단 쪽에 자세하게 몰아 쓰는 한편, <u>과도한 기량은 이력서 아래쪽에 간략하게 써서 관심을 덜 갖게 하는 방법입니다.</u> 이렇게 하는 이유는전략적 방법을 이용하여 채용담당자를 설득해야 하는 부분은 어쩔수 없이 필요하지만 자신의 경력중 중요한 일부를 빼버리는 것은 사실 윤리적이지 못한 행동이기 때문입니다.

당신의 추가적인 자격이 취업에 유리하게 작용될 수 있도록 하세요.

인터뷰에서 잠재적 고용주가 당신의 과도한 자격 때문에 후보자로서 의문이 든다고 말한다면, 자신의 과거경험이 이 회사의 미래에 중요한 자산이 될 것이라고 말하세요. "당신은 성장할 잠재력을 가진 사람을 채용하게 되는 것입니다."라고 강조하라고 『101개의 힘든 인터뷰 질문(101 Toughest Interview Questions)』이라는 책을 대니얼 파럿(Daniel Porot)과 공동으로 쓴 프란시스 하인즈(Frances Haynes)는 말합니다.

이의 제기를 끌어내되, 먼저 꺼내지 마세요.

고용주는 일반적으로 과도한 자격을 갖춘 지원자들의 채용에 다음과 같은 이의를 갖습니다. 그런 지원자들은 아마 빨리 회사에 싫증을 느끼고 급여에 만족하지 않을 것이며, 더 나은 취업 제안을 받으면 바로 다른 회사로 옮겨갈 것이라고 말입니다. "고용주들은 과도한 자격을 갖춘 사람에 대해 말하기를 꺼려합니다. 왜냐하면 그런 사람들은 경제가 좋아지면 다른 회사로 옮겨갈 가능성이 많기 때문입니다."라고 하인즈는 말합니다.

만약 지원 초기에 이러한 문제를 거론하면 여러분의 지원 후보자로서의 가능성이 낮아질 위험이 있습니다. 그러니 대신에 다음과 같은 자유질문을 통해 면접관이 무슨 마음을 갖고 있는지를 보세요. "제가 이 직책에 가장 적합한 사람이라는 것을 확신한다는 것 말고 다른 어떤 말씀을 더 듣고 싶습니까? 제가 대답하지 않는 부분 중에 저의 지원에 대해 또 다른 질문이 있으십니까?" 또 여러분의 업무 경력이 제기할 수 있는 어려운 모든 질문을 모두 찾아냈는지, 그리고 그에 대해 대답할 연습을 했는지 확인해보세요.

마지막 문제

마지막으로 면접관이 묻기에는 너무 쑥스러울 다음 질문에도 대답할 준비를 하세요. "많은 사람들이 보기에 당신의 자질보다 낮은 직책을 얻는 것에 불편한 감정이 들진 않을까요?" 당신은 "가능성 있는 일자리"와 자신의 "적임에 관한 일자리"에 대해 긍정적인 태도로 전달하는 과정에서 간접적으로 이 문제를 다룰 수 있습니다. 어떤 일자리에서든 그 일을 하는 것이 명예롭다고 생각하는 가치관을 갖고 있는 사람으로 인식되어야 합니다."라고 하인즈는 말합니다.

3. 마스터 이력서

샘플 이력서: Human Resources Generalist (인사부)

Jonathan Burns

1414 Marcy Drive ◆ Sometown, CA 90000 ◆ (714) 555-5555 ◆jonathan@somedomain.com

Human Resources Generalist
•**Certified Professional in Human Resources (PHR)** with additional state certification in California (PHR-CA) offering a 14-year HR career distinguished by commended performance and proven results.
•**Extensive background in HR generalist affairs,** including experience in employee recruitment and retention, staff development, mediation, conflict resolution, benefits and compensation, HR records management, HR policies development and legal compliance.
•**Demonstrated success in negotiating win-win compromises,** developing teambuilding programs, and writing personnel manuals, corporate policies, job descriptions and management reports.

HR Skills

◆ HR Department Startup	◆ Staff Recruitment & Retention	◆ Orientation & On-Boarding
◆ Employment Law	◆ Employee Relations	◆ HRIS Technologies
◆ FMLA/ADA/EEO/WC	◆ Alternative Dispute Resolution (ADR)	◆ Training & Development
◆ Mediation & Advocacy	◆ Benefits Administration	◆ Performance Management
◆ HR Policies & Procedures	◆ HR Program/Project Management	◆ Organizational Development

Professional Experience

ABC COMPANY — Los Angeles, CA
Provides voice and data communications systems for small and mid-sized companies.

<u>HR Generalist</u>, 2002 to Present
Recruited to help open new company branch in Los Angeles, guiding the startup and management of a full spectrum of HR operations, systems and programs. Worked with senior management to create HR policies and procedures; recruit employees; create group benefits databases; and develop orientation, training and incentive programs. Manage leave-of-absence programs and personnel records; administer benefits enrollment and programs; administer HR budget; and handle HR generalist workplace issues.

Key Results:
•Played a key role in ensuring the successful launch of Los Angeles office. Structured and implemented programs and policies in the areas of training, compensation structures, benefits packages, incentives and new-employee orientation.
•Fostered a teamwork/open-door environment conducive to positive dialogue across the organization. Personal efforts were cited as the driving force behind branch's employee-retention rate of 89% within an industry where high turnover is the norm.

•Negotiated approximately 50 salary offers and dozens of sign-on bonuses/relocation packages annually at both the exempt and nonexempt level.
•Brought workers' compensation program into full compliance. Instituted preferred providers list and trained managers and associates on procedures to follow in case of injury.
•Reduced benefits costs by 15% annually through meticulous recordkeeping and ensuring that company did not pay for benefits for which employees were ineligible.
• Wrote employee manual covering issues including disciplinary procedures, code of conduct, FMLA policy and benefits information.
• Introduced company's first formal performance review program, creating a flexible and well-received tool that was later adopted company-wide.
• Revised job descriptions across all levels and 50+ categories. "Shadowed" and interviewed employees to construct an accurate picture of the duties and skills required for each position.

DEF COMPANY — Lake Forest, CA
Leading home healthcare company employing 4,500 professionals.
<u>HR Representative</u>, 1997 to 2002
<u>HR Assistant</u>, 1995 to 1997
Promoted to fulfill a broad range of HR functions, including recruiting and training employees, administering benefits, overseeing disciplinary action and managing HR records. Co-chaired annual flex-enrollment meetings, resolved conflicts between employees and insurance carriers, coordinated health fairs to promote employee wellness and performed exit interviews.

Key Results:
•Trained 25-member management team on interviewing techniques and best practices, conducting workshops and one-on-one coaching sessions that contributed to sound hiring decisions.
•Co-developed company's first-ever standardized disciplinary procedures and tracking system that insulated company from legal risk and ensured consistent and fair discipline processes.
•Devised creative and cost-effective incentive and morale-boosting programs (including special events and a tiered awards structure) that increased employee satisfaction and productivity.
•Reworked new-hire orientation program to include HR information and company resources.
•Saved company thousands of dollars every month by reducing reliance on employment agencies. Brought the majority of formerly outsourced recruiting functions in-house to reduce billable hours from 200+ to less than 15 per month.

Education & Certifications

CALIFORNIA STATE UNIVERSITY — Northridge, CA
Bachelor of Arts (BA) in Psychology (with honors), 1994
<u>Activities</u>: Worked concurrently during college as a sales rep and team supervisor for ABC Video Store.
<u>HR Designations</u>:
•PHR-CA (Professional in Human Resources with CA state-specific certification), 2001
•PHR (Professional in Human Resources), 1999
Of Note
<u>Professional Development</u>:
•Complete ongoing training in the areas of compensation and benefits, employee and labor relations, leaves of absence, workers' compensation and workplace safety/security.
<u>Affiliations</u>:
•Society for Human Resource Management (SHRM)
•Staffing Management Association (SMA) of Southern CA
<u>Computer Skills</u>:
•HRIS applications (UltiPro, PeopleSoft Enterprise Human Resources, ADP)
•MS Office (Word, Excel, PowerPoint, Access, Outlook)

샘플 이력서: Marketing Communications Manager (마케팅 메니져)

Andrew Evans

15 Cornwall Ave ● Sometown, NY 55555 ● Phone: 555-555-5555 ● <u>aevans@somedomain.net</u>

Marketing Communications Manager

Nationally award-winning marcom professional with 13 years of experience leading corporate marketing and internal communications for multimillion-dollar companies across diverse industries.
Respected leader of creative teams, multimedia divisions and corporate communications departments. Conceptualize and orchestrate marketing campaigns that effectively reinforce and build brand images. Expert in the technical, conceptual and content development of sales-driving collateral. Proven ability to drive record-high marketing campaign response rates and execute successful product launches.

Skills

● Marketing Strategies & Campaigns	● Focus Group & Market Research
● Corporate Communications	● Development of Training Materials
● Creative Team Leadership	● Sales Collateral & Support
● Product Positioning & Branding	● Public & Media Relations
● Web & Print Content Development	● New Product Launch

Recent Awards

Award of Excellence for Outstanding Advertising (ABC Co "Road Warrior" campaign), 2008

Gold Award for Outstanding Advertising (ABC Co "Open Road" direct mail campaign), 2008

Award of Excellence for Outstanding Advertising (ABC Co "Automotive Drive" campaign), 2006

Action Award for Outstanding Advertising (ABC Co "Hit the High Road" campaign), 2005

Professional Experience

ABC COMPANY, Sometown, NY – *Multimillion-dollar company selling automotive supplies and parts*
Marketing Communications Manager, 5/2003 to Present
Manage corporate marketing and communications functions, overseeing a $2.3M budget and 8-member team. Direct brand management, PR, media relations, corporate positioning, product launches, advertising, sales collateral and tradeshow marketing.

Selected Accomplishments:
Developed and launched integrated, multi-channel print, catalog, web and direct marketing campaigns that propelled sales from $3.2M (2003) to a projected $9.5M by 2008 year-end.
Led market launch of 21 new products. Identified opportunities, researched new product possibilities, collaborated with engineering team and created campaigns generating $2.6M in annual sales.
Created web portal to transform previously archaic intranet into a dynamic website improving communication flow and adding an effective sales tool for field reps.
Wrote catalogs, course guides and training brochures that enhanced the sales reps' understanding of complex product features and helped them sell more effectively.
Performed ongoing customer/market research and demographic profiling to identify and capitalize on unmet market needs ahead of the curve.
Produced media kit that demonstrated key marketing analytics and demographics for use in sales presentations. Efforts were credited as instrumental in closing numerous high-level deals.
Leveraged strengths in cost-effective marketing management and vendor negotiations to end each year an average of 15% under-budget (without compromising business growth goals).

DEF COMPANY, Sometown, NY – Full-service advertising, marketing and PR agency
Marketing Supervisor, 2/2000 to 5/2003
Developed marketing programs for a variety of business-to-business clients. Used an integrated approach to create balanced programs for clients to build their respective brands and businesses.

Selected Accomplishments:
•Expanded client base by 78% in three years by consistently delivering goal-surpassing marketing results and ensuring complete client satisfaction.
•Closed new accounts as a member of business-development team, including a $1.5M win with Action Company and a $1.2M win with JFK Corp.
•Earned commendations from client executives for communication deliverables that targeted desired audiences and articulated the value of products and services.

GHI COMPANY, Sometown, NY – Leading advertising, direct marketing and communications agency
Creative Director, 1/1998 to 2/2000
Manager, Creative Services, 8/1996 to 1/1998
Copywriter, 6/1995 to 8/1996
Advanced through a series of promotions, culminating in oversight of group copy division and 6-member creative team. Created concept and copy for journal ads, direct mail campaigns and sales collateral for diverse clients and projects.

Selected Accomplishments:
•Served as primary copywriter on advertising campaigns for multimillion-dollar accounts and successful product launches.
•Assumed a lead role in pitch team meetings due to strengths in presentation and negotiation skills, and helped close major accounts ($500K to $1M+ initial contracts).
•Generated campaign response-rates of between 6% and 8% (up to 4 times the industry average).

Technology

Software: QuarkXPress, Photoshop, ImageReady, MS Project, Crystal Reports, MS Office (Word, Access, Excel, PowerPoint)

Web/Multimedia: ColdFusion, Flash, Dreamweaver, Fireworks, EMC Documentum, Visual SourceSafe Search Optimization, Web Server Administration, Content Management Systems

Education
ABC UNIVERSITY, Sometown, NY
Bachelor of Science, 5/1995
•Major: Communications
•Minor: English
•Graduated with high honors
Portfolio on Request ● Available for Relocation

샘플 이력서: Midlevel Lab Technician (중견 실험 연구원)

DONALD JONES

Phone: (555) 555-5555 ■ dj@somedomain.com ■ BeKnown Profile 2448 Orchid Ave. ■ Sometown, TX 77011

Experienced Lab Technician
Specializing in Production Sample Testing, Quality Control and Analysis Within the Chemical Manufacturing Industry

Summary	■ **Chemical lab technician offering five years of experience in the scientific collection, testing, analysis and quality control of production samples.**
	■ **Adept in detecting, diagnosing and contributing to the resolution of flaws and impediments in the production of chemical products.**
	■ **Consistently adhere to Good Laboratory Practice (GLP) as well as safety protocols, producing results that are accurate, safe and compliant with regulatory standards.**
Experience	ABC COMPANY (Chemical manufacturing plant), Sometown, TX
	Laboratory Technician, 8/08 to Present
	Assist QC and R&D chemists within nitric and sulfuric acid manufacturing plant. Design and carry out scientific-lab experiments and product-sample testing to ensure safety, quality and FDA/EPA compliance. Outcomes:
	■ Recognized with "Scientific Achievement Award" for efforts that prevented potential product-recall losses by identifying irregularities in acid-concentration levels.
	■ Performed procedures and calculations crucial to quality controls, including high-performance liquid chromatography (HPLC), gas chromatography (GC), pH testing, instrument calibration, centrifugation and volumetric/coulometric titrations.
	■ Earned a reputation for preparing accurate lab reports, sample logs, plant documents and certificates of analysis/conformity (COA/COC).
	DEF COMPANY (Fast-growing chemical manufacturer), Sometown, TX
	Laboratory Technician, 6/07 to 8/08
	Collected, tested, analyzed and labeled samples for a manufacturing company specializing in metal-based chemicals and chemical catalysts. Outcomes:
	■ Displayed acumen in organic and analytical chemistry, lab-testing protocols and experiment design through the setup and execution of numerous laboratory testing and experiments on both current and prototype products.
	■ Followed EPA and OSHA mandates to ensure the proper, safe disposal of hazardous samples and waste.
Education	GHI UNIVERSITY, Sometown, TX
	Bachelor of Science in Chemistry, 5/07
	■ Completed five-month internship at JKL Company, a specialty chemical manufacturing and distribution company.
Technical Expertise	Instruments & Methodologies: pH Meters; Chromatography Systems; Mass Spectrometers; Conductivity Meters; Titration Meters; Spectrophotometers; Density & Sound Velocity Meters; Karl Fischer Coulometric & Volumetric Titration Methods
	Laboratory Information Management Systems: STARLIMS; LabSoft LIMS; LabWare LIMS

샘플 이력서: Investment Banker (투자 은행가)

JAMES Q. JONES

647 Bloomsdale Drive
Minneapolis, MN 90000
jj@jqglobal.net • 800.500.8000

QUALIFICATIONS PROFILE

Performance-driven, insightful investment banker with a proven ability to achieve and exceed all business development and revenue-generation goals in high-pressure environments.
• Skilled at consulting with clients to delineate and analyze their financial situations and develop strategic solutions to further their financial-planning goals.
• Relationship development expertise that complements the ability to aggressively build solid client base and drive revenue growth.
• Comprehensive knowledge of and experience in leveraging numerous investment instruments in a variety of complex scenarios.
• Proven leadership and team-building skills, coupled with the ability to direct strong teams in managing customer relationships and providing investment services.

PROFESSIONAL EXPERIENCE

FIRST NATIONAL BANK, Minneapolis, Minnesota
1998 - Present
Built a solid record of achievement and advancement through increasingly responsible financial investment positions.
Investment Officer (2003 - Present)
Manage relationship-banking team, ensuring production of revenue levels and territory profitability. Lead team in investment product sales and delivery of customer relationship management techniques. Collaborate with clients to assess individual financial situations and develop strategic financial planning solutions. Oversee securities transactions, funds transfers, margin accounts and option trades.

Key Accomplishments:

• Consistently maintained 100 percent or better of established production goals; achieved 127 percent of 2004 business development goal set at $10 million in assets.
• Recognized for outstanding professional acumen with national awards for annual production of Alliance Capitol and AIM mutual funds in 2004 and 2005.

Investment Consultant, Private Banking (2001 - 2003)
Served as key team member in the brokerage services of fiduciary, investment management and private banking services to new and existing high net worth clientele. Established and maintained strong relationships with fixed income investment clients to continually drive revenue growth.

Key Accomplishments:

• Surpassed customer retention and business development goals by building client base to more than 600 investors.
• Received Alliance Capitol Advisory Award for ranking among the top 200 advisors worldwide in new business development.

Financial Consultant (1998 - 2001)
Developed client base through network and seminar marketing. Ensured client retention by providing strategic investment recommendations based on evaluation of analyst reports covering fixed income and equity investing. Employed numerous investment instruments in complex option hedging strategies

Key Accomplishments:

• Consistently exceeded established account development and revenue generation goals.

CNA INSURANCE COMPANIES, Hibbing, Minnesota
1995 -1998
Registered Representative
Collaborated with legal and accounting counsel to develop marketing strategies for estate and business succession planning insurance. Created proposals exhibiting extensive detail in internal revenue code and estate tax law. Developed solid estate and tax code knowledge base.

Key Accomplishment:

• Executed strategic sales techniques resulting in a solid account base and consistent performance above quotas.

EDUCATION AND CREDENTIALS

Master of Business Administration, Finance (2005)
Minnesota State University, Mankato, Minnesota

Bachelor of Science in Business Administration (1995)
Southwest State University, Marshall, Minnesota

Professional Licenses:
• NASD Series 7, 6, 63 and 65

Professional Training:
• Dale Carnegie Sales Training
• Account Management Systems
• Leadership & Team Building

샘플 이력서: Entry-Level IT Developer (신입 IT 개발자)

Dawn Johnson

1405 Columbia Ave., Apt. #17 ◆ Sometown, OH 43085 ◆ (555) 555-5555
dj@somedomain.com ◆ BeFound Profile ◆ @twitterhandle ◆ LinkedIn ◆ Portfolio Link

Web Developer
•Junior Web developer able to build a Web presence from the ground up — from concept, navigation, layout and programming to UX and SEO.
•Fast learner, hard worker and team player who is proficient in an array of scripting languages and multimedia Web tools.

Technical Toolbox

Languages:	Proficient in JavaScript, CSS, HTML, XHTML, Java, .Net and Python.
Adobe Suite:	Skilled in Adobe CS5.5 Web Premium — Dreamweaver, Flash Catalyst, Flash Professional, Flash Builder, Photoshop, Illustrator, Acrobat X Pro, Fireworks, Contribute, Bridge, Device Central and Media Encoder.
Additional Web Tools:	Skilled in Rich Internet Applications including Flash, Flex, AIR and JavaFX. Experienced in using REST, SOAP and XML. Familiar with FrontPage, Webtrends and validation tools.

Education

- **Web & Multimedia Development**
- **Digital & Interactive Design**
- **Graphic & GUI Design**
- **Search Engine Optimization (SEO)**
- **3D Animation & Agile Methodologies**
- **Web Content Management**
- **Internet Technologies**
- **Compression Formats**
- **Audio/Video Editing**
- **System Security**

ABC UNIVERSITY — Sometown, OH
BS, Information Technology, Concentration in Web Site Development, degree expected 6/2012
Courses:

Web Development Experience
ABC CHARITY, Sometown Chapter — Sometown, OH
Web Developer, Summers 2009-2011
Volunteered as a Web developer for newly opened animal shelter.
•Co-developed a dynamic, secure Web site from scratch. Launched visually appealing, user-friendly Webscape with interactive features to optimize traffic, page views, site "stickiness" and user experience (UX).
•Used SEO best practices to elevate organization's Web presence.
•Created online surveys, contests and donation forms that boosted funding and organizational visibility. Helped drive $38K in ecommerce revenues.
•Engineered innovative "Adopt-a-Pet" Web application customized for mobile devices. Honored with "Volunteer of the Year" award as a result.

샘플 이력서: Elementary School Teacher (초등학교 교사)

Linda R. Bloomberg

11 Main St   Sometown, IN 47244   555-555-5555   linda@somedomain.com

CERTIFIED ELEMENTARY SCHOOL TEACHER (Grades K-6)

Dedicated elementary teacher eager to resume full-time teaching career (currently a substitute for the Sometown PSD). Offer a proven track record of commended performance teaching grades K-6, with a passion for education and an unwavering commitment to optimizing student and school success.

Core Competencies

— **Creative Lesson Planning**

— **Curriculum Development**

— **Instructional Best Practices**

— **Classroom Management & Discipline**

— **Standardized Testing / Scoring**

— **Learner Assessment**

— **Experiential Learning**

— **Special Needs Students / IEPs**

Experience

SOMETOWN PUBLIC SCHOOL DISTRICT, Sometown, IN

Substitute Teacher (K-12), 1/09 to Present

Elementary Teacher (K-6), 8/04 to 6/07

Student Teacher (Intern), 1/04 to 5/04

Hired as a full-time teacher following student teaching practicum, instructing all academic subject areas to classrooms of up to 28 1st, 2nd and 4th grade students. Left Sometown PSD (on excellent terms) at the end of the 2007 academic year to provide full-time care to cancer-stricken parent, and enthusiastically rehired as a substitute teacher for the current spring term.

Key Contributions:

Earned high marks for the quality and creativity of classroom teaching, lesson plans and instructional materials used in teaching diverse subjects (e.g., language arts, mathematics, science, social studies and history).

Developed innovative approaches that were repeatedly held up as the model standard for meeting district goals in areas including technology integration across the curriculum, experiential learning, literacy and diversity.

Taught general education students as well as individuals with learning challenges and special needs within a mainstreamed, inclusive classroom.

Consistently commended for ability to redirect students exhibiting behavior problems by replacing disruptive, unproductive patterns with positive behaviors. As a result, selected to lead district-wide in-service on classroom management.

Actively served on a variety of school committees and task forces focused on curriculum development, textbook review, fundraising and anti-bullying efforts.

Established positive relationships with students, parents, fellow teachers and school administrators/staff.

Quickly became a "first-to-call" resource in current substitute teaching role, typically working four days per week. Personally requested by many full-time teachers to take over their classrooms during absences.

Primary Caregiver, 6/07 to 12/08

Stepped away from the classroom to serve as a primary caregiver to parent diagnosed with stage IV cancer. Provided daily care, assisted with financial affairs and coordinated treatment with medical professionals and hospice team.

Education & Credentials

INDIANA WESLEYAN UNIVERSITY — Marion, IN

BA in Elementary Education, 2004

Indiana Teacher Certification (Grades K-6), 2004 (renewed in 2009)

샘플 이력서: Licensed Practical Nurse (간호사)

Danielle Harris, LPN

(555) 555-5555 ◈ dh@somedomain.com ◈ 55 Oak St. ◈ Sometown, MT 59715

Licensed Practical Nurse
Five Years of Experience in Home-Health and Pediatric Clinical Settings

Skilled LPN offering expertise in pediatric, geriatric, rehabilitative and post-operative care. Consistently earned praise from patients, family members and supervising clinical directors for delivering excellent nursing care. Eager to secure a full-time LPN position; available for all shifts.

PROFESSIONAL EXPERIENCE
ABC HOME HEALTH SERVICES, Sometown, MT
Licensed Practical Nurse, 5/09 to 5/12

Delivered in-home nursing services that included:
Wound Dressing & Care ◈ Ventilator & Tracheostomy Suctioning/Care ◈ G-Tube Feedings & Care
Respiratory Treatments & Assessments ◈ IV Therapy ◈ Patient Bathing & Hygiene Assistance
Glucose Checks & Blood Pressure Monitoring ◈ Rehabilitation Therapy

Traveled throughout 40-mile territory to provide home-healthcare services to pediatric, adult and elderly patients diagnosed with chronic/terminal conditions, convalescing from surgical procedures or recovering from serious illnesses and injuries.
Followed rehabilitation and treatment plans to accelerate patient recovery; minimize pain, discomfort, infections and complications; and optimize patient outcomes.
Assessed, monitored and documented patient progress, symptoms and vital signs on each visit.
Educated clients and their families on the safe treatment of injuries, illnesses and conditions.

DEF CLINIC, Sometown, MT
Licensed Practical Nurse, 5/07 to 5/09

Provided treatment to children with diagnoses including:
Cerebral Palsy ◈ Prematurity ◈ Autism ◈ PDD-NOS ◈ Developmental Delay ◈ Down Syndrome
Fragile X ◈ Velocardiofacial Syndrome ◈ Hemifacial Microsomia ◈ Fetal Alcohol Syndrome

Optimized wellness levels of medically fragile children as an LPN within specialized pediatric clinic.
Assisted RNs and MDs with treatments, therapies and interventions to improve mobility, social/cognitive skills, respiratory functions and cardiovascular health.

EDUCATION, LICENSURE & CERTIFICATIONS

ABC COLLEGE, Sometown, MT
A.A.S. degree in Practical Nursing, 2007 (GPA: 3.7)

Licensed Practical Nurse (LPN), State of Montana, 2007
Certified Nursing Assistant (CNA), State of Montana, 2005

DEF COLLEGE, Sometown, MT
Nurse's Aide Program, 2005

Certifications: IV Therapy, 2011 ◈ Gerontology, 2011 ◈ CPR, 2008

샘플 이력서: Entry-Level Quality Engineer (신입 품질관리 기사)

Beth Dawson

55 Spring Way ◆ Sometown, MA 02124 ◆ 555-555-5555 ◆ bd@somedomain.com

Entry-Level Software Quality Engineer
Highly motivated technology professional launching career as a software quality engineer. Bring to the table hands-on experience in the testing of software systems supporting VB.Net products and interfaces. Knowledge of standard industry QA methodologies and the Software Development Life Cycle (SDLC). Familiar with MS programming technologies including .Net Framework, C#, VB.Net, SQL Server, T-SQL, IIS and ASP. Dedicated to continuing professional development – recently earned Java SE 7 Programmer certification and completed an intensive VB.Net training program.

Skill Areas

◆ **Software Testing & Debugging**	◆ **User Training & Support**
◆ **Test Plans and Script Development**	◆ **Project Management**
◆ **Configuration & Troubleshooting**	◆ **Technical Writing (Manuals/System Specs)**

Education
ABC University – Sometown, MA
Bachelor of Science, Major in Computer Science, 5/2011
Degree Program Highlights:
•Object-Oriented Programming, Object-Oriented Data Structures and Algorithms, Database Management Systems, Application Server Programming, Human Computer Interaction, Enterprise Software Architecture, Technical Communication, Information Systems Security
Continuing Education:
•Oracle Certified Professional, Java SE 7 Programmer (OCPJP), 2011
•Oracle Certified Associate, Java SE 7 Programmer (OCAJP), 2011
•ABC Technology Firm, VB.Net Desktop and Database training (10-day program), 2011

Professional Experience
DEF Company – Sometown, MA
Software Quality Engineer, 6/2011 to 2/2012
•Planned, developed and administered software test plans to detect and diagnose errors and bugs for the company's VB.Net product line.
•Performed regression, integration, platform and performance testing to certify the stability and usability of software systems.
•Developed and executed test programs that helped improve accuracy of QA results.
•Provided comprehensive software release documentation and training to support staff after compiling QA test outcomes.

Previous Experience: Held several clerical positions at ABC College and provided assistance to students with disabilities to help finance education.

샘플 이력서: Midlevel Art Director (중견 아트디렉터)

MARIA JONES

2909 2nd St. ◆ Sometown, New York 10003 ◆ 555.555.5555 ◆ mj@somedomain.com
Portfolio: www.somedomain.com

Award-winning art director whose background includes acclaimed work on global campaigns for leading
F500 brands. Deliver out-of-the-box concepts, dynamic visuals and innovative strategies for online and
print delivery. Drive leading market share, record-setting response rates and customer base expansion.

Art Leadership Skills

Creative Team Management   **Messaging & Branding Consistency**   **Packaging & POS Design**
Print/Web/Interactive Design   **Copywriting & Storyboarding**   **Visual Communications**
Cross-Channel Marketing   **Sell Sheets & Advertorials**   **Brand Creation & Reinvention**

Awards

XYZ Award: **XYZ Award:**   **ZYX Award:**

Best Interactive Campaign, 2011   **Best Online Promotion, 2011**   **2nd Place, Best POS Display, 2010**
Brand: ABC Brand   **Brand: DEF Brand**   **Brand: GHI Brand**

Experience
XYZ AGENCY, Sometown, New York
Art Director, 2011 to Present
Graphics Designer, 2009 to 2011
•Manage budgets, creative deliverables and in-house and freelance teams to lead all phases of nationwide
and international campaigns. Representative clients include Johnson & Johnson, Procter & Gamble, Mattel,
Kellogg's, 3M, State Farm and Dow Chemical.
•Lead teams in the development, design and production of sales-driving, brand-extending and cross-
channel campaigns including print ads, television ads, product launches, brochures, advertorials, Web sites,
banner ads, billboards, iPhone campaigns, logos, product packaging and more.
•Art-directed multimedia campaigns and collateral that captured prestigious national awards, rave client
reviews and strong business results, including:
•Product launches exceeding sales goals by up to 150% ($14.5M growth).
•Rebranding initiatives elevating client from #5 to #2 market share nationwide.
•Web site redesigns propelling traffic and e-commerce sales increases of up to 18% and 25%, respectively.
•Direct-mail and opt-in campaigns securing response rates of up to 15%.
Freelance Designer, 2007 to 2009
•Launched and grew graphic design company, amassing a list of clients that included major ad agencies,
stock clip-art sites and companies of all sizes. Freelance portfolio available here: www.somedomain2.com.

Education
ABC UNIVERISTY, Sometown, Rhode Island
BA in Graphic Design, 2007

Computer Programs
Adobe Creative Suite 5.5 Master Collection (Photoshop, Illustrator, InDesign, Dreamweaver, Flash
Professional, Flash Catalyst, Fireworks, Acrobat Pro, Bridge, Contribute, After Effects, Audition, OnLocation,
Encore, Media Encoder); ActionScript; Final Cut Pro; Compressor; HTML/CSS; QuarkXPress; Mac OS

샘플 이력서: Entry-Level Civil Engineer (신입 토목기사)

Earl Beckstrom

55 First St., Apt. #1, Sometown, MI 48103
Phone: (555) 555-5555 ● Email: eb@somedomain.com

CIVIL ENGINEER

Engineer in Training (EIT) and graduate of ABET-accredited bachelor's in civil engineering program backed by successful internship experience and knowledge of engineering theories, principles, specifications and standards. Highly motivated to secure an apprenticeship in preparation for PE exam. Proficient user of AutoCAD Civil 3D and MicroStation.

Education & Credentials

NATIONAL COUNCIL OF EXAMINERS FOR ENGINEERING AND SURVEYING
Engineer in Training (EIT) Certification, February 2012
ABC UNIVERISTY, Sometown, MI
Bachelor of Science in Civil Engineering, December 2011
•Honors: Chi Epsilon (Civil Engineering Honor Society), Dean's List (5 semesters)
•Activities: Member, American Society of Civil Engineers and Emerging Green Builders (EGB); Planning Committee, Engineering Expo
•Course Highlights:

o Civil Engineering Design	o Traffic & Materials Engineering
o Cost Estimating & Surveying	o Environmental Engineering
o Structural Analysis & Dynamics	o Water Resource Engineering
o Geotechnical Engineering	o Fluid Mechanics & Hydraulics
o Construction Methods	o Concrete & Steel Design

Professional Experience

XYZ COMPANY, Sometown, MI
Engineering firm serving government and commercial clients.
Intern, Civil Engineering Group, Summer 2010, Summer 2011
•Assisted civil engineers on several key government projects involving roadway designs and improvements, solutions easing traffic congestion and replacement of deteriorating bridges.
•Handled cost-of-materials estimations, report and document tracking, project documentation, on-site project visits, invoice/agreement verification and building permit applications.
•Gained experience in blueprint reading, as well as preparation of maps and plans.
ABC COMPANY, Sometown, MI
Worked in telesales throughout college to help finance education.
Sales Representative, June 2008 to May 2010 (seasonal)
•Cold-called small business owners to sign new accounts for ABC Company's print advertising service.
•Cultivated excellent relationships throughout assigned territory.

취업,
이제는
글로벌 기업이다!

Cover Letter
커버레터

활용 방법

이 Chapter에서는 여러분의 기술과 경력을 설명해주는 커버레터를 쓰는 방법을 배우게 될 것입니다. 커버레터를 제출하는 것은 채용 담당자에게 여러분의 첫인상을 전달하는 것과 같습니다. 이 Chapter에서 알려주는 가이드를 잘 참고하여 중요한 커버레터를 효과적으로 잘 쓰시기 바랍니다.

1 영문 커버레터 작성 방법(기술)

2 영문 커버레터 샘플

3 국문 자기소개서 작성 방법

THERAPY SERVICES
PRN Opportunities for:
OT, PT PTA
inpatient rehab, acute or
nursing therapy experience desired. Current Ohio licensure required.
Speech Language Therapists - FT
Current Ohio licensure required
JOBS
RHIA or RHIT; equivalent medical experience in in/outpatient hospital or rehab desired. Responsible for compilation of medical data, ICD-9-CM coding, COL certification preferred.
experience in a medical records
acute or rehab hospital
Medical Assistant
MEDICAL ASSISTANT

1. 영문 커버레터 작성 방법(기술)

커버레터는 채용 회사의 채용 관계자에게 여러분을 소개해주는 글입니다. 따라서 이력서를 메일로 보낼 때는 항상 커버레터를 첨부해야 합니다. 이 커버레터는 여러분에 대해 채용담당자가 처음으로 보고 읽는 글입니다. 이력서는 특정의 어떤 사람에게 가는 것이 아니지만, 커버레터는 구체적인 어느 사람을 위해 작성해야 합니다. 따라서 커버레터를 읽을 각 채용담당자에 맞게 적절히 변형하여 작성해야 합니다. 똑같은 내용으로 복사해서 보내는 커버레터는 작성하지 마세요. 커버레터는 간결하고 흥미로워야 하며, 이를 통하여 이력서까지도 읽게 해야 합니다. 커버레터에는 이력서에 적은 내용을 똑같이 적으면 안 되며, 처음 20단어가 중요한데 이는 바로 채용담당자의 관심을 끌 수 있는 부분이기 때문입니다.

커버레터 역시 판매 도구와 같습니다. 그래서 커버레터는 항상 이력서나 지원서와 함께 보내야 합니다. 여기서는 커버레터를 효과적으로 쓰는 몇 가지 팁을 알려 드리겠습니다.

편지로 알려진 커버레터는 첨부물에 대한 겉표지로서 본래 의도한 대로 정확한 역할을 하고 있습니다. 그래서 잘 쓴 커버레터는 여러분이 원하는 일자리에 취업이 되느냐 안 되느냐의 차이를 결정합니다. 커버레터는 또한 채용 담당자에게 영향을 주기 때문에, 이력서에서 여러분이 홍보하려고 하는 자질을 소개하는 효과적인 광고역할을 할 수 있어야 합니다. 결론적으로 채용 담당자의 마음을 사로잡아야 하고, 여러분의 잠재적 가치와 유용성을 강조해주고, 여러분의 이력서를 상세하게 읽어보도록 할 수 있어야 합니다.

1-1. 커버레터 형식

2가지 형식

지원서 형식 : 이 형식은 채용광고를 보고 지원하는 형식입니다. 채용광고에 적혀있는 자격에 직접적으로 화답하는 내용으로 작성하거나, 다시 검색한 후에 새로 알게 된 사항에 대해 화답하는 내용으로 작성하면 됩니다.

문의편지 형식 : 이 형식은 취업하려는 회사에 대한 여러분의 관심을 표현하고, 또 관심 있고 자신의 자격에 맞는 채용 중인 일자리가 있는지의 여부를 물어보는 형식입니다.

1-2. 커버레터 작성

커버레터는 격식을 갖춘 입사 지원서가 되도록 해주는 것으로서 항상 이력서와 함께 보내집니다. 길이는 단지 몇 구절 길이로 적고, 채용 회사 채용 관계자에게 여러분이 얼마나 이 직업에 적합한 사람인지 설명해야 합니다. 또 자신의 가장 관련 있는 기술을 간단하게 말해주고, 이 회사에 입사동기를 설명해야 합니다.

이렇게 함으로써 여러분은 채용담당자로 하여금 왜 여러분을 뽑아야 하는지 알릴 수 있는 기회를 갖게 되는 것입니다.

도움이 될 만한 TIP

- 이력서 용지를 사용하기
- 'Times New Roman'이나 'Arial'과 같은 명확한 글씨체를 사용하기
- 글씨 크기는 12포인트를 사용하기
- 혹시나 실수한 부분이 없는지 체크하기 위해 다른 사람에게 읽어보게 하기
- 이력서와 커버레터를 보내고 일주일 기다렸다가 자신의 지원상태가 어떠한 상황인지 전화로 알아보기. 전화가 올 때까지 기다리지 않기

커버레터 작성 시 주의사항

- 자신을 가장 잘 어필할 수 있는 장점을 먼저 쓰세요.
- 고용주가 지원자에게서 찾고 있는 자신의 기술과 경험을 적으세요.
- 지불계정 담당 은행원(Accounts Payable Clerk)에 지원하면서 토목기사로서 담당했던 업무 경험을 설명하느라 공간을 낭비하지 마세요.
- 직접 본론으로 가세요. 채용 담당자는 바쁜 사람입니다. 여러분이 회사에 무엇을 제공할 수 있는지를 바로 파악해야 합니다. 따라서 "I am applying for this position because…(저는 이 일자리에 지원하는데 그 이유는…)"라는 식으로 시작하지 말고. "I have 8 years experience as an engineer…(저는 엔지니어로서 8년의 경력이 있습니다)"라는 말로 시작하세요.
- 자신을 과장해서 쓰지 마세요. 여러분의 기술과 경력을 정직하게 적으세요.
- 간결하게 적으세요 : 한 페이지 내, 3단락 정도로.
- 문장과 단락을 짧고 간결하게 하세요.
- 좋은 종이를 사용하되 색지나 무늬가 있는 종이는 사용하지 마세요.
- 항상 컴퓨터로 작성하세요. 고용주는 타이핑되고 포맷을 가진 커버레터와 이력서를 원합니다. 그 밖의 형식으로 보낸 것은 비전문적으로 보이고, 인터뷰 기회의 가능성을 낮출 것입니다.

- 컴퓨터 맞춤법 검사를 이용하여 철자 검사를 하세요. 그리고 다시 한 번 더 검사하세요. 커버레터에 나타난 실수는 여러분의 기술과 태도에 있어서 고용주에게 좋지 않은 인상을 주기 때문입니다.
- 커버레터를 보낼 때 주소를 올바르게 쓰세요. 받을 사람의 이름을 알고 있으면, 그 이름을 꼭 쓰세요. Dear Sir/Madam 등으로는 쓰지 마세요.
- 만나서 자신을 소개할 수 있게 해달라고 부탁하는 등 적극적으로 마무리 지으세요.

  〈예시〉 "I believe I can make a valuable contribution to your company and would like theopportunity to meet with you in person. I look forward to hearing from you." (저는 귀사에 귀중한 도움을 드릴 수 있다고 믿으며 귀하를 뵐 기회를 기대합니다. 회신을 기다리겠습니다.)

기억해야 할 것

- 커버레터를 하나만 만들어서 구직 지원할 때마다 쓰려고 하지 마세요. 만일 여러분이 진실로 인터뷰하기를 바란다면 지원하는 각 일자리마다 시간을 들여 커버레터를 작성해야 합니다. 자신의 개성이 잘 나타난 커버레터는 그 자리에 진심으로 관심이 있다는 것을 보여줍니다. 인터넷은 커버레터를 쓰기에 아주 유용한데, 그 이유는 취업하려는 회사나 산업에 대한 정보를 찾을 수 있고, 그 정보를 커버레터에도 포함시킬 수 있기 때문입니다.
- 어떤 회사는 커버레터와 이력서를 이메일로 보내는 것을 원합니다. 따라서 커버레터와 이력서를 이메일에 첨부해서 보낼 수 있게 준비하세요. 채용담당자가 커버레터를 이메일에 써서 보내기를 원하는지, 아니면 파일로 첨부해서 보내기를 원하는지 파악하세요.

1. 중요한 정보는 항상 포함시키세요.

자신의 이름, 주소, 전화번호(지역번호)는 커버레터에서 한눈에 잘 볼 수 있게 써야 합니다. 채용담당자가 지원자에게 연락할 때 가장 먼저 보는 것이 바로 이 부분이기 때문입니다.

2. 회사 내의 특정한 사람에게 개인적으로 보내세요.

시작할 때나 끝날 때는 읽을 사람 이름을 씁니다. 받을 사람의 이름은 전화로 물어보세요. "To whom it may concern"(관계자 제위)이나 " Dear sir/Madame" 등의 불특정 호칭을 쓰면, 구체적인 사람의 이름을 쓸 때보다 관심을 덜 받습니다. 이름 뒤에 콤마를 찍으세요. 훨씬 친밀한 느낌을 줍니다.

1-3. 커버레터의 비밀

이제까지 알지 못했던 커버레터의 아주 중요한 비밀이 있습니다. 그것은 바로 커버레터 하단에 추신 (P.S.)을 추가로 쓰는 것입니다. 추신은 안 읽을 수 없습니다. 생각해보세요. 어떤 편지를 읽어도 하단에 있는 추신은 알아보고 읽을 수밖에 없을 것입니다. 강력한 효과를 지닌 추신을 커버레터에 써보세요.

마케팅이나 광고에서 추신의 목적은 읽는 사람이 해야 할 것을 정확히 다시 알려주는 것입니다. 구직자들은 더 많은 인터뷰 요청을 받길 원하고, 추신은 그것을 읽는 채용 담당자의 머릿속에 정확하게 각인시켜주는 기회가 됩니다. 또 이것은 여러분이 바라 마지않는 '인터뷰'라고 하는 결과를 가져다줄 기회를 증대시킬 수 있는 최상의 직격탄입니다.

커버레터에서 추신을 사용한 3가지 예시

P.S. I will follow up with a phone call on May 3rd to make sure you have received my application. I would love the opportunity to meet in person for an interview. I can be reached right away at 555-555-5555. Thank you in advance.

P.S. I realize all I can ask for is the opportunity to be interviewed for the {insert job opening title here }. I would love that chance. Again, I can be reached directly at 555-555-5555 to schedule an interview at your earliest convenience. Thank you!

P.S. I would like to restate my desire to interview for the position of {insert job opening title here}. {Company name} is number one on my list of companies I'd like to work for. I am available immediately and can be reached directly on my mobile phone at 555-555-5555. Thank you so much!

추신(P.S)은 안 읽고 넘어가기 어렵습니다. 위의 예시를 통해 보았듯이, 추신은 명확하고 직접적으로 인터뷰를 요청하며, 채용 담당자로 하여금 어떤 행동을 취해야 할지 알려줍니다. 또한 추신을 씀으로써 왜 자신이 이 직업에 강력한 후보자인지를 다시금 언급할 수 있습니다.

추신을 사용하는 Tip 커버레터 하단에 추신을 적되 왼쪽에 맞추어 적으세요. 두꺼운 글씨체나 이탤릭체를 권장합니다. 그러나 둘 다 동시에 쓰지는 마세요.

추신. 사람들은 추신을 읽도록 배워왔다는 점을 이용하고, 여러분의 다음 커버레터에는 추신을 꼭 적도록 하세요.

추신. 부탁 하나 해도 되겠습니까? 이 '비밀'을 혼자 알고 계세요. 감사합니다!

2. 영문 커버레터 샘플

샘플 : 커버레터-Networking Request

March 7, 2012 Ms. Kerri Keegan
Director of Human Resources XYZ Accounting Firm
1234 Market Street
Philadelphia, PA 19103

Dear Ms. Keegan:

Mrs. Rosa, my Professor of Accounting at DeSales University, suggested that I contact you. She thought that you would be in an excellent position, as a DSU graduate, to assist me with a career decision.

As an accounting student, I am exploring which career paths to pursue. Public accounting, Managerial accounting and IRS work all sound interesting to me at this point, but I want to go into my campus interviews next fall with a clear sense of direction. I would like to get your advice on the long term implications of each path as well as to get a better handle on the day-to-day activities of a CPA.

If your schedule allows I would welcome the opportunity to speak with you. I can be very flexible in arranging a time that works best for you. Thank you for considering my request.

Sincerely,

Beth Thompson 698 4th Street
Bethlehem, PA 18017
610-123-8888
btxxxx@desales.edu
Enclosure: Resume

Sample: Cover Letter-Hard Copy

2343 Preston Road Center
Valley, PA 18034 (610)
555-2233
sgxxxx@desales.edu

October 19, 2011

Ms. Sylvia Range
Special Programs Assistant
Marion County Family Court Wilderness Challenge
303 Center Street
Marion, VA 24560

Dear Ms. Range:

This semester I am a junior at DeSales University, working toward my bachelor's degree in Criminal Justice/Safety Studies. I am seeking an internship for this spring 2012, and while researching opportunities in the field of criminal justice and law, I found that your program work s with juvenile delinquents. I am writing to inquire about possible internship opportunities with the Marion County Family Court Wilderness Challenge. My work background and coursework have supplied me with many skills and an understanding of dealing with the adolescent community; for example:

10 hours per week as a volunteer hotline assistant for a local intervention center. After a 50-hour training program, I counseled teenagers about personal concerns and referred them, when necessary, to appropriate professional services for additional help.
Residence hall assistant in my residence hall, which requires me to establish rapport with fifty residents and advise them on personal matters, as well as university policies. In addition, I develop social and educational programs and activities each semester for up to 200 participants.

My enclosed resume provides additional details about my background. I will be in the Marion area during my spring break, March 6-10. I will call you next week to see if it would be possible to meet with you in early March to discuss your program.

Thank you for your consideration.

Sincerely,

(handwritten signature)
Stacy Lee Gimble Enclosure:
Resume

Sample: Cover Letter-Email Version

November 17,

2011 Ms. Anne

Jones
Director of Human Resources
ComputerAid Inc.
1234 Market Street
Philadelphia, PA 19103

Dear Ms. Jones:

I am applying for the position of programmer analyst at ComputerAid Inc. which was recently posted on College Central Network. This position seems to fit well with my education, experience and career interests.

Your position requires experience in computer programming, financial applications software and end user consulting. With a major in computer science, I have a strong background in programming as well as a variety of software programs and applications. My practical experience in my university's computer center as a programmer and as a student consultant for systems users gave me valuable exposure to complex computer operations. Additionally, I worked as an intern in the computing operations for a large bank where I gained knowledge of financial systems. My qualifications and career goals seem to be an excellent match with your job requirements and I am confident that I can perform the job effectively. My enclosed resume provides greater detail of my qualifications.

I will call you next week to see if a meeting can be arranged to further discuss my qualifications and your job opportunity. Should you need to reach me, please free to contact me at 610-282-1234. Thank you for your consideration. I look forward to talking with you.

Sincerely,

Bud

Foster
234 Macado Drive
Bethlehem, PA 18017
610-123-4567
bfxxxx@desales.edu

Enclosure: Resume

Sample: Cover Letter-Response to an Advertisement

January 25, 2012 Ms. Steve Merk
Director of Human Resources
Big Company
1234 Market Street
Philadelphia, PA 19103

Dear Mr. Merk:

I was pleased to see Big Company's advertisement for a feature writer which appeared in
<u>The Morning Call</u> on November 13, 2011. Strongly interested in this position, I have enclosed my resume for your consideration. This position appears to be exactly the type of opportunity that I am seeking.

This May I will receive my bachelor's degree in English Communications from DeSales University where I currently hold a 3.6 grade point average. I am confident that I am well suited for the Feature Writer position for a number of reasons. First, I did extremely well in my writing courses and was a feature writer for our college newspaper. Secondly, I gained valuable practical experience as an intern in the public relations department at St. Luke's Hospital where I wrote press releases and feature stories for the hospital's newsletter. In addition, I am a highly organized, responsible and dependable individual who is ready to contribute to Big Company's success.

I would welcome the opportunity to meet with you to discuss my qualifications in greater detail. Please feel free to contact me at 610-282-1234 or dbxxxx@desales.edu. I will be in touch in the next two weeks to see if you have received my materials and to answer any questions that you may have. Thank you for your consideration and I look forward to meeting with you.

Sincerely,

Dave Bailey
152 West Union Drive
Bethlehem, PA 18017
610-123-4896
dbxxxx@desales.edu

Enclosure: Resume

3. 국문 자기소개서 작성 방법

3-1. 자기소개서 작성 방법

이력서가 교육과 경력을 간단히 나타내주는 것과 달리 자기소개서는 여러분을 좀 더 자세하게 설명해준다는 점에서 이력서와 다릅니다. 자기소개서는 여러분과 채용 담당자 사이에 처음으로 소통하는 글입니다.

자기소개서는 2종류로 분류되는데, 첫 번째는 입사 지원서 양식에 작성된 자기소개서이고, 두 번째는 특정한 양식 없이 작성된 자기소개서입니다. 양식이 있는 자기소개서는 여러분의 간략한 전기와 성격, 대학 활동, 지원 동기, 진로 계획, 야망, 전문성으로 구성되고, 또 특정한 양식 없이 앞의 내용을 생각하면서 쓸 수도 있습니다.

좋은 자기소개서를 작성하는 공식

직업과 관련된 흥미, 이해, 야망+구체적인 과거 경력, 추상적, 논쟁, 주장=좋은 자기소개서

여러분은 www.joininc.net에서 자기소개서 양식을 무료로 다운받으실 수 있습니다.

효과적인 자기소개서란?

1. 채용 담당자의 입장에서 쓰세요.

수많은 지원자 중에 채용 담당자가 여러분을 만나보고 싶도록 어필해야 합니다. 자기소개서는 자신이 보려고 쓰는 것이 아닙니다. 구직자보다 나이가 어느 정도 차이 나는 채용 담당자들이 자기소개서를 보게 됩니다. 따라서 글자체, 크기, 단어 선택, 문장 호흡 등의 형식적인 부분에 있어서도 부모님과 대화한다는 마음으로 그들의 코드에 맞추어야 합니다. 특히 인터넷 용어 사용은 절대 금지 사항입니다. 아무리 잘 다듬어진 자기소개서라 해도, 젊은 층에게만 통하는 이모티콘이나 특정 언어는 자기소개서의 질을 순식간에 떨어뜨릴 수 있다는 점을 명심하세요. 덧붙여 글에서 한자나 외국어를 써야 할 상황이 있다면, 확실하게 맞는지 확인한 후 주의를 기울여 사용하세요. 한자어나 외래어를 사용하면 뜻이 빠르게 전달되고 문장이 고급스러워질 수는 있으나, 잘못 사용했을 때는 사용하지 않는 것보다 훨씬 나쁜 결과를 초래할 수 있습니다.

2. 초고를 작성하여 수정을 반복하세요.

좋은 자기소개서는 한 번에 완성되지 않습니다. 충분한 시간을 두고 고민하고 수정을 반복하여 충실한 원본을 만들도록 노력해야 합니다. 따라서 한 번에 작성한 것에 만족하지 말고, 초고를 작성한 후 여러 번에 걸쳐 수정 보완하세요.

이때 중복되는 말이 없도록 주의하고 맞춤법, 띄어쓰기도 중요하므로 여러 번 살펴보아야 합니

다. 특히 자기소개서의 경우 여러 회사에 제출하기 때문에, 원본을 두고 각 업체별로 맞는 상황을 정리해서 수정을 가해 제출하는 것이 바람직합니다. 자필로 쓰는 경우 깔끔하고 깨끗하게 작성해야 하며, 잘못 써서 고치거나 지우는 일이 없도록 충분히 연습한 후 주의해서 쓰세요. 또한 필체가 안 좋은 경우라 하더라도 정성들여 또박또박 정자로 오자 없이 작성하여 지원자의 성실성을 나타내도록 합니다.

3. 장문은 피하고, 짧고 간결한 문장을 씁니다. 장황한 문체는 금물

자신을 좀 더 부각시키려다 보면, 접속어와 수식어 등의 사용이 늘어나 장문을 쓰기 쉽습니다. 하지만 구구절절 자신의 장점을 나열하지 말고, 과감하게 단문을 쓰는 게 더 눈에 잘 띕니다. 글이 길어지다 보면 같은 말을 반복하게 되고 쓸데없는 수식어가 많이 붙기 때문입니다. 이렇게 되면 인사 담당자에게 아무것도 보여주지 않은 셈이 됩니다.

단문을 잘 쓰기 위해서 작성 전에 자기소개서에 관한 예문을 많이 읽어보는 것이 지름길입니다. 무엇보다 실제로 여러 번 써보고, 복잡한 문장을 간단하게 줄이는 퇴고 작업이 중요합니다. 수사나 비유 등 기교의 남발은 오히려 생각을 분산시킬 뿐입니다. 응시 부문 또는 직종과 관련 있는 사항을 중심으로 일관성 있게 적는 것이 효과적입니다.

4. 구체적인 경험이 드러나야 합니다.

어린 시절부터 대학까지 자신에 관한 시시콜콜한 내용을 나열하는 것은 인사 담당자가 가장 싫어하는 스타일의 자기소개서입니다. 또한 '책임감이 강하다' '대인관계가 원만하다' 등 일반적인 문구만 나열하기보다, 이를 뒷받침해줄 구체적인 경험을 밝혀야 합니다. 경험을 바탕으로 쓰면 글이 생생해 보이고 신뢰감을 더할 수 있어서 인상에 깊이 남길 수 있습니다. 경험을 쓸 때 역시 자신의 인생에 영향을 준 사건이나 책, 주변 인물 등을 일화 형식으로 쓰면 채용 담당자의 흥미를 이끌기 좋습니다.

5. 단점은 장점이 되어야 합니다.

누구나 성격의 단점은 있습니다. 자신이 지원한 분야와 맞지 않는 부분의 성격이나 단점이 있게 마련입니다. 하지만 자신의 단점이 직업의 성격과 대조적일 경우, 오히려 인사 담당자가 가질 수 있는 우려를 해소시킬 수 있어야 합니다. 예를 들어 재무나 경리를 지원한 사람이 자신의 단점을 '잘 잊어버리는 것'이라고 한다면, 회사의 돈을 맡길 수 없다는 강한 인상을 주게 됩니다. 때문에 "저의 단점은 잘 잊어버리는 것이지만 그것을 극복하기 위해 메모하는 습관을 길렀습니다."라고 표현하여 암시적으로 자신을 PR 하도록 하세요.

6. 자신이 지원하는 분야에 관심이 있음을 강조해야 합니다.

인사 담당자는 지원자가 회사와 얼마나 어울리는 사람인지 중점적으로 보려 합니다. 적성, 전공, 장점과 단점, 꿈과 비전 등 지원 회사의 가치와 문화에 '찰떡궁합'이 될 수 있다는 점을 강조하도록 하세요. 이때 한 가지 방법은 아르바이트 경험, 동아리, 교우관계 등과 같은 사회 활동을 연관 지어 나타내는 것입니다. 즉 지원 회사가 학습지 회사인 경우 작은 과외 교사 경험이라도 훌륭한 증거 자료가 됩니다.

      취업, 이제는 글로벌 기업이다!

7. 인턴, 교육이수 경력은 구체적으로 적습니다.

경력 직원 같은 신입 직원을 선호하는 요즘은 신입사원 채용 시에도 인턴을 통한 직무 분야의 경험이나 이수 받은 교육 내용, 그리고 사회 경험, 사회 봉사활동 경험을 쌓는 것이 취업에 유리합니다. 지원하는 직무 분야와 관련 있는 사회 경력이 있다면 이력서 경력 란에 간략하게 적고 자기소개서를 통해 구체적인 내용을 나타내어, 해당 경험을 통해 앞으로 지원 직무 분야에서 어떻게 긍정적인 효과를 낼 수 있을지 제시하는 것이 좋습니다.

8. 자신의 정체성이 잘 나타나야 합니다.

자기만의 고유한 가치를 타인의 글로 베껴 표현하거나 짜깁기한다면, 채용 담당자가 공감하는 자기소개서를 작성할 수 없습니다. 자기소개서는 단순히 자신을 알린다는 의미 이상으로, 취업 목적을 전달하는 서식의 개념을 가지고 일목요연한 전개 방식과 정제된 단어로 간결하고 명료하게 써야 합니다. 한 편의 글은 그 사람의 인격을 대변하므로 채용 담당자가 읽고 호감을 갖고 공감할 수 있도록 진솔하고 참신한 내용을 논리적이고 설득력 있게 나타내야 합니다. 따라서 자기소개서는 채용 담당자에게 전하려는 메시지가 명확해야 하고, 일관성과 통일성을 갖추어서 인사 담당자의 손에서 버려지지 않아야 합니다.

9. 판에 박힌 서술에서 벗어나야 합니다.

'화목한 가정에서 몇 남 몇 녀의 몇째로 태어나'로 시작하는 전형적인 자기소개서는 다른 지원자의 서류 속으로 묻히기 십상입니다. 수필이나 일기 같은 자기소개서를 인사 담당자는 그동안 많이 봐왔기 때문입니다. 회사가 제시한 양식을 사용하는 경우에는 양식에 맞게 작성하면 되지만, 자유 양식일 경우 개성 있고 독특한 방식을 써보세요. 예를 들어 일화를 통해 자신의 성격이나 주위 사람들의 평가를 전달할 수 있고, 인터뷰 형식으로 질문을 만들고 그 질문에 답하는 형식으로 쓸 수도 있습니다. 주의할 점은 지원자의 창의력이나 모험정신, 도전정신을 높이 평가하는 기업일 경우에 플러스가 된다는 것입니다.

10. 자신만의 캐릭터를 만들어야 합니다.

자기소개서를 다 읽고 나면 지원자의 이미지가 한눈에 그려질 수 있어야 잘 쓴 자기소개서입니다. 적극적인 것 같으면서 활발하지 않고 꼼꼼한 것 같으면서 덜렁대는 등 여러 이미지가 혼합된 인상은 좋지 않습니다. 자신만의 이미지를 만들려면, 스스로 객관적인 평가가 이루어져야 합니다. 책임감, 원만한 대인관계, 정직, 성실함 등 자신을 만들 수 있는 이미지는 많습니다.

11. 솔직하고 당당하게 작성해야 합니다.

구직자들이 몇 차례 면접에 떨어지다 보면 자신감을 잃게 되는 것은 인지상정일 것입니다. 그러나 기업에서는 자사 구직자의 지원 전의 구직 경력에 대해서는 모릅니다. 구직 활동에서 10번 이상 탈락한 지원자라면, 거울 앞에 자주 서봐야 합니다. 거울 앞에서 자신감을 잃은 그늘진 모습이 없는지 다시 한 번 확인하고 친구들 앞에도 서서 친구들이 느끼는 자신의 모습을 실질적으로 평가받아봐야 합니다. 자신감이 없어지다 보면 자연스레 나타나는 현상이 자기소개서의 과대 포장입니다. 채용 담당자의 주의를 끌기 위해서, 또는 인상 깊게 보이려고 소위 말하는 오버(over)를 하게 됩니다.

그러나 이러한 자기소개서는 채용 담당자의 날카로운 선택을 피할 수가 없습니다. 부족한 자신의 모습부터 인정하고 자기소개서를 작성해야 합니다. 부족한 능력은 인정하고, 솔직 담백한 태도로 자기소개서를 작성해야 합니다. 설령 요행수로 이력서가 통과하여 면접을 볼 수 있을지는 모르지만, 면접을 치르다 보면 솔직하지 못한 자기소개는 금방 들통 나게 마련입니다. 따라서 솔직해야 합니다. 인사 담당자는 분명히 당신의 그 솔직함을 높이 살 것입니다.

12. 진지한 자문자답을 통해 자신을 뒤돌아봐야 합니다.

'아무것도 한 것이 없다'는 쓸쓸한 내면의 외침이 있다고 할지라도, 그 나약한 스스로의 외침을 무시해야 합니다. 분명히 여러분의 시간에는 기억에 남는 일이 있습니다. 학생 시절 내내 리포트 하나도 스스로 써본 적이 없는 당신이었다고 할지라도 꼬리에 꼬리를 무는 당신의 장점을 생각하다 보면, 약점만 있다고 생각되던 나 자신에게도 장점이 하나 둘 나타나게 될 것입니다. 학교를 다니면서 수업 받은 것 중에 가장 기업에 남았던 강의 내용이나 선생님의 이름이라도 기억해보거나 성적을 떠나서 자신이 좋아했던 그 무엇에서 무엇을 얻었는지 기억해보고, 그 시간이 지금의 나 자신에게 어떠한 영향을 주었는지 적어보면 자신만의 장점이 나타나게 될 것입니다. 지원자를 전혀 모르는 인사 담당자는 이력서와 자기소개서를 보이는 대로만 믿고 평가할 뿐입니다.

'지원자의 능력은 뛰어난 것 같은데, 이력서나 자기소개서를 잘못 써서 그랬겠지.'라고 너그럽게 추측하는 인사 담당자는 없습니다. 지원자의 능력이 조금 떨어진다고 할지라도 자신의 강점과 특징이 호소력 있게 표현되어 있어야 합니다. 면접에서 그 사람의 능력을 좀 더 자세히 확인해보고 싶어 하는 것이 소비자와 같은 인사 담당자의 마음인 것입니다. 이력서와 자기소개서에는 바로 이러한 성의와 광고의 속성이 잘 표현되어 있어야 합니다.

13. 항목에 대한 비중을 나누어 접근합니다.

자기소개서에 들어가는 내용은 성장 과정, 성격, 특별한 능력, 생활신조, 지원 동기, 장래 희망이나 포부 등입니다. 각 내용은 <u>기본적으로 1.1.2.4.2 법칙에 따라 작성하는 것이 좋습니다. 즉 전체를 10으로 놓고 보았을 때, 성장 과정의 중요도가 1이라면, 성격의 장단점은 1, 학교 생활 2, 지원 동기 4, 입사 후 포부 2 정도로 배분합니다.</u> 그만큼 지원 동기가 중요한데, '내가 왜 이 회사에 들어가려고 하는지''내가 왜 이 직종을 택했는지'에 대한 이유를 적고, 그렇게 하기 위해 학창 시절에 얼마나 노력했는지를 밝히고, 입사 후 어떻게 하고 싶다는 내용까지 일관성 있게 기술하는 것이 좋습니다. 이때 문맥은 간결하고 상호 모순되지 않도록 논리적이어야 합니다.

14. 경력자는 실무 경력을 위주로 작성해야 합니다.

경력자의 경우에는 성장 과정이나 성격 등과 같은 기초적인 내용보다는 실제 업무경험 및 능력이 보다 중요합니다. 따라서 실제로 경험했던 업무 내용을 위주로 기술하고 처리 가능한 업무 범위, 처리 능력 등을 정확히 기술해야 합니다. 경력이 10년이 된 지원자의 부모님 이야기는 관심조차 없는 사항임을 명심하기 바랍니다.

취업, 이제는 글로벌 기업이다!

자기소개서 작성 Tip
(인사 담당자 입장)

인사 담당자 '자기소개서' 점검 포인트
- 지원 분야에 적합한 실력을 가졌는가?
- 업무에 쉽게 적응할 수 있는가?
- 성격은 어떠한가?
- 조직과 융화될 수 있는가?
- 소신과 주관이 있는가?
- 사물을 긍정적으로 바라보는가?
- 사고력, 창의력, 개성이 있는가?

인사 담당자가 말하는 자기소개서 작성 전략

1. 취업 담당자가 자기소개서를 통해 알고자 하는 내용을 작성하세요.

기업 채용자들이 요구하는 자기소개서의 핵심은 다음의 사항을 알고 싶은 것이므로, 이러한 사실을 제외하고 추상적인 진술이나 주장 또는 선언 등에 대해서 기술하면 오히려 감점 받을 수 있습니다.

- 회사에 대하여 얼마나 알고 있는지?
- 얼마나 이 회사에 오고 싶어 하는지?
- 일하고자 하는 직무에 대한 열정이 얼마나 높은지?
- 과거에 어떻게 행동해왔는지?

2. 지원한 회사에 대한 최신 정보를 적으세요.

회사에 대한 관심과 열정이 크고 구체적으로 드러날수록 좋습니다. 기업은 이러한 열정과 관심이 있는 사람을 원하기 때문입니다. 자기소개서를 통해 나타낼 수 있는 정보들로는 다음과 같은 것들이 있습니다.

- 기업의 창립과 성장 배경
- 주요 제품과 서비스
- 매출·영업이익·최근 주가 등 재무 정보
- 마케팅·영업 전략과 경쟁사 구도

- 조직 구조와 기업문화
- CEO를 비롯한 임원진 현황
- 현재 기업이 직면한 상황과 이슈

3. 공백기를 두지 마세요.

자기소개서를 작성할 때 공백기를 두지 말아야 합니다. 기업은 공백기에 지원자가 무슨 활동을 했는가에 대해 예민하게 반응하기 때문입니다. 자기소개서를 작성할 때는 공백기를 두지 말고 적어야 합니다. 공백기를 둔 자기소개서는 취업의 길을 멀리 돌아가게 합니다.

4. 경험은 직무를 중심으로 작성하세요.

기업이 선호하는 사람은 다양한 경험을 통해 시야를 넓힌 사람입니다. 이러한 경험이 지원하는 업무와 연관성이 있도록 작성하는 것이 바람직합니다.

자기소개서 작성 Tip

작성하기 전

항목별로 핵심 키워드와 Selling Point를 정하세요. 무엇을 부각시키고 생략할지 판단하세요. '무엇을 했다'는 나열식 표현을 피하고 '어떤 활동을 통해 무엇을 배우고 느낀다''나는 무엇을 어떻게 성취했다''나는 무엇을 할 수 있다' 등 구체적인 사실을 표현하세요. 가장 중요한 점은 질문 항목에 대한 적절한 경험 사례를 기술하는 것입니다. 검증할 수 없는 포부나 계획 또는 경험이 없는 나열식 접근은 읽는 사람 입장에서는 믿을 수 없는 초등학생 생활계획표나 마찬가지입니다.

제목 및 항목

전체 내용과 항목에 대한 내용을 잘 상징할 수 있는 제목 및 부제목을 사용하는 것도 좋은 방법입니다. 또한 내용 중 강조하고 싶은 부분은 음영 처리나 진하게 인쇄하는 것도 한 방법입니다.

성장 과정

성장 과정은 현재의 자신을 이루는 근본에 해당하는 것으로 자신의 이미지를 무리 없이 심어주는 대목이 되어야 합니다. '저는…;''나는…'으로 시작한다든지, '인자하신 부모님''화목하고 단란한 가정''저는 OO시 OO에서 2남 1녀 중 막내로 태어나…' 운운하는 상투적인 표현을 사용하면 무성의한 첫인상을 주게 되며 평범하기 짝이 없는 자기소개서가 됩니다. 성장 과정 중 지금의 가치관 형성에 영향을 준 인상 깊었던 일을 일화 형식으로 제시하는 방법 등을 사용하여 자기 자신의 정체성을 표현해야 합니다. 만일 성장 과정에 어려움이 있었다면 솔직하게 밝히면서, 그 어려움을 극복한 과정이나 본인에게 미친 영향을 설명하면 좋은 인상을 줄 수 있습니다.

성격의 장단점

긍정적인 인생관으로 적극적인 사고, 성실, 근면성, 원만한 대인관계, 미래에 대한 도전 의지를 갖춘 패기 있고 활동적인 성격을 나타내는 데 유의하세요. '외향적, 적극적, 긍정적, 낙천적' 등의 추상적이고 막연한 단어로 표현하게 되면 별다른 주목을 받지 못합니다. 채용 담당자는 이미 이러한 표현에 식상하며 수많은 이력서와 자기소개서를 검토했기 때문입니다. 가족이나 친구의 표현을 빌려 인용한다든지, 자신의 성격을 나타낼 수 있는 경험이나 체험을 제시하는 간접묘사 방법도 효과적입니다.

구체적이고 집약적인 표현이 중요합니다. 성격의 장점과 단점을 솔직히 서술하세요. 자신의 장점은 최대한 부각시키고, 단점의 경우는 긍정적인 관점에서 작성하는 것이 훨씬 유리합니다. 다시 말해 자신의 단점만을 적기보다는, 그 단점을 극복하기 위해 어떤 노력을 하고 있으며, 오히려 그 단점이 장점으로 작용한 상황 등에 대해 언급하는 것이 도움이 된다는 것입니다. 목표 분야에 따라 선호하거나 요구되는 성격에는 차이가 있습니다. 예를 들어 영업직의 경우 사람들과 적극적으로 교류하고 이야기하는 것을 즐기는 활발한 성격을, 연구직의 경우 차분하고 꼼꼼한 성격의 지원자를 보다 선호하는 것이 사실입니다. 따라서 지원하고자 하는 분야에 적합한 자신의 성격을 부각시켜 서술하는 것이 지원자의 입장에서는 훨씬 유리합니다.

학창 생활

경력이 없는 신입 지원의 경우 대학 생활이 곧 경력 사항이므로 전공 수업, 아르바이트 경험, 동아리 활동, 여행 경험, 봉사활동, 공모전 출품, 이수 받은 기타 교육 등에 대한 소개를 잘 정리하여 자신의 특기, 적성, 소질, 소양이 드러나도록 해야 합니다. 학창 생활의 서술 포인트는 이러한 활동이 자신의 직업관, 지원 업무에 대한 관심도, 업무 수행 능력과 연관성을 가져야 한다는 것입니다. 활동 사항을 단순한 경력 나열식으로 표현하지 말고, 활동에 대한 동기, 배운 점, 남달리 느낀 점에 대해 구체적이고 세밀하게 서술하는 것이 필요합니다.

경력 사항

경력 사항에는 지금까지 해왔던 일 중 '지원하는 분야와 관련 있는' 내용 위주로 업무 경험과 그에 따른 업무 성과를 구체적으로 서술하세요. 다양한 분야에서 오랜 경력을 쌓았다고 해도, 지원하는 분야의 일을 잘해내는 데 있어 별로 중요하지 않은 경력이라면 과감하게 삭제하는 것이 좋습니다. 가능한 한 업무 성과는 '수치' 또는 '객관적인 기준'으로 나타내주는 것이 읽는 사람으로 하여금 신뢰감을 가질 수 있게 합니다.

지원 동기

기업의 입장에서 지원 동기는 실제적인 관심사가 되므로 자기소개서의 핵심적인 평가 항목이 됩니다. 자기소개서 전반부에서 아무리 유능한 인재로 판단되었다 하더라도, 이 부분에서 확고한 모습을 보이지 못할 경우에는 결정적인 신뢰감을 얻을 수 없습니다. 기본적으로 강한 의지를 나타내되, 거창하고 추상적인 구호는 오히려 지원자의 알찬 목소리를 가릴 수도 있음을 명심해야 합니다. 특히 '무슨 일이든지 맡겨만 주시면 할 수 있습니다'라는 표현은 '나는 아무 일도 할 수 없다'는 말과 같은 표현입니다. 일정 규모 이상의 기업에 지원한 경우 기업의 구체적 환경(업종, 창업 정신, 경영 이념, 주력 상품)에 대한 사전 지식을 바탕으로 지원 업무에 대한 자신의 특기 및 직무 능력을 연관 지어 밝히세요. 이를 위해서는 지원 기업에 대한 사전 정보가 필수적입니다. 다만 중소기업의 경우에는 특히 관련 업무에서 본인의 가능한 직무 능력을 중심으로 표현하는 것이 효과적입니다.

장래 계획 및 포부

자신이 선택한 업종과 지원 업무에 대한 목표 성취나 자기계발을 위한 구체적인 계획 혹은 각오, 인생관을 피력하되 지원 동기와 일관성을 유지해야 합니다. '만일 입사가 된다면 최선을 다해 열심히…''분야에 일인자가 되겠다는 각오로…' 등과 같은 과장되고 실현 가능성이 없는 계획이나 포부는 채용 담당자의 유대감을 상실케 하는 지름길임을 명심하세요. 또한 회사에 입사하면 목표 성취와 자기계발을 위해 어떠한 계획이나 각오를 가지고 있는지에 대해 열정적으로 작성하세요. 구체적으로 3년 후, 5년 후 등으로 나누어 체계적인 후보임을 강조하는 것도 좋은 방법입니다.

3-2. 자기소개서 작성 시 유의사항

자기소개서 작성 시 피해야 할 7가지 유형

1. 가문 자랑 유형

가문 자랑 유형의 특징은 할아버지를 필두로 하여 본인의 가문 자랑을 계속해서 늘어놓는 것으로, 이러한 유형의 자기소개서는 절대로 금물입니다.

2. 과대 포장 유형

과대 포장 유형은 조그마한 사실을 너무 과대하게 기술하는 형으로, 인문계 출신자들에게서 많이 나타나는 유형입니다.

3. 중언부언 유형

중언부언 유형은 구직과 관련된 내용보다는 본인의 감정을 중심으로 기술하는 자기소개서를 말하는 것으로, 자신을 지나치게 표현하는 것을 피해야 합니다.

4. 지나친 간결 유형

지나친 간결 유형은 자기소개를 너무 간단하게 기술하여 구직자에 대한 정보를 알 수 없을 정도로 간략하게 기술한 자기소개서를 말합니다.

5. 아부 유형

'뽑아만 주신다면 무슨 일이든 열심히 하겠다'는 스타일로, 의지는 충분하지만 '왜 지원자를 뽑아야 하는가?'에 대한 내용이 없는 것이 결점입니다. 자기소개서를 통해 지망 회사에 자신이 최적의 인재임을 알리는 것은 바람직하지만, 입사하기 위해 동정심에 호소하는 것은 하지 말아야 합니다.

6. 신앙 중심 유형

자기소개서에 지원 회사나 업무의 성격과 동떨어진 본인의 종교나 신앙 활동에 대한 얘기를 많이 기록하면 종교 활동으로 인해 업무에 지장을 줄 수 있다는 선입견이 생겨 입사에 마이너스가 됩니다.

7. 편년체 유형

자기소개서를 작성하는 데 있어서 '저는 언제 어디서 태어났으며'로 시작하는 편년체 유형의 자기소개서는 구직자의 특징을 취업 담당자가 파악하기 매우 어렵습니다. 그러므로 편년체 형의 자기소개서를 피하고, 서두에 업무와 관련되는 본인의 장점 내지 연관성을 기술하는 것이 바람직합니다.

버려지는 자기소개서의 예

채용 담당자가 한 명을 채용하기 위해서 읽어야 하는 자기소개서는 수십 장에서 수백 장에 이릅니다. 수많은 채용 서류를 꼼꼼하게 읽고 의사 결정을 할 것이라는 생각은 지원자의 오해입니다. 무엇보다 주목 받는 자기소개서의 작성은 서류전형 통과의 관건입니다.

진부하고 구태의연한 표현들

예시

저는 물 맑고 공기 좋은 OO에서 1975년 3월에 2남 1녀의 막내로 태어났습니다. 화목한 가정 환경 속에서 공무원이셨던 아버님은 엄격함으로 저희 형제들을 이끌어주셨으며, 어머님은 아버님의 완고함을 부드러움으로 보완하면서….

TIP

수많은 이력서를 접수 받는 채용 담당자는 이 같은 자기소개서를 하루에도 수십 통 이상 접하게 됩니다. 자기소개서 사례에서 옮겨놓은 듯한 이러한 진부한 표현들은 채용 담당자의 눈에서 벗어나는 첫 번째 유형입니다.

연대기 식 나열 형 및 경력 나열 형

예시

저는 1976년 OO에서 태어나 초등학교 1학년까지 다니다가 OO로 이사를 와서 ◆◆초등학교를 거쳐 1991년 ㅁㅁ중학교를 졸업하고, 1994년 ㅁㅁ고등학교를 졸업하였으며, 동년 ◎◎대학교 경영학부에 입학하였습니다. 재학 중 1996년부터 1999년까지 강원도 OO에서 군복무를 수행하였으며…, 대학에서 경험한 과외 활동으로는 벤처 창업 동아리와 영어 동아리, 영어 회화 반 및 경영학부 학생회 등에 열심이었으며, 이 같은 다양한 동아리 활동을 통하여 지식과 경험을 축적하였고, 학생회 활동을 통하여 대인관계와 리더십을 함양하였으며….

TIP

나열 형 문장은 좋은 인상을 받기가 힘듭니다. 자신을 알리는 데 불필요한 내용은 과감하게 삭제하고 간결한 문체의 단문을 사용하는 것이 효과적이며, 지원 업무와 관련 없는 과외 활동 소개는 사족입니다.

지나친 과장 및 미사여구, 감정 오버 형

예시

만약 제가 귀사에 채용된다면 저의 숙명으로 여기고 뼈를 묻는다는 각오로 최선을 다하겠습니다.

과장과 미사여구는 읽는 사람으로부터 결코 공감을 얻지 못합니다. 자신의 계획과 포부는 밝히되 '열심히''최선을 다해' 등의 표현은 가능한 한 삼가도록 하세요. 목표 성취와 자기계발을 위한 구체적 계획이나 각오를 피력한다면 채용 담당자와의 유대관계가 형성될 것입니다.

오·탈자, 잘못된 고사성어 인용

1년 남직(남짓의 오기)의 자유로운 大學 생활 뒤, 國土 防位(防衛의 오기)를 위하여 入對(入隊의 오기)하여 강원도에서 군대 생활을 보내고 복학하였습니다. 재학 기간 중 4번의 장학금을 수여하였으며…, 우리나라 속담에도 있듯이 "구르는 돌은 이끼가 끼지 않는다"(서양 격언임)를 좌우명으로 삼고 있으며….

오·탈자의 빈번한 등장은 거의 치명적이라 할 수 있습니다. 자신이 없는 단어 구사는 삼가고, 사전 등을 통하여 반드시 의미를 확인한 후 인용하세요.

말의 중복

짧은 자기소개서에 같은 말이 중복되면 식상합니다. 중복되는 말의 사용은 피하도록 하세요.

3-3. 자기소개서의 항목별 샘플

자기소개서 작성을 위해 "3-1. 자기소개서 작성 방법"의 "자기소개서 작성 Tip"에서 소개한 항목별 내용을 기준으로 항목별 샘플을 소개합니다. 항목별 샘플을 참조하여 자신의 상황에 맞게 자기소개서를 작성하기 바라며, 만일 좀 더 자세한 샘플을 참고하기 원한다면, 인터넷에서 검색하거나 '인크루트' 또는 '사람인'과 같은 채용 포털 사이트에서 자기소개서 샘플을 검색하여 활용하세요. 더 많은 정보를 원하는 경우에는 www.joininc.net에 접속하여 전문가의 상담을 받아보세요.

성장 과정

깨진 항아리

저를 한 마디로 표현하면 '깨진 항아리'입니다. 아시다시피 깨진 항아리에는 결코 물을 담을 수가 없습니다. 하지만 깨진 항아리를 물속에 담그면 항아리 가득 물을 채울 수 있습니다. 저는 어려서부터 힘겹게 농사를 지으시며 5남매를 모두 대학에 보낸 부모님으로부터 이런 가르침을 받고 자랐습니다. 그래서 제가 해야만 하는 일에는 '몰입과 헌신'을 아끼지 않았습니다. 승부욕이 강해서 키가 작다고 놀리던 친구들을 제치고 학교 대표로 육상대회와 국어·수학 경시대회에 출전하기도 하였습니다.

중학생이 되면서부터는 부모님의 권유로 형 집에서 거주하며 학교를 다녔습니다. 이로 인해 일찍이 독립심을 기를 수 있었고, 교회와 학교에서의 클럽 활동에도 열심히 참여하여 스스로 사회성도 길러왔습니다. 하지만 제가 이렇게 어려서부터 적극적이고 모나지 않게 살 수 있었던 것은 스스로의 노력도 있지만, 늦둥이로 태어난 저를 정성으로 길러주신 부모님과 5남매 중 막내인 저를 사랑으로 보살펴준 형과 누나들의 보살핌 덕분이라고 생각합니다. 나보다는 남을 먼저 생각하는 따뜻한 이해와 배려. 저의 성장 과정에 있어서 가족들은 제게 저 '이해와 배려'라는 소중한 자양분을 나누어주었던 것입니다.

성격의 장단점

저의 가장 큰 장점은 문제를 논리적으로 파악하여 창의적인 해결 방법을 찾아내는 데에 있습니다. 어려서부터 논리력을 필요로 하는 퀴즈를 푸는 것을 즐겼고, 수학 문제를 풀 때에도 공식을 외우기보다 새로 유도하는 방법을 즐겨 사용하였습니다. 저의 그러한 점이 대학원 연구실에서 연구를 수행하는 데 있어서도 큰 도움이 되었습니다. 저는 연구 활동에서 저의 장점을 발휘하여 소자의 측정 결과를 바탕으로 문제점을 파악하고, 새로운 해결 방식을 찾아내며, 필요한 공식을 이끌어내어 요긴하게 활용할 수 있었습니다.

또한 저는 어려운 일에 봉착하게 되었을 때도 돌파구를 찾아내는 즐거움을 알고 있으며, 실패를 통해서도 항상 배울 것이 있다는 생각으로 긍정적으로 상황을 받아들이는 자세를 가지고 있습니다. 뿐만 아니라 교회 청년부 공동체에서 선교팀장을 다년간 역임하면서 얻은 경험으로 리더십을 함양할 수 있었습니다. 때론 칭찬이 질타보다 강하다는 것을 알고 있으며, 조직의 상관이 원하는 것과 상관의 입장을 잘 이해하고 있습니다. 공동체 의식이 강하고 유대를 중시하여 타인과의 관계에서 의견 충돌 등의 문제가 발생했을 때, 스스로의 주장만을 앞세우는 대신 서로의 이해관계를 충족시켜 '원-원'할 수 있는 방법을 찾아내려 노력합니다. 그리하여 주변 사람들과 원만한 관계를 잘 유지하며, 새로운 문화를 접하기를 즐기기 때문에 다양한 사람들과 잘 어울립니다. 다양한 사람들의 범주에는 외국인도 다수 포함되어 있는 만큼 영어와 일본어에는 자신이 있습니다.

저에게 부족한 부분은 꼼꼼함입니다. 대학원 연구실 생활을 하면서 공학도로서, 특히 나노소자를 연구하는 연구자로서, 그리고 프로젝트를 수행하는 팀원으로서 꼼꼼함은 반드시 필요한 점이라는 사실을 배울 수 있었습니다. 아직은 몸에 배지 않아 부족한 점이 있지만, 이를 만회하기 위해 늘 마지막에 다시 한 번 확인하는 버릇을 들였고, 꼼꼼함이 몸에 배도록 하기 위하여 항상 주의하며 노력하고 있습니다.

학창 생활

전공 수업이 가장 힘들다는 3학년 당시 저는 기계공학부의 전공 수업에 상당한 매력을 느꼈고 대부분의 전공을 A학점을 받았습니다. 당시 어려운 가정형편 때문에 근로 장학생을 겸하고 있던 저는 우수한 학점으로 성적 우수 장학금까지 받게 되어 부모님의 어깨를 가볍게 해드릴 수 있었습니다.

또한 프로젝트와 관련하여 초음파 센서, 모터, Photo interrupter를 이용하여 거리 측정 발권기를 만들었던 기억은 3, 4학년 중에 가장 의미 있었던 기억으로 자리 잡고 있습니다. 모터와 센서들을 몇 개나 태워먹으면서도 회로와 제어에 대해서 팀원들과 하나하나 공부하고 실험하며 역할을 나누어 연구하여, 결국에는 발권기의 로봇 팔을 자동차까지 정확하게 옮기는 데 성공하였습니다. 저와 함께 했던 팀원들은 여기서 만족하지 않고 LED 패널을 이용하여 자동차까지의 거리 표시까지 하여 최고의 팀으로 선정되었습니다. 대학생으로서 무엇을 할 수 있을지에 대해 막막하던 시절, 이 프로젝트는 어떤 일이 주어지든 팀원들과 머리를 맞대고 하나하나 고민하면 해결해 나갈 수 있다는 자신감과 팀원들에 대한 소중함을 깨닫게 해주었습니다.

경력 사항

아직 젊기에 실패가 두렵지 않습니다. 실패를 바탕으로, 문제의 근본부터 다시 보완하여 공모전에서 좋은 결과를 얻은 경험이 있습니다.

'장애인 주차장 방지 시스템'이라는 아이템으로 공모전에 참여하여 수상에 대한 확신을 가졌습니다. 하지만 결과는 심사위원들로부터 수많은 지적을 받았습니다. 이러한 지적 사항을 토대로 실패 요인을 고찰하였고, 가장 큰 문제점은 사업성을 고려하지 않은 마인드였다는 것을 깨달았습니다.

저 동력을 사용하는 기계장치로 설계 목표를 변경하여 다시 공모전에 도전하였습니다. 단순히 장애물이 차량의 진입을 막는다는 생각을 버리고, 차량의 자중을 이용하여 진입을 제한할 수 있도록 설계하였습니다. 또한 우천 시 전력 공급에 대한 위험성을 고려하였고 물, 먼지에 의해 발생될 운동장애를 고려한 커버를 추가적으로 설계하였습니다.

실패를 기회로 생각하여 보완하면서 '캡스톤 디자인 경진대회'에서 동상을 받았습니다. 무엇보다도 가장 큰 성취는 목적성과 문제점을 중점에 두고 단계별로 구체적인 아이템에 접근해가는 방식을 경험한 것입니다. 앞으로의 업무에 있어서 사내 문제를 파악하고 개선안을 내놓는, 제안을 많이 하는 사원이 되겠습니다.

지원 동기

화학공학과에 진학한 후에 가장 흥미를 가졌던 분야가 공정에 관련된 것이었습니다. 훌륭한 엔지니어는 최적의 공정을 찾아내고, 그 결과는 막대한 이익으로 돌아온다는 말은 제 꿈을 만들어주었습니다. 스스로 가치 있는 엔지니어가 되어야겠다고 생각했습니다. 그리고 우연한 기회에 OO을 홍보하는 자리에 참석하게 되었습니다. 그때 들었던 OO의 장점은 저를 매료시키기에 충분했습니다. 그 이후 홈페이지와 기사를 통해 기업에 대해 더 알아보았고, 지금은 최고 경쟁력을 갖춘 에너지 기업이라는 OO의 미래를 만들기 위해 앞장서 노력하고 싶습니다.

다가오는 미래에 OO은 세계를 선도할 수 있는 글로벌 에너지 기업이 될 것입니다. 그리고 저는 기업이 필요로 하는 분야에서 더욱 고민하고 분발할 것입니다. 항상 배운다는 자세로 OO의 글로벌 경쟁력 강화를 위한 인재가 되기 위해 노력하겠습니다.

장래 계획 및 포부

10년 후 저는 영업 기획 전문가가 되어, 우리가 제공하는 서비스에서 문제가 발생했을 때 해결사의 소임을 다하겠습니다. 고객들과 직접 소통할 수 있는 경로를 다각화시켜 고객들의 의견을 경청하고, 이를 바탕으로 개선 사항을 제시할 것이며, 한 번 고객을 OO의 영원한 충성 고객으로 만들 것입니다.

최근 개최한 핵 안보 정상회의, 그리고 미래에 개최할 평창 동계 올림픽까지, 대한민국에서 열리는 대규모 행사의 수와 비례해서 외국인들이 한국에 가지는 관심 또한 높아져 관광 수요가 늘어날 것입니다. 대한민국을 대표하는 OO이 고객들이 정확히 무엇을 원하고 있는지 파악하고 있다는 평판은 곧 외국인 관광객들의 OO에 대한 수요로 이어지게 됩니다. 그래서 저는 영업 현장, 사회 공헌 현장, SNS 등 다양한 경로를 통해 고객의 목소리를 듣고 우리 서비스의 개선점을 적극 파악하여 OO에 대한 신뢰도를 상승시키고자 합니다.

Interview
인터뷰

활용 방법

이 Chapter에서는 인터뷰 전에 준비해야 할 사항들과 인터뷰 관련 여러 가지 사례들을 안내하여, 여러분들에게 인터뷰 준비를 잘할 수 있도록 도와드릴 것입니다.

THERAPY SERVICES
PRN Opportunities for:
OT, PT PTA
inpatient rehab, acute
nursing therapy experience desired.
Ohio licensure required.
Speech Language Therapists – FT
Current Ohio licensure required
JOBS
RHIA or RHIT; equivalent medical experi-
ence in in/outpatient hospital or rehab
Responsible for compilation of
data, ICD-9-CM coding
certification preferred.
experience in a medical records
in an acute or rehab hospital
Medical
MEDICAL ASSISTANT

1. 인터뷰를 준비하라

1-1. 인터뷰 전

커버레터와 이력서 보내기 등 힘든 노력이 결실을 맺어 면접시험(인터뷰)을 보라는 연락을 받았습니다.

축하합니다. 그러나 안심하고 앉아서 앞으로 받게 될 월급으로 무엇을 살까 궁리나 하고 있을 때는 아닙니다. 이제부터 해야 할 일이 많습니다. 미리 준비를 잘하면 잘할수록 취직이 되었다는 확신을 갖고 만면에 미소를 띠며 인터뷰 장을 나올 가능성이 많아집니다.

경쟁이 치열한 비즈니스 세계에서는 자신이 목표로 한 일자리에 수많은 다른 유력 경쟁자들이 줄서 있다는 것을 명심하고 있어야 합니다. 따라서 자신을 다른 사람들과는 다른 특별한 사람으로 부각시키는 것이 중요합니다. 이제부터 그 중요한 첫 번째 대면에서 잠재적 채용 회사 면접관들에게 자신을 어떻게 잘 설명할 것인지 정확하게 연습을 할 때입니다.

취업 인터뷰는 채용 권한을 가졌거나 채용을 건의하는 회사의 대표와 갖는 업무 회의(대면 또는 전화로)입니다. 자신의 목표는 자신이 업무를 할 기량과 능력이 있고 또 긍정적인 공헌을 할 수 있다는 것을 그들에게 확신시키는 것입니다. 그런 인터뷰를 준비하는 데 중요한 사항은 다음과 같습니다.

장래의 채용 회사 채용 관계자에 대한 자신의 인상은 회사 문을 들어서는 순간부터 관찰되기 시작할 수 있습니다. 회사 리셉셔니스트(receptionist) 등 인터뷰에 앞서 마주치는 다른 사람들에게 예의 바르게 대해야 합니다. 때로는 그들의 의견이 참고가 되는 것은 물론, 어떤 때는 최종 결정에 영향을 주기도 합니다. 인터뷰 장에 도착하기 전에 휴대전화의 전원을 끄는 일을 잊지 마세요. 연구에 따르면, 인터뷰에서 자신이 업무를 진지하게 생각하는지의 여부가 불과 4분 내지 9분 사이에 파악된다고 합니다. 따라서 첫인상을 좋게 하는 것이 매우 중요합니다. 또 이러한 인터뷰 과정 속에서 자신의 기량이나 강점 및 약점은 물론 태도나 안정감, 의욕 및 성숙도 같은 인격적 특징까지도 평가된다고 합니다.

채용담당자는 사람을 뽑을 때 계속하여 여러면으로 적임자를 찾기 때문에, 서류상으로는 아무리 업무에 적임자로 보일지라도 인터뷰 때 지원자의 인격이나 소개가 취업성공 여부를 결정하는 요인이 될 수 있습니다. 따라서 준비를 더 많이 하면 할수록 더 자신감을 갖게 될 것이고 더 여유로워질 것이며, 그 결과 더 깊은 인상을 줄 수 있게 될 것입니다. 인터뷰 중에는 질문을 집중하여 잘 듣고 단지 관련된 이야기를 말하는 차원이 아니라 묻는 질문에 대답해야 한다는 것을 기억하세요.

또 업무의 최고 적임자를 뽑아야 하는 면접관 역시 지원자 만큼 초조할 수 있다는 점도 유념하세요.

회사에서 면접계획을 잡기 위해 전화했을 때 해야 할 일
- 날짜와 시간 및 장소를 주의해서 적기
- 몇 사람이나 인터뷰에 참석하는지 물어보기
- 필기시험이나 실기시험이 있는지 묻고, 어떤 종류의 테스트인지 물어보기(예 : 지능, 지식, 적성, 인성, 흥미 관련, 신체적 적성, 작문 테스트 등)
- 면접관이 누구인지, 그리고 면접관이 1명 이상인지(예 : 패널 인터뷰) 물어보기

인터뷰 몇 일 전
- 적절한 옷을 골라놓을 것. 회사 직원들이 어떤 옷을 입는지 알아보고 동일한 모양의 복장을 선택하기
- 면접 장소에 가는 방법과 가는 데 시간이 얼마나 걸리는지 알아보기
- 테스트와 시험준비를 위해 채용웹사이트를 통하여 상담 받아보기
- 구인중인 회사와 다른 일자리를 더 찾아보기 : 그렇게 함으로써 인터뷰하는 동안 더욱 편안한 마음을 유지할 수 있을 것입니다.
- 구직을 위해 준비한 이력서와 커버레터를 읽어보고 자신의 기량과 실적을 적어보기 : 회사는 여러분이 제출한 지원서에 쓴 것을 검토하고서 만나자고 한 것이고, 이제 여러분이 쓴 것에 관해서 이야기하고 싶어할 것입니다.
- 예상되는 질문과 그에 대한 대답을 생각해두기
- 자신이 언급한 각 기량과 특성에 대해 구체적인 예를 들어 설명할 수 있도록 준비해두기
- 이동시간 파악을 위해 인터뷰 장소로 차를 운전하여 가보기
- 차를 깨끗하게 해놓기. 인터뷰 담당자가 여러분의 차에까지 배웅을 나올 수도 있습니다.
- 차에 연료 채워놓기
- 면접관이 누군지 다시 한 번 확인하기
- 면접에서 떨어질 경우를 대비하여 다른 계획 세워놓기

인터뷰 전날 밤
- 손톱의 상태를 확인하고 깨끗이 유지하기
- 따뜻한 물에 목욕하기
- 인터뷰 날을 위해 지원 인맥을 준비시켜두기
- 다음날의 일기예보를 확인하기
- 휴대할 물건을 따로 챙겨두기
- 푹 자기

취업, 이제는 글로벌 기업이다!

회사에 대해 조사하기

- 인터뷰 전 회사 웹사이트를 방문해보기
- 회사의 임무 및 역사, 최근 매출 통계, 사원 수, 위치, 주 경쟁회사·계열사
- 회사의 단기 및 장기 목표를 파악하여 자신을 그 목표 달성에 필요한 핵심 자산으로 설명할 수 있도록 준비하기

회사의 최근 동향 파악하기

- 신문을 읽거나 인터넷을 조사하여 회사에 영향을 미칠 가능성이 있는 최신 뉴스를 파악하기

준비물 : 잊지 않고 가져가야 할 것들

- 운전면허증, 사회보장 카드 등 몇 가지 신분증
- 관련 훈련 증명 및 면허증
- 적어도 3인 이상의 추천인 성명, 주소 및 전화번호
- 면접관이 여러 명일 경우를 대비한 여분의 이력서 몇 장
- 지원한 직책과 관련하여 자신의 기량을 가장 잘 나타내 보일 수 있는 업무 실적

전문적인 이미지 보이기

- 전문성이 돋보이는 옷차림을 하고 약속 시간보다 10분 내지 15분 전에 도착하기
- 긍정적이고 열성적이며 예의바른 태도를 유지하고, 상대방의 눈을 응시하며 악수할 때는 적당한 힘을 주어 하기
- 이전 근무회사를 비난하거나 부정적인 말은 절대 하지 않기
- 완전하고 사려 깊은 대답을 할 것 : 그치(yup), 아니(nope) 등과 같은 비속어는 쓰지 말 것

인터뷰 종료 및 후속 조치

- 면접관에게 시간을 내서 인터뷰 기회를 준 것에 대해 감사하다는 뜻을 표하고, 인터뷰 후 24시간 안에 감사편지를 쓸 것
- 인터뷰 후 1주일 지난 다음 전화하여 자신의 관심을 재확인하고, 최종 결정이 언제 날 것인지 물어보기

추가 참고사항들

- 불안하거든 인터뷰 장에 들어가기 전 심호흡을 몇 번 하기
- 퀴퀴한 담배 냄새는 좋지 않으니 인터뷰 직전에는 담배를 피우지 말 것. 이를 닦았는지 확인하기
- 여유 있는 미소를 지으며 상대방의 눈을 응시하기
- 자신감 가지기
- 질문에 정직하게 대답하되 간결하고 주제에서 벗어나지 않게 하기

- 대답하기 전 신중히 생각하기
- 이해하지 못한 점이 있으면 질문하기
- 면접관의 말을 경청하되, 눈을 응시하여 관심을 보이기. 자신이 수행했던 업무를 설명할 준비를 하되, 새로운 업무를 수행하는 데 중요한 것이 무엇인지 예를 보여줄 준비 해놓기
- 안절부절 못 하거나 면접관의 말을 자르지 않기
- 다른 사람이나 다른 회사를 깎아내리는 말하지 않기. 이러한 행동은 자신을 전문적이지 못한 사람으로 보이게 합니다.
- 월급이나 휴일, 보너스 등에 대한 질문은 나중에 하거나 컨설턴트에게 맡기는 것이 더 좋습니다.

연습하고 또 연습하기

여러분은 자신의 개인적인 목표와 직업상의 목표를 알고있습니다. 그러므로 회사가 필요로 하는 부분과 이 목표가 어떻게 절충될 수 있는지 잘 파악하세요.

그리고 인터뷰 기술에 관하여서는 친구나 가족과 함께 모의 인터뷰를 하되, 전형적인 질문에 자신 있고 능숙하게 대처할 수 있도록 인터뷰의 기본사항으로서 자신의 업무기술서와 자기평가지를 활용하세요. 이 과정을 통하여 목표직장과 자기평가에 대하여 잘 생각해 보고, 자신의 핵심 기량을 향상시키고 회사에 기여할 수 있는 이러한 기량에 대해 잘 표현할 수 있도록 하는 부분에 중점을 두세요. 어렵긴 해도 모의 면접관에게 날카로운 질문을 하도록 하는 것이 중요합니다. 이 연습의 핵심은 인터뷰기술을 향상시켜 최선의 인터뷰를 할 수 있게 하는 것이므로 실제 면접에서보다 더 까다로운 질문을 미리 접해보는 것이 더 좋습니다.

1-2. 인터뷰에 적절한 의상

인터뷰는 훌륭한 첫 인상을 줄 수 있는 기회이며, 자신을 가장 멋지게 보이게 함으로써 이것을 가능하게 할 수 있습니다. 인터뷰 날짜가 확정되면 제일 먼저 해야 할 일이 인터뷰 때 어떤 옷을 입을 것인지 결정하는 것입니다. 만일 어떤 옷을 입어야 할지 모르겠다면 회사에 전화하여 문의해 볼 수 있습니다. 그리고 어떤 옷을 입어야 할지 파악이 되었다면 그 복장보다 조금 더 낫게 입으세요. 복장에 대하여 신경을 쓴다는 것은 지원한 회사를 존중하고 업무에 대해서도 진지한 마음을 갖고 있음을 보여주는 것이기 때문에 매우 중요한 부분이라고 말할 수 있습니다.

옷 입는 방법으로 인해 취업이 된 사람은 없을지라도 입은 옷 때문에 직장을 구하지 못한 사람은 많습니다. 적절한 옷을 입지 않으면 입을 열기도 전에 좋은 점수를 얻지 못하고 시작하는 꼴이 됩니다. 어떤 옷이든 인터뷰 때 입을 옷은 깨끗해야 하며 단정하고 다림질이 잘되어 있어야 합니다. 인터뷰 장소가 좀 멀 경우에는 여러 시간 동안 앉아있으면서 옷이 구겨질 수 있다는 점을 생각해야 합니다. 그래서 인터뷰 때는 구겨지지 않는 옷을 선택하는 것이 좋습니다.

▶ **여성을 위한 기본 복장**

- 단색의 수수한 정장
- 잘 어울리는 블라우스
- 적절한 신발
- 한정된 보석류
- 단정하고 전문가다운 헤어스타일
- 황갈색 또는 연한 색의 양말 류
- 옅은 화장과 화장수
- 매니큐어 칠한 손톱
- 깨끗하고 손질한 머리
- 수수하고 옅은 화장
- 향수는 뿌리지 않기
- 수수하고 작은 보석 제품 패용(있는 경우)
- 피부 톤의 양말 류 착용 : 흰색이나 광택 나는 것은 제외
- 깨끗한 핸드백 휴대, 그러나 너무 많은 것을 넣어 부풀어 보이지 않게 하기

▶ **남성을 위한 기본 복장**

- 단색의 수수한 정장
- 흰색의 긴팔 셔츠
- 짙은 색 양말, 전문가용 신발
- 화장수는 적당히 바르기
- 단정하게 손질한 손톱
- 수염은 깨끗이 면도하거나 적어도 깔끔하게 손질하기
- 깨끗이 감고 단정히 손질한 머리
- 수수한 넥타이
- 시계와 결혼반지, 졸업 기념반지를 제외하고는 장신구 착용하지 않기

1-3. 인터뷰 전 체크리스트

- 이력서 및 커버레터의 복사본
- 학위 증명서
- 추천인 명단
- 명함
- 교통체증 등으로 늦어질 때 연락할 전화번호
- 만날 사람의 이름과 그 이름 발음할 때 필요한 주의할 사항
- 종이 및 연필 : 참석하는 사람, 다음 인터뷰 날짜와 장소 및 시간, 그리고 기타 관련 정보를 적기 위한 것
- 도로명 주소, 층수, 호수 및 주차할 장소를 포함한 안내서
- 인터뷰 전 외모를 체크하거나 손을 씻기 위해 화장실을 다녀올 시간 계산해 놓기
- 인터뷰 전 간단한 식사를 할 시간 계산해 두기
- 면접 시 면접관의 예상되는 질문 및 답변과 면접 시 면접관에게 질문할 항목들 준비하기

2. 취업 성공 인터뷰 비법

취업 성공 인터뷰 비법 # 1.
회사를 미리 조사하기

만일 여러분이 문구 소매점의 매니저직을 구하는 중이거나 혹은 로펌의 비서직 또는 신발 회사의 판매직을 구하는 중이라고 가정해 봅시다. 사실 어떤 직업을 구하든 간에 인터뷰전에 미리 회사에 대해 조사해 본 후에 인터뷰를 하러 간다면 여러분의 취업가능성은 더 높아질 것입니다. 그러니 지원한 회사가 있다면 지금 그 회사에 대해 할 수 있는한 많이 조사해 보세요. 그런 후에 시간 맞춰 인터뷰하러 가서는 회사에 대한 세부적인 내용을 열성을 보이며 말하세요.

어떻게 조사할 것인가

1. 회사 웹사이트에 들어가 회사 설명, 사명, 회사 및 그 임무에 대한 상세한 사항을 찾아보세요. 또한 구글이나 야후 인터넷에 들어가 자신이 입사를 희망하는 기업에 관한 기사나 리뷰를 찾아보세요.
2. 공공도서관에 가서 토마스 미국제조업자 등록부(Thomas Register of American Manufacturers)나 다른 가능한 자료를 찾아보세요.
3. 자신이 알고자 하는 품목의 리스트를 만들어보세요. 예를 들면 이윤, 역사, 승진 기회, 재정 상태, 지도자, 지역사회 참여, 전략적 계획 및 목표 등
4. 인터뷰 하게 될 회사의 인사부에 전화하여 회사소개 책자와 신입사원용 회사소개 자료 등을 달라고 요청하세요.
5. Forbes, Fortune, Business Week, Wall Street Journal 등과 같은 출판사에 전화하여 최고, 최악의 회사 리스트를 달라고 하세요. 다양한 기업 등에 관하여 공정한 정보를 얻을 수 있습니다.

이상이 회사에 대해 사전 조사를 하는 몇 가지 방법입니다. 그 외에도 인터넷이나 책을 통해 또는 동료들의 이야기를 통해 정보를 얻는 방법이 있습니다. 조사를 한다는 것 자체가 중요한 것이지, 어떻게 하는지 방법이 그렇게 중요한 것은 아닙니다. 심지어 목표로 하는 회사에서 근무하는 직원과 이야기를 할 기회를 가질 수도 있습니다. 인터뷰 준비 방법을 파악하고 어떻게 인터뷰가 진행될 것인지에 대해 도움을 주는 데는 회사에 관한 내부자의 의견만 한 것이 없습니다. 준비를 많이 하면 할수록 자신이 면접관과 인터뷰하는 하는 동안 더 많은 자신감을 갖게 되고, 또 회사를 파악하는 데 들인 시간 덕분에 면접관도 여러분에 대해서 더 좋게 느끼게 될 것입니다.

취업, 이제는 글로벌 기업이다!

취업 성공 인터뷰 비법 #2.
인터뷰 준비하기 (정신적 준비 자세)

시간 지키기
성공을 위한 옷차림
질문에 대한 대답을 준비하는 것
회사 조사하기
경청하기
명확한 의사전달

여러분은 이러한 내용에 대해 이미 알고 있을 것입니다. 이 부분은 취업에 성공하기 위해 인터뷰 전 준비할 수 있는 사항들입니다. 그렇지만 간과하기 쉬운 것이 정신적인 준비 자세입니다. 중요한 날에 앞서 마음의 준비는 옷 입는 방법이나 호주머니에 넣어둔 질문 목록보다도 오히려 더 중요합니다.

채용 담당 매니저는 채용 대상 직위에 여러분이 적임자인지 아닌지 한눈에 알아볼 수 있을 것입니다. 여러분은 차분하고 집중하며, 관심을 갖고 전념하여 참여 하는 열성이 있습니까? 또 여러분은 초조해하거나 안절부절 못 하고, 자신에게 몰두하거나 외모에 신경을 쓰고, 너무 수줍어하거나 또는 너무 말을 많이 하지는 않습니까?

정신적인 준비운동

인터뷰라는 어려운 순간에 대비하기 위하여 전날 밤 몇몇 정신적인 준비운동을 하고, 인터뷰 날 아침 집을 나가기 전에도 그것을 반복해보세요.

준비운동#1. 정적(靜寂, in Silence)이나 조용한 음악 배경 속에서 10분간 앉아 있기.
준비운동#2. 적응성, 조직화 능력, 지도력 등 자신의 최고 장점을 재음미해보기
준비운동#3. 자기 긍정. 나(홍길동)는 할 수 있고 호감을 주는 사람
준비운동#4 긍정적인 생각 갖기. 내가 이 일자리를 채울 단 한 사람
준비운동#5. 좋은 결과가 나오기를 기원하기. 나는 내 행운을 믿고 그 결과가 좋을 것이라는 것을 확신하기
마지막으로, 자신의 정신적 심장 박동을 체크해보기 : 안정적으로 유도하기

스트레스로 심장이 쿵쿵거리고 몇몇 의문들로 빠르게 뛰거나 또는 몇몇 세부 사항에 대해 혼란스러울 때는 멈추고 준비운동 1번부터 다시 시작해보세요. 정적(in Silence)이 약물치료를 포함한 다른 해결책보다 더 낫습니다. 마주한 일에 대해 자신감이나 마음이 맑아지는 느낌이나 또는 전념하는 느낌이 들면, 자신이 멋진 인터뷰를 위한 정확한 위치에 서 있다고 확신할 수 있게 됩니다. 그래서 어떤 사무실이라도 걸어 들어갈 수 있고, 잠시 후에는 면접관과도 좋은 관계를 맺게 될 것입니다. 그러므로 자신이 원하는 직장과 자신을 그 직장에 취업될 수 있게 할 인터뷰에 마음을 담아 희망적이고 긍정적인 생각을 갖고 안정과 자신감을 갖기 바랍니다.

취업 성공 인터뷰 비법 #3.
마음의 준비를 하라! 인터뷰로 이끄는 비밀 도구

여러분은 자신이 그렇게 바라는 일자리에 관해 토의할 준비를 갖추고, 인터뷰를 위한 전문적인 복장을 하고 정해진 시간에 참석하는 것이 얼마나 중요한지 알고 있을 것입니다. 그렇지만 그것 못지 않게 중요한 것이 있는데, 그것은 바로 본질적인 자료를 가지고 준비하는 일입니다. 이것은 모든 채용 회사들이 보기 원하는 도구들입니다.

1. 현재의 주 정부 발행 운전면허증이나 정부 발행 신분증으로, 이는 자신의 신분을 증명합니다.

2. 자신의 과거 업무 경력으로, 이는 타자로 쳐서 표준용지에 프린트해서 준비하세요. 어떤 구직자는 장식 디자인된 색종이를 쓰면 더 좋은 인상을 준다고 믿지만, 오히려 별로 좋지 않은 쪽으로 생각할 가능성이 있습니다. 면접관에게 자신의 교육, 훈련 및 이전에 다른 회사에서 담당한 업무에 관한 정보를 제공하되, 지금 취업하려고 하는 업무에 적용할 수 있는 부분에 관해서만 상세히 기재해야 합니다. 왜냐하면 이것은 베이비시터나 신문배달 등 자신이 행한 사소한 것까지 쓰라는 의미가 아니기 때문입니다.

3. 관련 정보를 정확하고 분명하며 읽기 쉽게 기재한 완성된 입사지원자로서, 손 글씨나 복사본을 제출함으로써 취업 담당 매니저로 하여금 읽는 데 힘이 들게 해서는 안 됩니다.

4. 추천인들로, 일반적으로 회사에서는 지원자가 전에 근무하던 직장 동료나 오랜 친구 또는 지원자를 잘 알고 지원자의 성격이나 직업윤리에 대해 말해줄 만한 다른 사람들 중 3명의 믿을 만한 추천인을 원하고 있습니다. 미리 그들에게 양해를 구해두어야 하며 이때 추천인으로서 친척은 피해야 합니다.

5. 성적증명서로, 어떤 회사에서는 학점, 이수업무, 취득학위, 연구논문과 함께 특정 분야에서의 명예학위나 수료증 같은 전문적인 인증까지 원하는 경우도 있습니다.

6. 자신이 그렇게도 열심히 준비해온 인터뷰를 곧 평생의 기회로 생각하기 바랍니다. 적절한 옷차림을 하고 위 5가지 항목을 준비하여 제 시간에 도착함으로써 확실하게 기회를 붙잡기 바랍니다. 여러분은 전문적인 후보자로서 대접받고 환영받을 것이며, 이제 남은 것은 여러분이 듣기 원하는 "취직되셨습니다."라는 말을 기다리는 일입니다.

취업 성공 인터뷰 비법 #4
예의 바르게 행동하기(최고의 모습을 보여주기)

인터뷰 준비를 할 때가 되면 복장이며 서류 갖추기, 예상 질문에 대한 답변 준비, 회사 파악 등 해야 할 일들이 많아 부담을 갖기 쉽습니다. 당황하지 않도록 휴식과 성찰을 위한 얼마간의 시간이 필요합니다. 그리고 나서 목록을 만들고 그것을 두어 번 체크하세요.

만일 취업하려는 몇몇 회사가 있다면, 그 모든 멋진 회사에 취업하는것은 훌륭한 인터뷰를 통해서라는 것을 명심하세요. 따라서 자신을 소개하는 것과 능력, 일하고자 하는 회사에 대한 자신의 기준 등에 대해서 점검 계획을 세우기 바랍니다. 취업 성공을 위한 전략적 계획을 세우고 실행하세요. 인터뷰는 그냥 할 수 있는 게 아닙니다.

여러분 앞에는 남성이든 여성이든 또는 면접관 패널이 앉아 있다 하더라도, 인터뷰는 여러분과 함께 시작되고 여러분과 함께 끝납니다. 요즈음의 취업 면접관들은 직업인으로서 여러분이 어떤 사람인가 하는 것보다 개인의 역량 측면에서, 즉 어떤 사람인지에 더 관심이 많다는 것에 유의하시기 바랍니다. 행위 기반(behavior-based)이라 부르는 면접이 요즘의 추세입니다.

회사는 미래 행위의 예측 지표로서 지원자의 과거 실적을 눈여겨봅니다. 그들은 여러분의 배경이나 경험뿐 아니라 다른 사람을 어떻게 대하는지, 또 팀이나 부서 직원들과 교류하는 방식 등에 대해서, 그리고 논리성과 지도력이 필요한 힘든 상황을 어떻게 처리했는지에 대해서도 관심이 있습니다.

진실 또는 결과

행위 기반(behavior-based) 인터뷰에서 여러분이 받게 될 가능성이 있는 냉철한 질문이나 지시의 일부를 소개합니다.

- 걷잡을 수 없는 상황에서 여러분이 책임져야 할 구체적인 경우를 예를 들어보세요.
- 직장에서 어떤 목표를 세웠으며 어떻게 그 목표를 달성했습니까?
- 어떻게 여러분이 담당 업무상 필요 요건 외에 초과 달성을 했습니까?
- 절망적으로 보이는 상황에서 어떻게 자신과 다른 사람을 벗어나도록 했는지 그 예를 들어보세요.
- 까다로운 동료나 상사와의 문제를 완화시키기 위해 여러분이 특별히 한 일이 무엇입니까?
- 그것이 어떻게 발생했고 어떻게 해결됐는지, 그 자세한 내용과 대화, 그리고 전모를 이야기 해주세요.

공포가 없이 지난 한 해

근심을 떨쳐버리세요. 거울 앞에 서서 자신에게 긍정적인 말을 해보세요. "당신은 좋은 사람이야." "당신은 어려운 상황도 극복한 사람이야." "문제보다는 사람을 더 신경 써라." "자신을 믿어라." "당신은 존경받는 사람이야."

다음으로 여러분이 갈등을 성공적으로 해결했거나, 비판에도 불구하고 진실을 위해서 일어섰거나, 어려운 관계를 타협시키기 위해 사용했던 창조적인 모습에 관하여 간단하게 적어두세요. 그런 다음 채용될 사람의 요건과 기준 및 기대에 대한 감을 얻기 위해 업무 기술서를 읽어보세요. 일일운영 처리, 전화 처리, 결정 및 동료 다루기 등 업무와 관련하여 자신의 모습도 한 번 그려보세요.

마지막으로 자신의 감성적인 부분을 확인해 보세요. 웃거나 편안하게 느껴지거나 그런 일에 적합하다면 적극적으로 추진하세요. 하지만 이 일이 부담스럽거나 혼란스럽거나 또는 어리벙벙하거든, 이 기회를 단념하고 여러분의 기량과 강점과 어울리는 다른 기회를 찾아보세요.

실질적으로도 감성적으로도 이 일에 관해 괜찮다면 여러분은 어떤 인터뷰라든 해볼 수 있고, 면접관과 좋은 관계를 형성할 수 있습니다. 그런 다음 이제 남은 것은 자신에게 묻고 자신이 대답할 질문, 즉 "이 일은 나를 위한 것인가?"입니다.

취업 성공 인터뷰 비법 #5
인터뷰에서 하지 말아야 할 것들

여러분은 아마도 성공적인 인터뷰를 위해서 무엇을 해야 할지에 대해서 많은 이야기를 들었을 것입니다. 여기에 하지 말아야 할 것들도 있습니다. 이것들도 각별히 주의해야 합니다. 그것을 다 검토하고 난 다음에는 좀 휴식을 취하고, 체크 리스트를 만들고 그것을 검토하세요. 그리고 예상 질문을 하고 대답하기를 연습한 다음, 자신감과 열정을 가지고 인터뷰 장소로 자신 있게 가기 바랍니다.

취업 면접 때 하지 말아야 할 것들

1. 늦지 않기

취업 면접관이 원래 정해진 시간이 지날 때까지 여러분을 기다리게 할 수는 있습니다만, 그럼에도 불구하고 여러분은 시간에 맞게 도착해야 합니다. 사무실을 찾거나 교통체증에 걸릴 경우를 대비하여 충분한 시간을 두어야 하며, 만약 필요하다면 화장실에 들르거나 간단한 간식을 먹거나 또는 휴식을 조금 취하세요.

2. 담배를 피우거나 껌을 씹지 말 것

면접관과 질문에 집중하세요. 이것은 좋은 인상을 줄 수 있는 기회입니다. 담배나 껌은 인터뷰장에서 삼가세요. 딱딱한 사탕이나 목사탕도 역시 피하세요. 입이 마르거든 물을 마시세요.

3. 너무 큰 기대는 하지 마세요.

여러분은 어떻게 인터뷰가 진행될 것인지, 그리고 어떠한 결과를 얻게 될 것인지 상상해 보게 될것입니다. 그렇게 해도 좋지만 상상해본 후 인터뷰 장소에 들어갈때는 이에 관한 아무 생각도 하지않고 들어가는 것이 좋습니다. 인터뷰를 위해 준비는 하되 예상치 못한 부분도 있을 것이라고 여지를 남겨둘 수도 있어야 합니다. 때때로 최상의 아이디어가 덜 만족스러울 때도 있고, 오히려 생각지 못한 아이디어가 우리에게 놀라운 일을 가져다 줄 때가 있는 것처럼요.

4. 즉흥적으로 하지 마세요.

입사하고 싶은 직장과 그에 관한 자신의 자격을 말할 준비가 된 상태에서 면접을 보세요. 만약 집중하는 데 도움이 될 것 같다면 필기한 쪽지를 가지고 가세요. 여러분이 취업 담당 매니저와 자기 자신 모두에게 도움이 될 정직하고 솔직한 대화를 할 수 있도록 여러분이 하고자 하는 일에 관해 생각해 두기 바랍니다.

5. 무례하거나 자기중심적으로 행동하지 마세요.

다른 말로 말하면 인터뷰에 올 때는 최고를 생각하고 믿으며 오세요. 취업이 된다면 좋겠지만 여러분은 일자리를 얻을 수도 있고 얻지 못할 수도 있습니다. 그것도 역시 괜찮습니다. 여러분은 언젠가 자신에게 완벽하게 어울리는 일자리를 얻을 것입니다. 그것은 단지 시간문제입니다. 한편으로 생각해 보면 여러분은 하나의 인터뷰와 그 다음 인터뷰를 하면서 자신의 기량을 연마하고 인적 상호관계에 있어서 열심히 공부하는 기회를 갖게 되는 것이라고도 할 수 있습니다. 여러분이 최선을 다하면 최상의 결과가 나타날 것입니다.

6. 할 것과 하지 말 것에 대한 목록을 검토하세요.

자신에게 부여된 일은 책임을 다 하세요. 적극적으로 접근하세요. 그리고 마지막으로 스스로 할 수 있는 일을 채용담당자가 하게 하지 마세요. 스스로 할 수 있는 부분이 있다면 행하여 그 일을 최대로 활용하세요.

취업 성공 인터뷰 비법 #6.
매너가 중요합니다. (인터뷰 에티켓을 연마하세요.)

매너는 디너 테이블(냅킨을 사용하는 것을 잊지 마세요)이나 전화할 때(말할 뿐만 아니라 듣기도 하세요), 극장(상영 때는 이야기 금지입니다)에서뿐 아니라 취업 인터뷰 때도 중요합니다. 그렇지만 아직 많은 구직자들이 바른 예의의 중요성을 잊고 있습니다. 주머니 속의 동전을 딸그락거리거나 혀를 차거나 벽을 바라보고 옷자락을 쳐다보거나 또는 면접관이 말할 때 끼어들기도 합니다.

긴장감이 여러분을 괴롭힐 수도 있습니다. 심장이 뛰고 손바닥에 땀이 남고 입이 마릅니다. 그래서 말하려고 했던 것조차 잊어버릴 수 있습니다. 그러나 어떤 이유로든 매너를 잊어서는 안 됩니다.

장래 여러분이 근무하게 될 회사의 면접관과 마주 앉게 되는 유리한 기회로 활용할 수 있는 아래 예의 바른 행동을 읽어보고, 실제 면접에 앞서 배우자 또는 친구 앞에서 점검해보세요.

침착하고 정중한 태도

시간에 앞서 도착하세요.

칵테일파티에 늦게 도착하는 것은 흔히 있는 일이나, 인터뷰 장에 정해진 시간 후에 걸어 들어오는 것은 좋지 않은 매너입니다. 항상 적어도 10분 전에 도착하여 매무새를 가다듬고 숨을 고르고 로비에 앉아 메모지를 검토하세요.

기분 좋은 눈맞춤을 유지하세요.

여러분은 아마도 눈을 굴리는 사람과 이야기하는 것이 어떤지 알 것입니다. 여러분은 그가 무슨 생각을 하고 있는지, 무엇을 숨기고 있는지, 궁금해질 것입니다. 남자든 여자든 말할 때 상대방의 눈을 똑바로 쳐다보는 것은 예의가 바를 뿐 아니라 좋은 비즈니스 행동입니다. 그것은 여러분의 신실성과 진정한 관심을 나타냅니다. 또한 그것은 상대방에게 다시 눈 맞춰줄 것을 환기시키는 것이기도 합니다.

귀를 기울여 잘 들으세요.

정신을 집중하고 면접관이 어떤 이야기를 하는지 잘 들으세요. 만약 그가 하는 이야기를 이해하지 못하거나 상세한 것을 듣지 못했을 때는 다시 말해달라고 정중히 요청하세요. 손에 작은 메모 용지와 펜을 갖고 있는 것도 도움이 될 것입니다. 중요한 것은 메모하세요. 혹 무언가 놓칠 염려 때문에 메모를 하겠다고 인터뷰 전에 면접관에게 미리 말해둘 수도 있습니다. 그것 역시 좋은 매너를 가졌다는 표시입니다. 그럼으로써 여러분은 면접관에게 자신이 이 직장에 관해 진지하게 생각하고 있음을 알려줄 수 있기도 합니다.

미소를 지으세요.

스트레스를 받으면 우리는 가끔 미소의 중요성을 잊어버립니다. 여러분은 미소를 지음으로써 (눈과 마음뿐 아니라 입술로) 상대방이나 자신에게 더 쉽게 관여할 수 있습니다. 그것은 억지로 계속 웃고 있으라는 말이 아닙니다. 보는 사람은 거짓 미소를 알아봅니다. 대화하는 동안 특히 상대방의 말에 대해 적절히 대꾸하면서 자연스러우며, 행복하고 기쁜 표정을 지으세요.

고맙다는 인사를 하세요.

인터뷰가 끝나면 악수를 청하면서 자신을 환대해주고 시간과 정보를 제공해준 데 대해 따뜻한 말씨로 감사의 뜻을 전달하세요. 사람은 누구나 인정받고 감사 인사를 받으면 좋아한다는 것을 기억하세요. 감사하다고 말한 사람은 잊히지 않는 법인데, 그 이유는 오늘날에는 진정한 감사의 마음을 나누는 사람들이 드물기 때문입니다. 그런 다음 손으로 쓴 감사 편지를 보내세요. 그러면 협상은 끝나고 두 번째 인터뷰 기회를 얻거나, 심지어 취업이 될 수도 있습니다.

취업 성공 인터뷰 비법 # 7.
스트레스 해소법-인터뷰 전

인터뷰 생각만 해도 여러분의 심장이 쿵쿵거릴 수 있습니다. 인터뷰라는 말 자체만으로도 손이 차가워지고 배 속이 부글거릴 수 있습니다. 회사 사무실에 들어가 면접관을 마주하면 또 다른 스트레스를 느껴서 아무 생각이 안 나고 조급하게 말을 할 수도 있는데, 이런 것들은 모두 취업에 도움을 주는 좋은 첫 인상을 주는 데 큰 영향을 줄 수 있습니다. 그렇다면 이런 원치 않은 행동을 하지 않도록 여러분이 할 수 있는 일은 무엇일까요? 이럴 때 어떻게 차분하고 평온하고 침착하게 보여 최선을 다할 수 있을지 생각해보세요. 다음과 같은 5가지 간단한 긴장완화 기법을 실행해보세요. 그러면 자존감을 느끼게 될 것입니다.

1. 인터뷰 약속시간보다 10분 내지 15분쯤 더 일찍 도착합니다. 교통체증이나 사고, 예상하지 못한 정지 등도 고려하세요.

2. 주차한 후 차 안에서 나오기 전에 몇 분 동안 눈을 감고 부드러운 음악을 듣거나 심호흡을 하세요.

3. 인터뷰 장에 가는 길에 화장실에 들러 거울을 보고 차림을 확인하고 미소를 지어보세요. 입이 마르거나 갈증 나지 않도록 미리 물을 좀 마셔두세요.

4. 다음과 같은 말을 조용히 되뇌어보세요. 혼자 있거든 좀 큰 소리로 해보면 더 좋습니다.
"면접관과 나는 친해진다. 면접관은 나를 이 일자리에 이상적인 지원자라고 생각한다."

5. 회사 로비나 대기실에 들어가면 먼저 주위를 잠깐 살펴보고 안내원에게 자신을 소개한 다음, 조용히 자리에 앉아 준비한 메모를 살펴봅니다.

이제 책임은 자신에게 있습니다.

가장 중요한 것은 미리 준비하는 것입니다. 절대 즉흥적으로 처리해서는 안 됩니다. 적극적인 접근을 해야 합니다. 긴장감이 있으면 미리 떨쳐버리세요. 그것은 들불 같아서 미리 차단하지 않으면 빠르게 번집니다. 그런 다음 자신 있고 안정된 사람으로서, 그 직위에 딱 어울리는 전문인으로서 인터뷰에 임하기 바랍니다.

취업 성공 인터뷰 비법#8.
자리를 요청해도 됩니다.

전화벨이 울리고 취업 대상 회사로부터 자신이 그렇게도 기다리던 인터뷰에 나오라는 연락을 받았습니다. 여러분은 갑자기 흥분하고 감격하여, 어쩌면 좀 불안스럽기까지 할 것입니다. 여러분은 아마도 어떻게 될지 궁금할 것입니다. 물론 여러분은 자신이 회사를 위해서 무엇을 할 수 있고 실제로 어떻게 회사 순익을 증대시킬 것인지 취업 담당 매니저에게 보여주기를 원할 것입니다. 그렇다면 다음으로 할 일은 무엇일까요? 먼저 면접 중에 자신이 돋보였다는 사실을 확신하는 것입니다. 그런 다음 면접장에서 나올 때 여러분은 기대할 수 있는 결과에 대해서 꽤 확실한 생각을 갖게 될 것입니다.

요청 방법

채용담당자가 여러분이 이 직장을 원하고 있다는 것을안다는 부분에서 스스로 확신을 가지세요.

- 미소를 짓고 상대방의 눈을 보기
- 자신의 전문성을 보여줄 수 있도록 지혜로운 질문을 하기
- 회사에 대해 몇 가지 사실을 언급하여 자신이 과제를 수행했다는 점을 보여주기
- 그 일자리에 도입할 몇 가지 새로운 사항의 예를 들어보기
- 새 일자리와 관련되는 것으로서 해봤던 일에 대해 이야기하기
- 회사 순익에 도움이 된 것으로 자신이 맡았던 업무나 책임에 대해 이야기하기
- 그런 다음 업무를 요청하기

가장 중요한 것 : 그것은 미리 계획을 세우는 일입니다. 인터뷰 준비를 하세요. 몇 가지 메모를 해서 인터뷰장에 갖고 들어가세요. 중요한 것을 잊어버리는 것보다 적어둔 메모를 참조하는 것이 훨씬 낫습니다.

기억할 일 : 앉아있기, 바라기 그리고 기다리기 연습이 아닙니다. 이것은 직장을 구하기 위한 절호의 기회입니다. 그러므로 채용담당자로 하여금 즉시 취업제안을 하도록 그의 마음을 움직여보세요. 그리고 제안해보세요.

적극적으로 접근하세요. 자신이 원하는 것뿐 아니라 제공해야 할 것이 무엇인지 생각해보고, 그 점을 인터뷰 중 채용담당자에게 분명하게 인식시키세요. 다른 지원자가 기다리고 관망하는 동안 여러분은 요청을 하고 받을 수 있을 것입니다.

취업 성공 인터뷰 비법 # 9.
1급 인터뷰 비법

여러분이 인터뷰 장에 왔습니다. 여러분은 좋은 인상을 주려고 할 것입니다. 일자리를 얻을 수 있기를 바랄 것입니다. 많은 질문을 받을 것이라는 것을 알고 있는 여러분은 올바른 대답을 하기 원할 것입니다. 그렇지만 인터뷰에 관해서 가장 잘 지켜진 비법으로 '여러분 역시 질문을 해야 한다'는 사실이라는 것을 알고 있습니까? 방어하는 데만 급급하지 않아야 합니다. 공격도 해야 합니다. 결국 여러분은 이 직장에서 오래 근무하고 싶어 할 것입니다. 그래서 회사가 자신에 맞는지도 확인하고 싶을 것입니다. 자신이 원하는 결과를 얻기 위해서는 인터뷰하는 동안 질문하는 것을 잊지 마세요. 미리 계획을 세우세요. 무엇을 알고 싶은지 생각해보고 다음과 같은 주제에 관한 질문 목록을 적어두세요.

> 자신의 기량과 경험 중 회사 측이 알고 싶어 하는 것들
> 이 직위에서 자신이 기대할 수 있는 전형적인 하루 일과
> 처음 6개월 동안 자신이 처리해야 할 주요 문제
> 회사가 자신으로 하여금 이 직위에 도입하기를 바라는 것들의 예시
> 회사가 사원들의 재택 컴퓨터 근무를 용인하는지의 여부
> 시간 외 근무 처리 방법
> 회사의 지역사회 봉사활동
> 채용은 언제 결정되는지

인터뷰를 마치면서

일단 인터뷰가 끝나고 여러분의 질문에 대한 대답을 들은 다음에는 좋은 분위기로 끝맺음을 하세요.

- 감사의 뜻 나타내기
- 명함 교환
- 필요한 경우 추가정보 제공 의사 표명하기
- 취업 담당 매니저의 눈을 바라보며 악수하기
- 손으로 쓴 감사 편지로 후속조치 시작하기

분명하고 침착하고 그리고 예의바르게 해야 합니다. 인터뷰하러 갈 때 전문적으로 준비를 잘하면 잘할수록 구직이라는 여러분의 목표 달성의 기회가 그만큼 더 커집니다.

3. 예상 질문

　면접관의 질문을 예상해보고 그에 대한 대답을 준비하세요. 질문에 대답을 잘하면 그만큼 좋은 인상을 줍니다. 이력서 내용을 잘 기억하여 자신의 학력, 업무경험 및 기량을 명확하게 말할 수 있도록 하세요. 정밀한 질문을 많이 받을 것입니다. 어려운 질문과 그 질문을 통해 알게 된 내용을 메모해 두세요. 평점심을 갖고 침착하세요. 면접관들은 어려운 질문을 할 경우에는 여러분이 그러한 중압감속에서 어떻게 행동할지를 보려고 하는것이니, 너무 과하게 잘 아는것처럼 보이려 하지는 마세요. 만약 여러분이 이러한 경험을 해본 적이 없으면 친구나 동료 또는 가족으로 하여금 가상 인터뷰 역할을 하도록 해보세요. 대답할 내용을 외우지 말고 대신 자신이 말하고자 하는 주요 포인트를 논리적으로 기억하세요.

3-1. 예상 질문들(예시)

–이직이유가 무엇입니까?

　사직을 했거나 해고되었다면 너무 상세한 언급은 하지 않는 것이 좋습니다. 당신이 좋지 않게 보일 수도 있기 때문입니다. 또 전에 근무한 회사를 비난하지 말고 당신이 새 직장에서 어떤 일을 하고 싶은지 설명하세요.

–왜 이 회사에서 일을 하려고 합니까?

　당신이 신중히 생각하고 이 회사를 선택한 점을 설명하고 회사가 찾는 사원의 모습을 보이세요.

–당신의 강점은 무엇입니까?

　당신의 자질을 주어진 직위의 업무와 연관시키세요. 또 이런 강점을 보여주는 예를 준비하세요.

–당신의 약점은 무엇입니까?

　당신이 어려워하는 부분이나 개선이 필요한 성격에 대해서 이야기하고, 이를 개선하기 위해서 무엇을 하고 있는지 설명하세요.

–어떤 압력이 있어도 일할 수 있습니까?

　신뢰감을 주어야 합니다. 당신을 시험할지도 모르니까요. 만약 당신이 압력을 받으면서 일하는 데 아무 문제가 없다면, 그 압력이 오히려 당신에게 동기를 부여한다는 점을 설명하세요. 그렇지만 당신은 미리 계획을 세우는 것을 더 좋아한다고 말하는 것이 좋습니다.

–다른 지원자보다 당신을 뽑아야 하는 이유는 무엇입니까?

　당신이 그 업무에 적임자라고 회사 측에 납득시킬 만한 기술에 대해서 설명하세요.

–월급을 얼마 정도로 생각하고 있습니까?

　첫 번째 인터뷰에서 봉급 문제나 근무조건에 대한 거론은 삼가는 것이 좋습니다. 그렇지만 만약 회사 측에서 이 주제를 꺼내는 경우에 대비하여 대답할 말을 준비해야 합니다. 봉급과 근무조건 등에 관하여 더 알아보려면 LMI Online at emploiquebec.gouv.qc.ca.를 열어보세요.

당신은 또한 "이 직위의 봉급 수준은 $___ 부터 $___ 사이로 알고 있으며, 자연히 저는 이 범위 내에서 가능한 한 높은 수준이었으면 좋겠다."는 정도로 대답할 수가 있을 것입니다. 이것은 적극적인 대답으로서 앞으로 협상의 여지를 남겨놓는 것입니다.

까다로운 질문

여러분이 일단 준비를 해놓으면 좀 더 까다로운 질문이 나와도 별 문제가 되지는 않지만, 두려운 느낌이 들 수가 있으므로 질문에 대한 대답에 앞서 잠깐의 시간을 들여 그 질문과 대답에 대해 생각해본 다음 대답하는 것이 바람직합니다.

이력서나 약력상의 공백

자신의 이력서나 약력 란에 공백이 있으면 그 이유를 정직하게 설명하세요. 예를 들면 여행이나 자선사업 활동처럼 이력 란에 나와 있지 않은 경험들이 있으면, 자신이 취업하려는 업무와 관련지어 설명하세요. 그런 경험을 업무와 관계시킬 때는 정직하게 해야 하며, 만약 1년 동안 여행을 다녀오고 싶었다면 그렇게 말해도 괜찮습니다.

진로의 변경

진로가 변경된 경우 면접관이 당신의 이력서를 읽고 제대로 파악을 못할 가능성이 있기 때문에 인터뷰 시 진로변경에 대하여 잘 설명할 수 있어야 합니다. 이때도 역시 정직하게 설명하는 것이 제일 좋지만, 당신의 발전된 면을 부각시키기 바랍니다.

동료들이 자신을 어떻게 표현할까요? 하는 질문을 받으면 이것은 자신에 대해서 적극적으로 설명할 기회이므로 자신의 장점을 들어 설명하세요.

여러분의 맘에 안 든 사람이나 근무 중 자기 업무를 제대로 해내지 않는 동료들과 함께 일하는 데 대해 부정적인 의견을 보이지 마세요. 오히려 이러한 동료들과 함께 해결한 난관을 설명하고 그들의 입장에 공감하는 태도를 설명하면서, 여러분이 이런 까다로운 사람들에게 어떻게 접근을 했는지, 또 이런 상황에서 지원받기 위해서 어떻게 매니저를 활용했는지를 설명하면 좋은 점수를 받게 될 것입니다.

개인적인 질문

채용자들은 성별, 인종, 종교, 성적 성향, 나이 또는 장애를 근거로 차별을 해서는 안 됩니다. 만약 여러분이 특정 질문이나 질문 방향에 대해서 불편을 느낄 때는 "미안하지만 이런 질문에 대해 대답하기가 좀 불편합니다."라고 말할 수 있을 것입니다.

우리에 대해서 질문이 있습니까?

인터뷰는 양방향의 대화입니다. 그러므로 적절한 질문을 할 준비를 해두시기 바랍니다. 인터뷰가 끝날 때까지 기다릴 필요는 없고, 대화의 흐름에 맞추어 자유롭게 질문이나 발언을 하세요. 질문을 하면 회사에 대한 자신의 안목도 깊어질 뿐 아니라 자신으로 하여금 면접관과 교감하게 만들고, 또 자신이 경청하며 대화 하는 믿을 만한 사람으로 보이게 하는 데 도움이 될 것입니다. 인터뷰가 끝날 무렵에 가서야 겨우 질문을 위한 질문을 하지는 마세요. 훈련 프로그램에 대해서 의견을 나누거나 자질 향상을 위한 직장 문화나 기회에 관해 이야기함으로써 자신의 관심과 열성을 보여줄 수 있습니다. 또한 만약 인터뷰하는 동안 자신의 지원에 큰 도움이 될 것으로 생각하는 자기 진로나 업무 또는 업무 외의 활동 등에 대해서 이야기할 기회가 없었다면, 이 시간이(간단하게나마) 이야기할 기회입니다.

3-2. 인터뷰 질문에 대답하는 방법

- 서두르지 말고 천천히 대답할 것. 이 부분은 상당히 중요합니다.
- 대답은 짧게
- 정직하게 대답하고 거짓말 하지 말기
- 모르면 모른다고 대답하기
- 자신의 개인 생활 이야기하지 않기
- 경솔한 태도를 보이지 않기
- 가능하면 STAR 방식을 사용하여 이야기할 것. 자신의 능력을 증명해줄 것입니다.
- 잘 못 알아들었을 때는 다시 말해달라고 요청하기
- 가끔 침묵이 흘러도 괜찮음
- 대답하기 전에 생각할 시간이 필요하면, 잠시 생각해보겠다고 말하기
- 속어를 사용하거나 "음…, 어…"와 같은 군더더기 표현 삼가기
- 더 많이 말하기보단 더 많이 듣는 편이 좋음

▶ 경청해야 하는 이유
- 자연스럽고 효과적으로 대답하는 데 도움이 됩니다.
- 언제 말해야 할지를 알게 됩니다.
- 자신이 집중하여 듣는 사람인지, 또는 "예"라고만 대답하는 사람인지 떠보기 위한 교묘한 질문을 가려낼 수 있습니다.

▶ 경청하는 방법
- 모든 에너지를 자신이 해야 할 말에 집중하는 것이 아니라, 인터뷰 담당자에게 집중시키기
- 면접관이 말하는 것과 말하지 않는 것에 주의를 기울이기
- 고개를 끄덕이거나 미소 짓고 여러분이 흥미를 갖고 있다는 표정을 짓기
- 필요할 때는 메모하기

▶ 기억해야 할 중요 사항
장난하는 질문은 없습니다. 때로는 그런 것 같지만, 면접관이 당신에게 실수를 유도하려는 시도를 하지는 않습니다. 회사는 여러분의 가장 우수한 면을 찾아내 훌륭한 결정을 하기 위해 많은 시간과 돈을 들여 면접을 실시하는 것입니다.

자신과 자신이 이룬 성과에 대해 긍정적인 태도를 보이세요.

너무 교만한 것도 안 좋지만, 그렇다고 자신의 성과에 대해 지나치게 겸손하거나 깎아내리는 것은 취업에 도움이 되지 않습니다. 자신감을 갖고 자신의 성과와 성공 및 강점을 드러내 보이는 것이 당신을 가장 돋보이게 만듭니다.

대답하기 어려운 질문이라고요? 정직하게 대답하세요.

변명하거나 다른 사람에게 책임을 전가시키지 말고 가능한 한 정직하게 대답하세요. 성공적인 결과와 함께 긍정적인 표현으로 대답하되, 어려움을 극복함으로써 배운 교훈을 분명하게 이야기하면서 약점과 다른 문제를 과거의 일로 치부해버리세요.

긍정적인 태도를 가지세요.

질문에 대답을 잘 못 했다고 느껴도 그것을 너무 아쉬워하지 말고 용기를 내어 다른 질문에 최선을 다해 답하세요. 면접관은 면접을 전체로서 보는 것이지, 실수에 중점을 두지는 않습니다. 대신 긍정적이고 업무에 대해 분명하게 표현되는 열성을 높이 평가합니다.

3-3. 30초 이내에 자신을 소개하기

「인터뷰 요령」 - 인터뷰 중 가장 어려운 질문

구직자로서 여러분은 가장 흔하면서도 가장 어려운 인터뷰 질문, 즉 "자신에 대해서 말해주세요."라는 질문을 받게 되는데, 그에 대한 대답에 따라 지원자로서 성공할 수도 있고 반대로 실패할 수도 있습니다. 일반적으로 구직자들은 30초 상업광고 식으로 대답을 하고, 자신의 배경에 대해 상세한 설명을 하게 됩니다.

많은 사람이 구직에 실패하는 이유 중 하나는 자신이 원하는 일자리와 관련하여 업종, 직위, 장소, 수입, 혜택 및 업무환경을 포함한 업무 조건에 너무 관심을 두기 때문입니다. 30초 상업광고 식 소개 시간에도 그러한 것에 집중이 됩니다. 자신의 이력과 자신의 필요사항에 중점을 둔 이러한 구직자들의 대답은 구인회사 측이 바라는 것과 직접적으로 차이나는 예가 너무 많습니다.

구직자가 성공하는 두 가지 압도적인 이유가 있는데, 하나는 구직자가 회사의 필요에 중점을 두어 생각하고 대답하는 것이고, 다른 하나는 그 회사 내 직원들의 필요에 중점을 두는 것입니다.

여기서 회사 직원들의 필요에 중점을 두는 방법에 대해서 알아보겠습니다. 이것은 매우 중요한 질문, 즉 "자기 자신에 대해서 말해보세요."에 대한 여러분의 대답을 재고하는 데도 도움이 될 것입니다. 면접관의 필요에 대한 대답 방법을 배우기 위해서 먼저 우리 자신에 대해서 좀 더 배웠으면 합니다. 그런 다음 우리 자신에 대한 지식을 다른 사람의 필요를 이해하고 응답할 수 있는 방법을 파악하는 데 응용할 수 있습니다.

대부분의 사회심리학자들은 사람들의 기초 성격 유형을 분석적, 상냥한, 표정이 풍부한, 그리고 밀어붙이는 성격 등 4가지 유형으로 인식합니다. 일반적으로 우리 각자는 그 중 한 가지 유형의 성격을 가지고 있습니다. 각각의 성격 유형과 가장 공통적으로 연관된 특성은 다음과 같습니다.

분석적 성격

긍정적 특성 : 정밀, 체계적, 조직적, 합리적, 세부 지향적

부정적 특성 : 비판적, 형식적, 불확실, 비평적, 까다로운

상냥한 성격

긍정적 특성 : 협동적, 믿을 만한, 온화한, 경청자, 협상가

부정적 특성 : 버릇없는, 의존적, 순종적, 지나치게 조심스러운, 순응적

표정이 풍부한 성격

긍정적 특성 : 열성적, 설득적, 외향적, 긍정적, 소통적

부정적 특성 : 자기중심적, 감성적, 격정적, 독보적, 반응적

밀어붙이는 성격

긍정적 특성 : 끈질긴, 독립적, 결정자, 효율적인, 강한 의지

부정적 특성 : 공격적, 엄격한, 강렬한, 안절부절못하는, 융통성 없는

자신의 성격 유형에 대해 깊이 이해하는 것은 여러분의 개인 생활과 직업 생활에서 엄청나게 중요합니다. 그렇지만 우리의 초점은 이 지식을 여러분의 성공적인 구직에 활용할 수 있게 하는 것입니다. 일단 자신의 성격 유형과 다른 유형을 파악하였으므로, 이제 재미삼아서 다른 사람들의 성격 유형을 규정해보았으면 합니다. 사람을 처음 만나면 처음 2분 내에 그 사람의 성격 유형을 파악해보세요. 여러분은 가끔 남의 행동이나 대화, 몸동작, 외모 및 소지품을 보고 성격을 파악합니다. 이것이 무엇을 말하는 것인지 알려드리기 위해 비즈니스 세계로부터 몇 가지 예를 들어보겠습니다. 예외는 있겠지만 일반적으로 말하여 성격 유형은 그 예에 들어맞습니다.

분석적 성격 유형

재무 관리자(또는 프로그래머, 엔지니어 및 회계원). 시스템과 절차를 좋아합니다. 결정은 느린데, 그 이유는 죽어라고 분석하기 때문입니다. 하지만 일반적으로 그 결정은 매우 건전합니다. 독립적으로 일하고 일반적으로 팀 환경에서는 그렇게 좋지는 않으나, 신뢰할 만합니다. 차를 구입할 때 중고차 시세와 고연비를 고려합니다. 그들은 보수적인 옷차림을 하고 파티에서는 Busch 차를 살 수 있을 돈으로 왜 Micelob 차를 사는지 이유를 알려고 합니다. 또 파티에 올 때도 노트북을 휴대합니다.

상냥한 성격 유형

인사 담당 매니저. 매우 사람 중심적입니다. 의지할 만하고 충직하며 편안한 스타일로서 인정이 많습니다. 매우 관대하고 호주머니에 남은 마지막 한 푼까지도 남에게 줄 수 있습니다. 남의 말을 귀담아 듣고 평지풍파를 일으키지 않는 팀 플레이어를 높이 평가합니다. 그들은 일반적으로 순응적이고 추종자로서 리더가 드뭅니다. 갈등을 피하며, 좋은 결정자는 아닙니다. 4도어 차나 자녀들을 스포츠 행사에 데려다주려고 스포츠 차를 굴립니다. 그들은 일반적으로 파티가 끝나면 청소를 합니다.

표정이 풍부한 성격 유형

영업사원. 매우 외향적이고 열정적이며 힘이 넘쳐납니다. 훌륭한 아이디어맨이지만, 일반적으로 그 아이디어를 완성하는 능력은 많지 않습니다. 매우 고집이 세고 자기중심적입니다. 돈이 동기를 부여하고 훌륭한 의사 전달자가 될 수 있습니다. 요청하고 듣기보다, 지시하고 통제하기를 좋아합니다. 그들은 커다란 스테레오가 달린 빨간색 컨버터블 자동차를 모는데, 연비 같은 것은 개의치 않습니다. 회사 파티에 참석은 하지만, 끝난 후 청소는 하지 않습니다. 그리고는 다른 파티 장으로 갑니다.

밀어붙이는 성격 유형

회사 최고 경영자. 지적이고 열정적이고 집중하며 쉴 새 없이 활동을 합니다. 도전하는 일의 스릴과 성공을 위한 내부욕구를 즐기는 타입입니다. 돈이 추진 요인은 아니지만, 그것이 유일한 성공의 척도입니다. 그들은 결과·성취 지향적입니다. 그들은 진정으로 약자에게는 동정심이 있지만, 게으르거나 불평하는 사람에게는 절대 인내나 관용이 없습니다. 그들은 품위 있는 차를 모는데, 그것은 주의를 끌기 위해서가 아니라 현명한 투자라고 여기기 때문입니다. 그들은 왜 파티를 여는지 알려고 하는데, 예를 들면 파티를 해서 무슨 이득이 있는지, 왜 은행가를 초대하지 않았는지를 알려고 하는 유형입니다.

자, 그러면 여러분은 이제 자신과 다른 이들의 성격 유형을 파악하는 몇 가지 안목을 진정으로 얻었습니다. 30초 방송광고는 끄고 결단을 내리세요. 여러분은 인사부 매니저, 재무 담당 매니저, 영업 담당 매니저 및 최고 관리자와 인터뷰를 합니다.

모든 면접관이 물을 첫 번째 질문은 "자신에 대해서 이야기해주세요." 하는 것입니다. 어떻게 대답을 해야 할까요? 취업 면접 때 회사 직원들의 필요에 중점을 두라는 성공을 위한 두 번째 이유를 기억하세요. 어떤 질문에는 어떤 대답을 해야 하는지, 몇 가지 예를 들어보겠습니다. :

"자신에 대해서 이야기해보세요."

재무 담당 매니저에게

"저는 모든 요인에 대해서 신중한 분석을 토대로 면밀한 결정을 내림으로써 제 경력에 성공을 거두어왔습니다. 저는 논리적이고 철저한 추론으로 문제를 해결합니다. 저는 우리 두 부서가 효과적으로 기능하도록 적절한 시스템과 절차를 개발하기 위해 귀사 측과 함께 일하기를 원합니다."

인사 담당 매니저에게

"저의 경력의 특징은 여러 다양한 팀과 잘 어울릴 수 있는 능력입니다. 저는 결정 과정에 다른 사람과 함께 결정하려고 합니다. 이러한 협력과 의사소통이야말로 제가 저의 부서에서 성공할 수 있었던 요인이라 생각합니다. 저의 회사에서는 사람이 가장 귀중한 자원입니다."

영업 담당 매니저에게

"저의 직업을 통하여 회사 내 모든 사람은 영업에 중점을 두어야 한다는 원칙에 언제나 충실해 왔습니다. 저의 부서는 판매 팀과 고객에 대한 훌륭한 지원을 제공함으로써 항상 고객 서비스 훈련을 받고 있습니다. 판매가 안 되면 우리 나머지 부서는 직장 생활이 어렵게 됩니다. 저는 어떤 가능한 방법을 써서라도 판매 촉진을 위한 회사의 노력에 도움이 될 수 있기를 기대합니다."

최고 관리자(CEO)에게

저는 핵심에 중점을 두고 일을 해서 업무에 성공을 거두어왔습니다. 저는 이윤을 최대화하기 위하여 어려운 문제에 대해서 혁신적인 해결 방안을 모색해왔습니다. 과업이든 문제이든 간에 저는 성취 기준과 월등도를 정하였습니다. 저는 현상유지에 급급한 적이 없습니다. 변화하지 않거나 성장하지 않는 기업은 망합니다. 회사의 목표 달성을 위해 새로운 마케팅 기회를 결정하는 회사의 노력에 참여하기를 기대합니다."

위의 예들은 각 개인의 필요에 대해 응답한 내용입니다. 여러분이 각기 다른 매니저들의 다양한 필요에 적절히 대답했을 때 여러분은 평균 기준이 될 것이며, 다른 지원자들은 그 기준에 맞춰 평가될 것입니다.

스스로 자신의 성격과 리더십을 알아보고 다른 사람의 스타일에 관해서도 알아보세요. 그리고 질문에 대답할 때 다른 스타일의 사람의 입장에서는 어떻게 대답할지도 한번 생각해 보세요. 여러분이 일자리를 찾고 있든 또는 취업이 되었든 간에, 다른 사람의 필요를 이해함으로써 더 귀중한 사람, 사원 및 지도자가 될 것입니다.

4. 인터뷰할 때 주의할 점

여러분은 이제 인터뷰실 문을 열고 들어왔으므로 다음과 같은 제안에 따라 함께 인터뷰를 시작하세요. 인터뷰하는 동안 기억해야 할 것이 수없이 많고 또 불안감이 엄습해올 수도 있습니다. 그렇지만 침착한 가운데 자신감을 가지고 아래 제안을 따라하여 인터뷰에서 최고의 인상을 주기 바랍니다.

4-1. 인터뷰 요령

인터뷰 장에 들어갈 때

- 휴대전화 전원을 끄세요.
- 인터뷰는 건물에 도착할 때부터 시작됩니다.
- 리셉셔니스트나 비서에게 친절하게 대하세요.
- 면접관과 인사할 때 이름을 부르고 자신을 소개합니다.
- 믿음직한 악수를 하세요.
- 인터뷰하게 되어 기쁘다는 말을 하세요.
- 앉으라 할 때 앉으세요.
- 노트와 연필을 꺼내놓으세요.
- 면접관이 먼저 말하게 하세요.
- 면접관을 이름으로 부르세요.
- 사무실 환경에 대하여 몇 마디 하세요.
- 구부정한 자세를 삼가세요. 편안하게 앉고 주의를 기울이세요. 미소를 지으세요. 이것은 면접관에게 자신감 있고 열성적이라는 것을 보여주는 것입니다.
- 면접관이 먼저 말을 꺼내도록 기다리세요.

인터뷰 동안

- 정직한 대답을 하세요. 모르면서도 아는 척하지 마세요.
- 자신의 약력과 실적을 철저히 파악하고, 그에 관한 자세한 질문에 대답할 준비를 갖추세요.
- 업무 수행에 필요한 기량을 갖추었음을 스스로 깨달으세요.
- 모든 질문은 미소를 띤 얼굴로 받으세요. 심지어 질문이 어려울 때도 마찬가지입니다.
- 되풀이하거나 횡설수설하지 마세요. 말을 너무 많이 하면 면접관은 짜증스럽습니다.
- 대답을 할 때는 시작과 본론 및 결론이 있어야 합니다. 또 간결하고 또렷한 대답은 면접관에게 좋은 인상을 줍니다.
- 자신이 할 질문을 준비해두세요. 지혜로운 질문은 업무와 회사 및 산업에 대한 자신의 지식

을 보여주는 데 도움을 줍니다. 질문은 또한 여러분이 회사와 업무에 대해 관심을 가지고 있고, 또 일자리에 대해서 생각을 해왔다는 것을 보여줍니다.

- 면접관에게 감사의 뜻을 표하기. 면접관에게 시간을 내주어서 감사하다는 말을 하는 것을 잊지 마세요. 또한 인터뷰가 잘 되었다고 생각하든 아니든, 면접할 기회를 준 면접관에게 시간을 내주어 고맙다는 뜻을 표하기 위해 손으로 쓴 감사편지를 가능한 빨리 보내는 것을 잊지 마세요. 하루 안에 보내는 것이 바람직합니다. 인터뷰가 끝난 지 일주일이 지났는데 아직 회사로부터 연락이 없으면, 인터뷰했던 사람에게 전화를 하세요. 오로지 그 사람하고만 이야기를 하세요. 왜냐하면 여러분 처지에 대해 자세한 사항을 아는 사람은 그 사람뿐이기 때문입니다. 전화 통화 중에도 인터뷰에서 가졌던 전문적인 태도를 유지하세요.

자신의 의견 말하기

- 자신이 왜 이 업무에 가장 적격인지 설명하세요.
- 이력서와 지원서가 자신을 전부 표현하리라는 기대는 하지 마세요.
- 회사를 위해 무엇을 할 수 있는지 강조하세요.
- 자신의 기량이 회사에 어떻게 도움이 되는지 설명하세요.
- 잘 들리도록 큰소리로 말하되, 너무 시끄럽지 않게 하세요.
- 절대 '예' '아니오'로만 대답하지 마세요.
- 자신이 회사에 대해 조사한 것을 자신 있게 말하세요.
- 자신의 직업 포트폴리오의 각 항목을 보여주세요.
- 맡게 될 특정 업무뿐 아니라 회사에도 관심이 있음을 보여주세요.

상황 평가하기

- 여러분은 인터뷰에서 동등한 파트너입니다.
- 면접이 질문에 대답하는 형식이 아닌 대화라고 인식하세요.
- 계획했던 질문에도 신경을 쓰세요.
- 문제해결이라는 방향성을 갖고 자신을 생각하세요.
- 듣고, 대답하고, 그리고 질문을 하세요.

4-2. 비언어적 의사전달

인터뷰 도중 비언어적 의사전달에 유의하세요. 우리는 가끔 비언어적 의사전달에 대한 인식이 별로 없기는 하나 그것은 가장 큰 목소리를 냅니다.

취업, 이제는 글로벌 기업이다!

- **눈 맞추기** : 비할 데 없이 중요합니다. 들으면서 딴 곳을 쳐다보는 것은 관심과 주의력이 부족함을 나타내는 것입니다. 말할 때 눈 맞춤을 유지하지 않으면 최소 자신이 말하는 것에 대해 자신감이 부족하다는 것을 나타내는 것이며, 최악의 경우 자신이 거짓말 하고 있다는 미묘한 메세지를 주는 것처럼 되버립니다.

- **얼굴 표정** : 있을지도 모르는 부정적인 전반적 모습을 없애고 거의 모든 지원자들이 잊어버리는 단순한 모습을 추가하세요. 그것은 바로 미소입니다. 참되고 순수한 미소란 자신이 행복한 사람이며 회사와 인터뷰를 하고 있어 기쁘다는 것을 면접관에게 전달해주는 것입니다. 여러분은 인터뷰를 위해서 꾸며진 미소를 지을 필요는 없습니다. 자연스런 미소를 지어보세요.

- **자세** : 자세는 자신감과 강력한 잠재력을 느끼게 해줍니다. 꼿꼿이 서고, 무엇보다 똑바로 앉으세요.

- **몸짓** : 일반적인 통념과는 반대로 인터뷰에서 몸짓은 매우 제한적입니다. 제스처를 사용할 때는 자연스럽고 의미 있게 하세요.

- **공간** : 자신의 공간과 다른 사람의 공간 간의 경계를 인식하세요.

4-3. 태도

인터뷰에서 가장 중요한 것은 태도입니다. 아무리 더 나은 경험과 더 나은 성적, 또는 더 나은 어떤 것이 있어도 다른 사람보다 돋보이려면, 매우 긍정적인 업무 태도를 발전시킬 필요가 있습니다. 신입사원 레벨에서 대부분의 면접관들이 구별하는 것이 바로 지원자의 업무태도입니다. 또한 자신만의 경쟁성 있는 이점과 자신만이 가진 독특한 강점을 면접관에게 말함으로써 자신을 다른 지원자와 차별화시키세요.

올바른 태도
- 일자리를 원하고 있다는 것을 보여주세요.
- 업무에 대한 열정을 보여주세요.
- 긍정적 태도 – 부정적인 이야기를 하거나 절박한 행동을 하지 마세요.
- 활기찬 모습 – 풀죽은 모습을 하거나 하품을 하거나, 껌을 씹거나, 또는 따분한 표정을 짓지 마세요.

- 침착한 모습 – 흥분하지 마세요.
- 평온한 태도 – 안절부절못하거나 시끄럽게 말하지 마세요.
- 진실한 태도 – 꾸미거나 지나치게 아첨하지 마세요.
- 진지한 태도 – 농담하지 마세요.
- 전문적인 태도 – 매너 있게 행동하세요.

인터뷰를 마치기 전에 "오늘 이 회사에 와서 만난 사람들을 보고 매우 감명 받았습니다. 저에게 말씀해주신 직위에서 훌륭하게 임무를 수행할 수 있을 것 같은 자신감을 얻었습니다." 등의 인사로 면접관으로 하여금 자신이 이 일자리에 관심을 가지고 있다는 것을 알게 해주세요. 그러면 면접관은 당신의 열정에 감동할 것입니다.

4-4. 인터뷰 중에 묻는 질문들

좋은 것

1. 가장 중요한 직책상 임무가 무엇입니까?
2. 장래에 승진할 가능성이 있습니까?
3. 저의 상관은 누구입니까?
4. 회사에서 사원들이 갖추기 바라는 기량은 무엇입니까?

끝날 때는 항상 긍정적인 인사로 마무리하세요. 예를 들면 "기회를 주서서 감사합니다." "이 일자리에 관해서 소식 듣기를 기대합니다." "필요할 때는 언제든 알려주십시오. 감사합니다." 등의 긍정적인 인사말들이 있습니다.

나쁜 것

1. 휴게실을 좀 들여다볼 수 있을까요?
2. 1년 뒤에도 제가 이 회사에서 일할 수 있도록 보장할 수 있습니까?
3. 사장님이 좋은 분인가요?
4. 휴가 일수가 며칠이나 됩니까?

*월급, 휴가 일수, 보험 혜택 등은 채용된 뒤에 문의하시기 바랍니다.

4-5. 인터뷰 때 하는 실수 TOP 10

10가지 실수와 이를 피하기 위한 방법에 대해 알아보겠습니다.

사람들은 맨 처음 일자리를 구할 때 실수를 저지르며, 이 때문에 취업하는 데 지장을 받습니다. 당신은 어쩌면 이미 몇몇 인터뷰를 하는 중에 있겠지만 아직 일자리를 얻지는 못했을 것입니다. 회사가 여러분에게 별로 관심이 없다고 해서 자신에게 너무 엄하게 굴지 않기 바랍니다.

구직시장은 매우 경쟁이 심하고, 회사들은 인터뷰를 통해서 몇 사람을 찾아내려고 수백 명의 지원자를 걸러내야만 합니다. 일반적으로 회사들은 일자리 하나당 3500명 내지 500여 개의 이력서를 받습니다. 그런 다음 그 숫자를 10명으로 줄여 인터뷰를 실시합니다. 그 10명 중에서 3명을 뽑아 제2차 및 3차 면접을 실시해서 결국 1명을 선발합니다. 이 책은 여러분을 그 1명이 되게 만들 수 있습니다. 이 책을 읽는 많은 취업 희망자들은 아래의 인터뷰 가이드를 읽는 것이 유익했다는 것을 알게 되었다고 말합니다.

우리는 서류상으로는 그럴듯하게 보이지만 막상 만나보면 영 딴판인 취업 지원자들의 이야기를 듣곤 합니다. 경쟁이 심한 이 취업시장에 나오는 일자리는 점차 줄어들고 있으므로, 첫인상을 가장 좋게 만드는 것이 중요합니다. 다른 사람의 실수로부터 우리는 배울 수 있으며 이를 통하여 다음의 어리석은 10가지 실수를 피할 수 있습니다.

1. 미숙한 악수는 여러분에 대해 많은 것을 의미합니다.

인터뷰 시작할 때 3초간의 악수는 훌륭한 인상을 줄 첫 번째 기회입니다. 그렇지만 가끔 인터뷰가 비효율적인 악수로 인해 날아가 버립니다. 한 번 악수를 잘못 하면 아무리 노력해도 관계를 회복하기가 매우 어렵습니다. 몇 가지 예를 들어보면,

- 미끄러운 악수 : 관심이 없거나 약한 인상을 줍니다.
- 손가락 끝으로 하는 악수 : 참여 능력 이 부족함을 보여줍니다.
- 어깨로 하는 악수 : 마치 과도하게 공격적인 판매원처럼 진실성에 의문이 들게 됩니다.

여러분이 비록 노련한 전문가라 하더라도, 이러한 실수를 하지 않았다고 추측하지 마세요. 당신의 악수는 당신 스스로가 느끼는 것보다 더 많은 것을 말하기 때문입니다.

2. 너무 많이 말하는 것

어떤 면접관은 사원을 채용할 때 너무 많은 말을 하는 지원자들을 싫어합니다. 또 대부분의 회사들도 마찬가지인데, 말 많은 지원자의 유형은 다음과 같습니다. :

직접적인 질문에 대답하는 데 시간이 너무 많이 걸리는 지원자는 중심을 못 잡는 사람이라는 인상을 줍니다. 또 불안스러워하는 지원자는 무언가 숨기거나 거짓말을 하고 있다는 인상을 줍니다. 이런 인상을 주지 않기 위해서는 이 책의 인터뷰 관련 내용을 참조하여 연습 해보기 바랍니다.

3. 현재 또는 이전의 회사나 매니저에 관해 부정적으로 말하는 것

새로운 일자리에서 탈락하는 가장 빠른 길은 부정적으로 말하는 것입니다. 이전의 상사가 아무리 Attila the Hun(역자 주 : 로마제국을 멸망시킨 훈족의 왕)처럼 안 좋은 사람이라 하더라도, 상사에 대한 좋지 않은 감정을 절대 이야기해서는 안 됩니다. 자신의 불평이 아무리 합리적이라 해도 상사에 대한 무례한 태도를 보이는 것이므로 결국 자신에게 손해가 됩니다.

4. 늦거나 또는 너무 빨리 도착하는 것

구직 예절 중 첫 번째 교훈이 인터뷰 때 시간에 맞게 도착하는 것입니다. 그러나 많은 지원자들이 너무 일찍 도착하는 것 또한 좋지 않은 첫 인상을 준다는 것을 잘 깨닫지 못하고 있습니다. 자신의 시간을 귀중하게 여기듯이 면접관들의 시간도 귀중하게 여겨야 합니다. 항상 시간에 맞게 도착하되, 10분 내지 15분 이상 너무 빨리 도착하는 것도 좋지 않습니다.

5. 리셉셔니스트에게 함부로 대하는 것

인터뷰하러 가서 대개 리셉셔니스트를 제일 먼저 만나게 되는데, 그들 또한 자신의 첫 인상에 영향을 줍니다. 직위가 낮다고 해서 함부로 대해도 된다는 생각을 하는 것은 좋지 않습니다. 때로는 리셉셔니트들이 여러분을 인터뷰 장으로 안내하는 일을 하기도 합니다. 리셉셔니스트들은 여러분이 면접관을 만나기 전에 취업에 이르는 길을 긍정적으로 또는 부정적으로 닦아놓는 힘을 가지고 있습니다.

6. 혜택과 휴가 또는 봉급에 관해서 묻는 것

만일 차량 판매원이 차량 시승 테스트에 앞서 여러분의 신용 기록을 보자고 한다면 어떡하시겠어요? 말도 안 되는 이야기로서 여러분은 화가 나서 그 자리를 떠나버리겠지요. 취업 지원자가 인터뷰 중 편익이나 사원이 받는 다른 특권에 대해 묻는 것도 그와 비슷한 효과가 있습니다. 그러므로 그런 말을 하기 전에 먼저 회사의 맘에 들어 일자리를 얻을 때까지 기다리세요.

7. 인터뷰 준비를 하지 않는 것

아무것도 하지 않는 것은 무관심하다는 것을 의미하듯이, 취업 지원자가 인터뷰를 위한 사전 연습을 하지 않는 것은 일자리에 관심이 없다는 뜻입니다. 반면에 좋은 인상을 주는 가장 빠른 방법은 회사에 대한 자신의 지식을 반영한 몇 가지 생각 깊은 질문을 함으로써 자신의 관심을 보여주는 것입니다.

8. 언어 틱(Verbal Ticks)

불안스러워하는 지원자는 좋은 인상을 주기 어렵습니다. 불안의 첫 번째 신호는 언어 틱입니다. 우리는 모두 '으음…, …처럼, 아시는 바와 같이' 등과 같은 군말을 가끔 쓰기는 합니다. 불안감을 떨쳐버리고 그런 군말을 피하여 침착하게 자신감을 찾아야 합니다. 군말을 피하는 가장 좋은 방법은 역할 담당 놀이입니다. 그리고 미리 자신의 최고의 성공 스토리를 떠올리는 연습을 해두면, 실제 인터뷰 동안 더 편안한 느낌을 가질 수도 있습니다.

9. 너무 적거나 너무 많은 눈 맞춤

어느 것이나 좋지 않은 영향을 줍니다. 왜냐하면 시선을 피하는 것은 변덕스럽거나 또는 진실성이 없는 것처럼 보이기 때문입니다. 그런가 하면, 그와 반대로 너무 많은 눈 맞춤은 면접관을 짜증나게 할 수도 있습니다. 만약 자신이 적당한 눈 맞춤에 어려움이 있다면, 친구와 함께 사전 인터뷰 연습을 해봄으로써 준비해보기 바랍니다.

10. 면접관의 의사소통 방식에 못 맞춘 것

면접관과 의사소통을 제대로 할 수 없다면 좋은 첫인상을 주기가 거의 불가능합니다. 그러나 면접관이 여러분을 대하는 방식을 반영함으로써 이런 거북스런 상황을 쉽게 변경시킬 수 있습니다. 예를 들면 만약 면접관이 전적으로 업무 스타일인 경우에는 농담이나 이야기를 하여 그를 부드럽게 하려고 시도할 필요가 없습니다. 간결하고 업무적으로 대하면 됩니다. 만약 면접관이 상냥하다면 그의 관심 사항(흥미)에 관한 이야기를 하도록 시도해보세요. 때로는 사무실에 있는 물건을 주제로 이야기할 수도 있습니다. 만약 직설적인 질문을 받으면 직설적으로 대답하세요. 그런 다음 더 많은 설명이 필요한지 물어보아 이야기를 더 계속할 수가 있습니다.

면접관으로 하여금 대화체 분위기에서 인터뷰할 수 있도록 이끌면, 여러분에 대한 호의적인 인상을 주게 될 가능성이 매우 커집니다. 면접관을 편안하게 만들고 그의 대화 스타일에 맞추어 줌으로써 여러분이 면접관에게 호감을 갖는 것처럼 보이게 만들 수가 있습니다. 강한 이력서가 인터뷰 기회를 만들 수 있듯이, 강한 인터뷰 기술은 그 일자리와 관련해서 여러분을 채용 1순위로 만들어 줄 것입니다. 인터뷰 기술을 갈고 다듬는 것은 취업이 되느냐 또는 채용 2순위가 되느냐의 차이를 결정합니다. 결과적으로 채용 2순위는 취업성공을 이루기 어렵습니다.

5. Skype 인터뷰와 전화 인터뷰

5-1. Skype 인터뷰 요령

1. 여러분이 Skype 인터뷰를 시작하는데 만약 상대방의 화면을 볼 수 없으면, 자신의 화면 장치도 꺼야 합니다. 상대방에게 그쪽 비디오를 켜놓았는지, 그리고 여러분을 볼 수 있는지 물어볼 수도 있습니다. 어쨌거나 특히 여러분이 비디오 화면에 나타나고 있다는 사실을 잊은 채 어색한 질문에 눈을 굴린다든지 또는 다른 무엇을 하는 것은 말할 것도 없고, 자신은 화면을 볼 수 없는데 상대방이 여러분의 동영상을 볼 수 있다는 것은 썩 좋지 않은 일입니다. 덧붙여서 화상화면을 끄면 통화 음질이 좋아집니다. 그리고 두 통화자가 함께 이용하지 않는다. 화상인터뷰는 아무 의미가 없다는 것을 의미합니다.

2. 만약 두 사람 모두 비디오를 사용하는 경우에는, 스크린이 아니라 카메라를 똑바로 쳐다보는 연습을 하세요. 그래야 눈을 맞추기가 좋습니다. 또한 자신의 상체가 카메라를 정면으로 향하게 하지 말고 비스듬히 향하게 해보세요. 그렇게 하는 것이 더 멋있어 보이게 하기 때문입니다. 이것은 얼굴 사진을 찍을 때와 같은 방식입니다.

3. 가능하면 이어폰이나 헤드폰을 사용하세요. 그러면 비디오가 영상을 안 좋게 한다는 느낌을 줄일 수 있습니다. 또 그렇게 하면 상대방의 말을 듣기도 좋고, 자신의 말이 잘 들리게도 합니다.

4. 짙은 색깔의 스포츠 상의나 여성이라면 속옷을 밝은색의 속셔츠와 함께 입으세요. 또는 셔츠만 입는 경우에는 짙은 색깔로 입으세요. 그래야 자신감 있어 보입니다(적어도 캐주얼 업무 복장 규정은 그렇습니다. 하지만 원칙은 정장으로 준비하는 것이 좋습니다).

5. 긴장을 풀고 자연스런 모습을 하고 준비한 질문을 하는 것을 잊지 마세요.

6. 인터뷰하기 전에 자신의 외모를 점검하세요. 또 그 배경이 잘 정돈되었는지, 자신이 모니터의 중앙에 있는지도 확인하세요.

7 아는 사람과 함께 자신의 웹 카메라와 마이크 장치, Wi-Fi signal 상태 및 주위 밝기도 점검하세요(만약 Wi-Fi signal 상태가 좋지 않으면 상태가 좋은 다른 장소로 이동해야 합니다).

8. 인터뷰 직전에 옷차림을 점검한 다음 수화기를 들어 상대방에게 예의 바르게 인사를 하세요.

9. 특히 불안스러워질 때는 물론이고 대화 중 잊어버릴 만한 것들을 포스트잇에 메모를 해두세요. 메모지에는 큰 글씨로 써서 웹 카메라 옆에 두세요(면접관은 포스트잇 메모지를 볼 수 없다는 점을 감안하면 됩니다).

10. 인터뷰하는 동안에 무슨 일이 일어나면 사과를 하고 부드럽게, 그리고 빨리 대답하는 것이 좋습니다(사과한 다음 불안스런 기색을 보이지 마세요).

11. 인터뷰하는 동안 메모하기 좋게 환경을 정리하고, 메모해도 되느냐고 물어보세요(괜찮다고 하면 사무적인 모습으로 메모하세요).

12. 인터뷰가 끝나면 정중하게 인사를 하세요. Skype를 끈 다음 편안한 자세를 할 수 있지만, 10분 정도 지나기 전까지는 복장을 그대로 유지할 필요가 있을지 모릅니다. 왜냐하면 때때로 전화가 다시 걸려올 수도 있기 때문입니다.

5-2. 전화 인터뷰

취업을 준비할 때 전화 기술이 좋으면 유리합니다. 구인광고를 들여다보면 대부분의 회사는 지원자들이 일자리에 관한 문의를 할 때 최초 전화통화(intial telephone call)를 요구한다는 것을 알 수 있습니다. 어떤 회사는 전화 통화 중 개인 면접 대상자를 결정합니다. 그래서 최초 전화통화 중에 준 인상이 인터뷰에 요청 여부를 결정할 가능성이 큽니다.

만약 여러분이 취업 가능성에 관한 일반적인 문의를 하려고 전화를 하는 경우, 최초 접촉 방법을 자신이 선택할 수 있습니다. 전화 통화나 이메일 또는 직접 방문 중 어느 것이 제일 좋은지는 회사의 특성, 업무 형태 또는 지원자 자신의 선호에 따라 달라집니다. 가능성 있는 일자리를 위한 준비와 그에 관해 전화를 걸 때 도움되는 몇 가지 요령을 알아보겠습니다.

회사에 전화하기 전

1. 광고내용을 꼼꼼히 읽으세요. 그래야 자신이 지원하는 분야가 어떤 것인지 정확히 알 수 있습니다.

2. 광고를 낸 회사에 대해 아직 잘 모른다면 먼저 그 회사가 어떤 회사인지 알아보세요.

3. 그 회사 위치가 어디인지 확인하세요. 오고 가기가 너무 어려운 곳에 있는 일자리에 취업하려고 지원하는 것은 별 의미가 없습니다.

4. 광고에 난 문의전화 시간을 체크한 다음, 시간에 맞추어 전화하세요. 통화 중일 때는 몇 번 더 다시 시도하세요.

5. 미리 다음 정보를 준비해서 전화할 때는 앞에 두고 전화하세요.
   - 회사 전화번호(굵고 큰 글씨)
   - 담당자 이름(굵고 큰 글씨)
   - 광고에 난 일자리의 직책
   - 자신에 대한 정보 : 학력, 학교에서 공부한 과목, 특히 광고에 언급한 과목과 관련된 것, 일자리나 회사에 관련되는 기량, 인터뷰 가능성(지원자는 회사의 필요에 맞추도록 준비해야 합니다.)
   - 해야 할 질문

전화 통화 중

1. 전화 장소 : 집 혹은 학교 등
   - 라디오 소리, 어린아이 등 주변이 시끄러운 곳은 피하기
   - 필요한 물건 및 펜과 종이 준비
   - 편안히 쓸 수 있는 테이블이나 벤치에 앉기

2. 번호 누를 때
   - 바로 앞에 전화번호를 놓아두고 신중하게 번호를 누름
   - 광고와 자신에 대한 정보를 적은 종이, 펜, 종이 등을 손 닿을 곳에 두기
   - 회사 주소가 있으면 주변 도로 지도를 구비하여 회사 주변을 좀 익혀두기
   - 통화 중이면 계속하여 시도하기

3. 상대방이 전화를 받으면
   - 자신을 소개하고 전화한 이유를 말하기
   - 광고가 실린 곳이 어디인지 구체적으로 말하기
   - 통화해야 할 사람을 알지 못할 때는 리셉셔니스트가 알려주는 사람의 이름을 잘 듣고 적어놓고, 필요하면 다시 불러달라고 요청해야 합니다.
   - 일자리가 광고에 실리지 않았고 그래서 일반 사항을 문의하려면, 연락할 직책명(예 : 인사부 직원)을 알아두고 그 사람에게 전달해달라고 요청하기 바랍니다.

4. 적절한 사람과 통화할 때는

- 자신을 소개하고 필요하면 이름 철자를 불러주기
- 빨리 본론을 말하기(예 : 광고를 보고 인터뷰 요청을 위해 연락드렸습니다, 현재 채용가
  능한지 여부를 물어보기 위해 연락드립니다.)
- 질문은 쉽게 하기
- 간단한 기량 설명서를 준비하기(예 : 자신이 회사에 필요한 부분에 부응할 수 있는 구체적
  인 방법을 적어놓은 것)
- 예의 바르게 하기
- 업무에 대한 건전한 관심 표명하기
- 자신감을 가진 듯한 인상을 주기

5. 인터뷰 기회가 주어진 경우

- 인터뷰 시간과 장소를 메모할 것
- 자신이 만날 사람을 분명히 알아두고 그 이름을 적어두기
- 회사의 이름과 주소. 그리고 필요하면 몇 층에 사무실이 있는지 알아두기
- 메모한 내용을 상대방에게 불러주며 정확히 기록한 것인지 확인하기
- 인터뷰 장소 찾아가는 길에 대해 자신이 없으면 가까운 곳에 있는 대중교통에 대해 물
  어보기
- 통화할 수 있게 도와준 데 대하여 감사의 뜻 표하기

6. 일자리를 얻은 경우

- 누구에게, 언제 보고하고, 누구를 만나야 하는지, 업무 수행에 적합한 복장은 어떤 것
  인지 확인하기
- 메모한 것을 상대방에 불러주고 내용이 정확한지 확인하기

6. 조언

6-1. 조언
(by writer for interview-인터뷰 요령 관련 작가)

인터뷰 완벽하게 하기

여러분은 인맥이나 또는 이력서를 통하여 인터뷰 기회를 얻었습니다. 여러분은 몸짓 언어나 몇 가지 설득력 있는 이야기로 일자리를 얻었습니다. 닉 모건(Nick Morgan)은 의사전달 자문 기업인 Public Words Inc.,의 사장으로서 『나를 믿으세요 : 진정성과 카리스마로 가는 네 개의 계단(*Trust me : Four Steps to Authenticity and Charisma*)』의 저자입니다.

취업 인터뷰는 두 가지 목적이 있다는 것을 생각하세요.

1. 면접관과 기본 신뢰 관계를 형성하는 것입니다.
2. 자신이 회사를 위해 무엇을 할 수 있는지에 대해서 몇 가지 분명한 생각을 면접관에게 전달하는 것입니다.

자신이 특히 어떤 압박감을 느끼면서 이런 두 가지 목표를 성취하려면 계획 수립과 선행 작업이 필요합니다. 가장 기본적인 차원에서 자신을 면접관 및 회사에 일치시키는 방법을 궁리해내야 합니다. 그래서 두 대상에 관해서 가능한 많은 것을 알아내야 합니다. 자신이 면접관과 공통으로 가진 것과 자신이 회사와 공유하는 가치가 무엇인지 찾아보세요. 이런 과제를 완수한 다음 인터뷰 자체에 중점을 두세요.

신뢰에 관한 질문

여러분의 제1차 목표는 면접관과 기본 신뢰관계를 형성하는 것입니다. 이것을 짧은 시간 내에 해야 하지만, 그것은 매우 중요합니다. 그리고 사실 대부분의 면접관들은 몇 가지 자잘한 질문을 통해서 지원자에 대한 직감을 얻는 것 외에는 무엇을 더 해야 할지 아이디어가 별로 없습니다. 그러므로 면접관에 좋은 직감을 주어야 합니다. 신뢰감을 심어주기 바랍니다.

불안스러운 가운데, 그것도 현장에서 어떻게 그런 어려운 재능을 발휘하겠습니까? 타고난 배우라면 그 일은 매우 간단합니다. 편안하게 행동하고 자세를 취하고, 그리고 친절한 태도를 보이세요. 면접관의 몸짓언어에 맞추어 하세요. 특히, 면접관이 여러분에게 개방적인 경우에는 더 그렇습니다. 그러나 면접관이 예를 들면 팔짱을 끼거나 여러분에게 반쯤 돌아선 모습을 보이는 등 신중하거나 적대적인 경우에는 따라하지 마세요. 마음을 열 때까지 기다려야 합니다. 이런 종류의 행동은 하기 어렵기도 하지만, 대부분의 사람들이 잘 하지 않습니다. 그러나 만일 정신적으로, 그리고 감성적으로 이런 것을 할 준비가 되면, 몸짓 언어는 바로 뒤따릅니다. 면

취업, 이제는 글로벌 기업이다!

접관과 여러분 자신이 어떤 면에서 비슷한지 찾아보고 그에 관해서 얘기를 나눠보세요. 그러면 자신의 몸짓 언어는 자연적으로 면접관을 따라하게 됩니다. 그렇지만 오로지 같이 좋아하는 스포츠 팀에 그치지 마세요. 이는 깊이가 없는 피상적인 것에 불과합니다. 두 사람이 공유할 수 있는 경험과 열정을 찾아보세요.

더 좋은 것은 업무와 관련되는 공통 관심과 이를 유도하는 감성의 흐름에 중점을 두는 것입니다. 두 사람은 혼란으로부터 질서를 창조할 열정이 있습니까? 여러분은 목록 중심의 사람입니까 또는 매일을 있는 그대로 생각하려는 창의적인 유형의 사람입니까?

여러분은 대수롭지 않게 이런 질문을 할 수는 없습니다. 주제는 면접관이 어떻게 생각하는지를 드러내는 일상의 일, 예, 또는 이야기로부터 나와야 합니다. 요컨대 면접관을 인터뷰해야 합니다. 그것은 두 번째 포인트로 이어집니다.

자신이 할 수 있는 일을 펼쳐 보이기

이력서에는 자신이 성취한 것을 망라하여 적습니다. 그러나 그것은 과거 일입니다. 전달해야 할 필요가 있는 것은 여러분이 어떻게 앞으로 회사에 도움을 주려고 하는가 하는 것입니다. 그 길은 회사에 대한 공부로부터 시작됩니다. 여러분이 어떻게 도움을 줄 수 있는지 알아보세요. 그래서 자신이 과거에 그와 비슷한 무엇을 한 경험과 3가지 아이디어를 연결시켜보세요.

자신의 경험을 잠재적인 우화, 즉 교훈적인 이야기로 생각하세요. 일상의 이야기는 일반적으로 초점이 없으므로 혼란스러운 경우가 많습니다. 여러분 마음이 이런 종류의 이야기에 방황하느라 시간을 허비한 적이 얼마나 많은가요?

지난 토요일인가 또는 화요일인가? 아니 그건 일요일이었어요. 왜냐하면 내 집사람은 수요일마다 아들아이들을 보이스카우트에 데려가기 때문입니다. 나는 내 친구 빌(Bill)에게…, 아니 짐(Jim)이었던가? 맞아요. 그건 짐이었어요. 왜냐하면 그날 짐은 녹초가 되었거든요….

여러분은 그런 아이디어를 얻습니다. 우리는 그 이야기에 들어가기 직전으로 아직 수평선상의 희미한 빛의 시작도 보이지 않습니다. 이야기를 여러분 자신이나 여러분이 아는 누군가로 만드는 의인화는 괜찮은 일입니다. 그러나 개인 이야기는 특히 잘 짜야 하는데, 그렇지 않으면 면접관이 이를 귀담아 들으려 하지 않기 때문입니다.

인터뷰에서는 위험성이 매우 높습니다. 여러분 이야기가 적어도 이중 역할을 하도록 하세요. 그들은 여러분이 만일 채용되면 회사를 위해 할 수 있을 만한 좋은 일을 보여주어야만 합니다. 또 면접관들은 여러분에게 자신이 충직하고 신뢰할 만하고 열심히 일할 근로자로 보이게 하는 감성적인 숨은 이유를 가져야만 하는데, 이는 여러분에게 전달되도록 해야 하는 몇 가지 인간적 자질입니다.

여러분은 자신이 경험한 중요한 실패로부터 배운다는 것을 보여주는 그런 이야기를 준비해둬야 합니다. 왜 실패냐고요? 어떤 면접관은 여러분이 경험한 실패 사례에 대해 물을 수도 있는데, 여러분이 대답할 준비가 되어 있지 않으면 여러분의 대답은 도움이 되기보다 해가 될 수도 있습니다. 다른 면접관들은 숨은 이유를 칭찬할 것인 데, 그것은 바로 여러분이 실수를 저지른 것을 인정하고 또 그로부터 배울 만큼 성숙하다는 것입니다. 이것은 면접관의 마음에 여러분을 작게 담지 않고, 오히려 더 크게 담을 것입니다. 그리고 그런 이야기는 인터뷰 중에 기대하지 않았던 매력을 발산합니다.

이런 상황에서 여러분의 목표는 첫째로, 면접관에게 자신을 제외시킬 이유를 주지 않는 것이고 둘째로, 자신을 기억할 어떤 이유를 주고 또 많은 지원자 중에서 자기 자신을 돋보이게 하는 것입니다. 마지막으로 면접관에게 몇 가지 구체적인 질문을 하시기 바랍니다. 면접관이 "자, 이제 우리에게 어떤 질문을 하시겠습니까?" 하고 물을 때 "어어, 전 잘 모르겠어요. 생각해보겠습니다." 하고 말하는 것처럼 설득력이 없는 말은 없습니다. 그러므로 여러분이 공부하여 알아낸 특정 질문을 할 준비를 갖추세요. "판촉 운동 뒤에는 무슨 생각이 숨어 있을까요? 신상품의 출시일까요? 어떻게 하면 회사의 비전을 실제의 활동과 보조를 맞출 수 있을까요?" 그리고 아래와 같은 여러분의 비장의 질문을 하세요.

- 이 업무에서는 무엇을 성공한 것으로 생각합니까?
- 팀원 중 한 사람이 경험한 중요한 실패의 예를 들어주시겠어요?
- 무슨 일이 일어났으며, 그 사원은 벌을 받았습니까?

자, 이제 자신감을 가지고 인터뷰하러 갑시다. 앞으로 기대며 상기된 표정을 보이고 여러분이 페루에서 라마(역자 주 : 남미에서 짐을 끌고 털갈이를 하는 가축의 하나)를 돌보며 터득한 경험이 어떻게 우리가 처한 어려운 경제 환경 속에서 회사가 번성하는 데 도움을 주게 되는지 면접관에 물어보세요. 아마도 라마를 돌보는 일이 비용을 낮추고 완성 시간을 가속화시키는 훌륭한 프로젝트 매니저가 되기 위한 이상적인 훈련일 수 있습니다. 특히 면접관에게 요청을 받은 경우에는 말할 것도 없고, 가능한 특성을 보이세요. 지나친 약속은 하지 마세요. 그렇다고 수줍어할 때는 아닙니다. 자신을 드러내지 않으면 면접관이 당신의 숨은 능력을 인정할 가능성이 별로 없습니다. 특히 여러분의 경험이 새로운 경험과 정확하게 맞지 않으면, 여러분은 어떤 연결을 하고 새 환경에서 왜 성공할 수 있었는지 보여주기 위한 설명을 할 필요가 있습니다. 올바른 마음의 상태에서는 여러분의 몸 언어가 올바른 신뢰 메시지를 보낼 것입니다. 무장을 하고서 회사를 위해 여러분이 할 수 있는 것과 함께 가세요. 그러면 여러분은 인터뷰 제안을 받을 것입니다. 그 제안을 가지고 무엇을 할 것인지는 여러분에게 달렸습니다.

6-2. 조언
(by Senior vice president of global company-글로벌 기업의 수석 부사장)

사원에게 그 상사와의 관계만큼 더 중요한 것이 있을까요? 수많은 연구에 따르면 큰 성취는 장기간의 전념, 그리고 회사의 모든 레벨의 사원을 만족시키는 데 핵심이 있습니다. 그러나 대부분의 채용담당자들이 자신과 취업 지원자들 사이에 인성의 적합성을 눈여겨보는데도 불구하고, 이 요소를 고려하는 지원자가 별로 없다는 것, 그래서 가끔 사원들이 상사들과 어울리지 않는 일이 일어나는 것은 안타깝기 그지없습니다.

취업 지원자들에게 이런 일이 일어나지 않도록 예방하는 방법이 있다고 히치 웰린스(Rich Wellins)는 말합니다. 그는 피츠버그에 본부를 둔 인력개발 기업 국제 개발 연구원(Development Dimensions International)의 부사장입니다. 이 회사는 기업들로 하여금 적재적소, 즉 적절한 사람을 적절한 일자리에 배치하는 데 도움을 주고 있습니다. 잠재적인 상사와 솔직한 대화를 이끌어내고 그들의 인간성을 파악하는 방법에 관한 그의 조언은 회사 내부의 새로운 임무를 배정할 때 주의할 사항이지만, 다른 회사의 취업 인터뷰를 할 때도 참고할 만합니다.

1. 취업 지원자들이 잠재적 상사와 인터뷰하는 것은 왜 중요할까요?

사람들이 이직을 하는 첫 번째 이유는 봉급이나 혜택 또는 부서 때문이 아니라 상사와의 관계, 즉 상사와 잘 지내지 못하기 때문입니다. 따라서 잠재적인 상사가 어떤 사람인지 알아보기 위해 질문하는 것은 자신이 그를 존경하고 그와 더불어 좋은 관계를 형성할 수 있을지 판단할 수 있는 더없이 좋은 기회입니다. 만약 취업 지원자가 잠재적 상사인 면접관과 적합도가 좋은 것을 느끼면, 그 회사 취직이 되는 경우에는 더 만족스럽고 더 열성적인 사원이 될 것입니다.

2. 빈 일자리를 채워야 하는 매니저는 원모습보다 덜 솔직하지 않을까요?

그럴 리는 없으나 이를 피하기 위해서는 구체적인 사항을 물어보는 것이 좋습니다. 상사의 스타일 문제에 잘 대비하기 위해서는 두세 가지 질문을 해 보는 것이 도움이 됩니다. 그러나 예를 들면 "면접관님의 업무 스타일은 무엇입니까?" 하는 질문이나, "권한이 중요하다고 생각하십니까?"또는 "회사의 성장과 발전의 전망은 어떻다고 생각하십니까?" 등의 질문은 별로 좋지 않습니다. 그 대신 팀원에게 어떤 방법으로 성공적인 멘토링을 했는지, 다른 사람의 업무 목표를 달성하는 데 어떻게 도움을 주었는지, 자신의 팀 내 상호협력 증대를 위해 어떤 기법을 사용했는지 등 구체적인 사례를 묻는 것이 바람직합니다.

3. 자신이 찾아야 할 특성?

모든 사람들은 성장을 원하지만 세세한 부분까지 간섭받고 싶어 하지는 않습니다. 그렇다면 관리자는 경청하는 기술이 있을까요? 그가 묻는 스타일의 질문을 통하여 그가 진정으로 여러분

에게 관심이 있는지, 그리고 그가 여러분과 가능한 한 가장 좋은 업무관계에 있는지 알 수 있을
까요? 이런 것을 넘어서는 그것을 찾아볼 다른 어떤 일반적인 특성은 별로 없습니다. 한 개인
으로서의 여러분을 위한 최고의 조건을 밝혀내는 일이 더 중요합니다. 어떤 사원에게는 더 많
이 가르쳐주는 상사를 만나는 것이 중요한가 하면, 또 다른 사람에게는 더 많은 독립성을 확보
하는 것이 더 중요할지도 모릅니다.

4. 여러분은 상사의 팀 내 상호작용 방식에 근거하여 신뢰할 만한 추론을 끌어낼 수 있습니까?

여러분이 다른 사원과 상호작용하는 상사의 방식을 보는 것 이상으로 그런 추론까지 끌어낼 기
회가 많을지 확실하지는 않습니다. 그럼에 불구하고 그것은 의미가 있는데, 그 이유는 상사가
사원을 다루는 방식은 그의 사회적 지능에 관해 어느 정도 알려주기 때문입니다. 그렇지만 특
히 여러분이 구매자의 입장에서 상사를 위해 일하는 몇몇 직원을 인터뷰할 수 있는지 묻는 것
은 전적으로 적절한 것입니다.

5. 상사의 실제 모습을 알아보는 더 간접적인 방법이 있을까요?

잠재적인 상사의 말투와 매너가 여러분에게 무엇을 말해줄까요? 그가 여러분의 질문에 대답을
합니까? 그의 비언어적 의사소통에도 주의를 기울이세요. 예를 들면 그가 여러분의 눈을 쳐다
봅니까? 그의 책상에 무엇을 올려놓았습니까? 이런 것들을 통하여 그의 가치관과 인간성 그리
고 관리 스타일에 대해 어느 정도 파악할 수 있습니다. 이와 더불어 인터뷰 과정을 통하여 여러
분을 대하는 태도를 눈여겨보세요. 이런 것을 통하여 여러분의 잠재적인 상사뿐 아니라 조직의
문화에 관해서 어느 정도 파악할 수 있을 것입니다.

Chapter 9

After the Interview
인터뷰 이후

활용 방법

이 chapter에서는 인터뷰 이후에 준비해야 할 일과 일어날 일들에 대해 설명해줄 것입니다. 이 내용들을 잘 숙지한다면 인터뷰 후에 취해야 할 행동과 결정에 많은 도움이 될 것입니다.

1 인터뷰를 마친 다음에 할 일

2 왜 인터뷰에 실패했을까?

3 어떤 회사를 선택할까?

4 인터뷰의 잘못된 인식들(Myths)

THERAPY SERVICES
PRN Opportunities for
OT, PT PTA
inpatient rehab, acute or
nursing therapy experience desired.
rent Ohio licensure required.
Speech Language Therapists – FT
Current Ohio licensure required
JOBS
RHIA or RHIT; equivalent medical experi-
ence in in/outpatient hospital or rehab de-
sired. Responsible for compilation of sta-
tistical data, ICD-9-CM coding. CCA or
AHIMA certification preferred.
experience in a medical records depart-
ment in an acute or rehab. hospital
Medical
MEDICAL ASSISTANT

1. 인터뷰 마친 다음에 할 일

1-1. 인터뷰를 끝마칠 때

인터뷰를 마무리 지을 때 여러분은 면접관에게 인터뷰 절차상 앞으로 남은 단계가 무엇인지, 결과는 언제 듣게 되는지 물어 볼 것입니다. 이것은 절차상 소요시간과 연락을 받지 못할 경우 취해야 할 조치에 대해서 좋은 아이디어를 제공합니다. 만약 인터뷰가 헤드헌팅 회사를 통하여 이루어진 경우에는 인터뷰 끝 난 뒤에는 먼저 그들과 연락을 해야 합니다. 그들은 채용회사 채용관계자와 협의하기 전에 여러분이 인터뷰에서 얼마나 잘했다고 생각하는지 알려달라고 할 것입니다. 이 단계에서는 언제나 열린 마음으로 정직해야 하며 만약 일자리가 맘에 들지 않을 때에는 헤드헌팅 회사에 말하기 바랍니다.

만약 여러분이 채용회사 채용관계자와 직접 연락하는 경우에는 그들과 다시 연락하기 전에 피드백을 위해 채용마감일까지 기다릴 수도 있을 것입니다. 만약 마감일까지 연락이 없으면 회사에 전화하여 일자리에 대해 관심이 있다는 것을 재차 알려주면서 자신의 지원서가 어떻게 처리되고 있는지 예의 바르게 문의하세요. 아직 결정이 나지 않았으면 결과를 알 수 있는 확실한 날짜를 묻고 그 때까지는 다시 문의하지 않아야 합니다.

인터뷰 장을 떠나기 전

인터뷰가 끝나면 나오기 전에 몇 가지 조치를 하며 예의바르게 인터뷰 장을 떠나기 바랍니다.

- 면접관의 명함을 받아 둡니다.
- 면접관의 눈을 보며 함께 일하고 싶다는 말을 하세요.
- 절차상 다음 단계가 무엇인지 물어 보세요
- 시간을 내서 관심을 가져준데 대하여 고맙다는 말을 하세요.
- 악수를 하세요.
- 나올 때 리셉셔니스트에게 미소를 띠며 고맙다는 인사를 하세요.

1-2. 인터뷰 후에

인터뷰가 끝난 다음 면접관에게 전화하여 시간을 내 준 데 대하여 감사하다는 말을 한 다음 바로 다시 그런 내용으로 짧은 편지를 보내면서 일자리에 대한 관심을 한 번 더 강조합니다. 만약 회사 측에 지속적인 인상을 더 주고 싶다면 추천서를 써 준 사람들에게 부탁하여 추가적인 추천의 뜻을 전달하는 전화나 편지를 보내주도록 요청하세요. 이런 기법은 회사로 하여금 여러분을 채용하는 것이 현명한 결정이라는 확신을 갖게 할 것입니다. 감사편지를 보낸 다음에 할 일은 일자리 제의를 받도록 노력하는 것 입니다. 회사의 채용담당자 연락처를 통해 긴밀한 연락을 유지하면서(적어도 일주일에 한 번 이상) 여러분은 진행상황을 계속적으로 지켜보고 또 그러한 연락관계는 여러분이 취업에 관심이 있다는 것을 채용 담당자로 하여금 계속해서 알게 해줄 것입니다.

감사편지

감사편지를 쓰는 주요 목적은 면접관에게 시간을 내 준데 대해 고마움을 표하고 다른 한편으로는 자신의 기량에 대해 다시 강조하면서 일자리에 대한 관심을 다시 한 번 강조하는 데 있습니다. 그러나 그것은 본질적으로 감사편지라는 사실을 잊지 말아야 합니다. 지나치게 자신을 과장하다가는 너무 집요하다는 인식을 줄 위험이 있습니다.

다시 한 번 면접관에 대한 감사의 뜻과 일자리에 대한 관심을 표명한 다음 서명을 하여 끝내세요. 그리고 또 앞으로 자신이 취해야 할 절차에 관해서 회사 측으로부터 듣기를 원한다는 말을 잊지 않고 써야합니다.

감사편지 쓰는 10가지 최고 Tip

- 감사편지는 인터뷰 후 24시간 내에 보내세요.
- 요점을 중심으로 짧게 쓰세요.
- 열성을 보여 주세요.
- 전문성을 보여 주세요.
- 편지를 철저히 검토하여 틀린철자가 없도록 하세요.
- 회사의 선호에 따라 손으로 쓰거나 타이핑하거나 또는 이메일로 보내세요.
- 회사의 결정 시기에 따라 팩스로 보내거나 직접 전달하세요.
- 업무에 대한 자신의 관심을 다시 강조하세요.
- 인터뷰 중에 말했던 내용을 다시 강조하거나 수정하세요.
- 인터뷰 중 잊고 말하지 않은 정보가 있으면 추가하세요.

1-3. 며칠 후

- 선임 면접관에게 전화하여 자신의 관심을 표명하고 결정 상황에 대해 알아보세요.
- 다른 제안이 있으면 면접관에게 알려주세요. 이것이 어쩌면 그들이 결정을 더 빨리 할 수 있도록 도울 수도 있습니다.
- 일자리에 대하여 추가로 몇 가지 질문을 더 하세요. 이것은 여러분이 열의가 있고 생각이 깊은 사람이라는 인식을 줍니다.
- 인내심을 가지세요.

채용 제안을 수락할 때

언제든 일자리 제안을 받으면 봉급, 혜택, 임무 및 추가 지원에 관하여 문서 확인을 받도록 하세요. 문서로 제안을 받으면 취업기회를 준 회사에 감사의 뜻을 표하고 이의 수락 여부에 대한 결정을 한 후 회답해 줄 수 있는지 그리고 언제까지 회답을 주어야 하는지 알아보세요.

그자리에서 바로 일자리를 수락하면 근무조건을 협상하는 데 지장을 줄 수 있습니다. 다른 회사로부터 인터뷰나 일자리 제안을 기다리는 상태라면 그 회사에 전화하여 그들의 채용결정 상황을 알아보세요. 그리고 다른 회사로부터 일자리를 제안을 받은 사실을 알려 주고 취업결정 절차가 어디 쯤 진행되고 있는지 물어보세요. 첫 직감으로는 봉급이 가장 좋은 직장을 택하고 싶겠지만 시간이 걸리더라도 제안을 평가해보는 것이 매우 중요합니다.

일반적으로 일자리 제안을 그 자리에서 바로 수락하는 것은 바람직스럽지 않으나 자신이 꿈꾸어 온 직위나 봉급을 지불하는 조건이나 자신이 장기 구직난을 겪고 있는 때 등 예외적인 경우에 제안을 편하게 느끼면 즉시 수락할 수도 있을 것입니다. 이 경우에도 문서로 된 제안을 받아 두어야 하는데 이는 그 상세 내용을 분명하게 하고 자신이 일자리를 희망한다는 것을 확인할 수 있게 하기 위함입니다.

채용 제안을 거절할 때

- 회사 측에 즉시 알립니다.
- 가능성을 남겨 둡니다. 예를 들면 "저는 이 일자리에 최적임자가 아닌 듯 하지만 혹 다른 일자리가 있으면 저를 배려하여 주십시오."하고 말해 둡니다.

채용 제안을 받지 못했을 때

- 여러분이 왜 채용되지 못했는지 물어 보세요. 이것은 자신의 인터뷰 기술을 개선하거나 진로를 변경하는 데 도움이 될 수 있습니다.
- 회사가 다른 채용기회를 알고 있는지 물어 보세요.
- 앞으로 있게 될 사원 채용 기회에서 자신을 생각해 달라고 요청하세요.
- 후속 조치로서 면접관에게 편지를 보내 이번에 시간을 내 준데 대하여 감사의 뜻을 표하세요.
- 다음 기회에 달리 해야 할 사항을 점검하세요.
- 가장 좋은 자격이 있다고 해서 당연히 채용되는 것은 아니라는 사실을 기억하세요.

2. 인터뷰 실패 이유

인터뷰는 했는데 일자리 제안을 받지 못했다고요?
Advice by writer for guide to getting a Job (취업요령 핸드북의 저자)

인터뷰 기회를 얻은 것은 대단한 일입니다. 여러분은 이력서나 지원서를 통하여 인사담당 메니저가 진실로 원하는 것을 갖추고 있다는 사실을 보여주었습니다. 그러나 만약 인터뷰 후 일자리 제안을 받지 못했다면 무언가 잘 못 되었다는 것입니다. 여러분의 다음 인터뷰에 대비하여 문제 해결 방법 15가지를 소개합니다.

적절하지 못한 복장

격식에 맞춰 옷을 입으세요. 취업 인터뷰를 하러갈 때에는 매일 입던 데로 입고가면 안됩니다. 취업에 실패한 가장 큰 이유가 바로 이것입니다. 그냥 그런 옷을 입으면 그런 사람처럼 보이게 됩니다. 어떤 옷을 입어야 할지 자신이 없으면 회사의 인사부에 전화하여 물어 보세요. 기꺼이 알려줄 것입니다.

인터뷰 시간에 늦는 것

취업지원자들이 두 번째로 많이 저지르는 실수입니다. 면접관들이 보기에 인터뷰 시간도 제대로 지키지 못하는데 근무시간을 제대로 지키리라고 기대하기는 어려울 것입니다. 면접관은 시간을 재고 있습니다. 10분정도 먼저 도착해서 좋은 첫인상을 남기세요.

회사가 어떤일을 하는지 모르는 것

이것은 취업자들이 저지르는 3번째 실수입니다. 면접관은 여러분이 회사에 대해 무엇을 알고 있는지 물을 것입니다. 여러분이 그 회사가 어떤 회사이며 하는 일이 무엇인지 모른다면 그것은 관심 부족이라고 생각할 것입니다.

지원한 회사의 입사동기를 모르는 것

그저 돈 벌기 위해서라는 대답은 좋지 않습니다. 그 대신 어떻게 여러분의 기량을 업무에 적용하여 회사에 도움을 줄 수 있는지 또는 회사에서 일함으로써 무엇을 배우고 싶어 하는지 설명하세요.

돈, 봉급, 휴가 및 혜택 등에 대한 지나친 관심

돈, 봉급, 휴가 및 혜택을 앞세우는 사람이 되는 것은 좋지 않습니다. 그런 문제는 면접관이 먼저 거론할 때까지 기다리는 것이 좋습니다. 여러분은 일자리를 찾는 것이지 휴가를 찾는 것이 아닙니다. 구직의 황금룰이란 자신을 위해 회사가 해야 할 일을 요구하는 것이 아닌 회사를 위해 자신이 무엇을 해야 하는지 묻는 것입니다.

전 직장, 전 상사, 전 동료에 대해 불평하는 것

아무리 안 좋은 직장이었다 하더라도 불평을 하는 것은 자신을 나쁜 사람으로 만드는 것 밖에 되지 않습니다. 왜 자신이 새 직장을 구하고 있는지 긍정적인 방법을 통해 설명하세요.

부정적으로 행동하는 것

면접관들은 비관자나 불평자, 원망자 그리고 불친절한 사람을 채용하려고 하지 않습니다. 행복하고 열성적인 사람으로서 옆에 두면 즐거운 사람을 찾습니다.

질문하지 않는 것

면접관들은 여러분이 이 일자리에 진실로 관심이 있다는 것을 보여주는 질문을 하길 원합니다. 여러분이 할 만한 질문 3가지를 소개합니다.

1) 회사가 자신이 취업 후 수 주 또는 1개월 내에 하기를 원하는 가장 중요한 일은 무엇입니까?
2) 이 직위에서 성공하는 데 필요한 자질로서 가장 중요한 3가지는 무엇입니까?
3) 면접관이 이 회사를 위해 일하려고 선택한 이유는 무엇입니까?

자신의 능력과 기량 및 실적을 과장하는 것

과장하지 마세요. 회사가 여러분의 추천서를 확인하거나 여러분이 할 수 있다고 했던 일을 할 수 없게 될 때 결국 사실은 드러나게 됩니다.

자신의 약점에 중점 두는 것

변명하는 사람이 되지 마세요. 여러분이 어떤 기량이나 충분한 훈련 경험이 없다고 자신을 변명하는 대신 가지고 있는 경험이나 기량, 실적 및 인간성에 관해 말하세요. 자신의 약점을 강점으로 바꾸는 대안을 제시하세요.

자신을 어필하지 않는 것

여러분이 인터뷰하는 동안 자신을 어필하지 않으면 면접관은 여러분이 얼마나 대단한 사람인지 전혀 알지 못합니다. 면접관에게 다른 사람 대신 여러분을 취업시켜야 하는 대 여섯 가지 확실한 이유를 설명하세요. 그리고 여러분이 업무수행을 위하여 최대한의 노력을 기울이고 함께 일하기 쉬운 팀플레이어라는 것을 보여주기 위한 예를 제시하세요.

불쾌한 행동

인터뷰 장소에 음식이나 음료를 가져오거나 인터뷰 중 거친 말을 쓰는 것, 또는 휴대전화나 트위터 호출에 응답하고 인터뷰장에 초대 받지 않은 친구를 데려오거나 실례되는 행동을 하는 것 등 이러한 모든 것들은 여러분이 공과 사를 구분하지 못하는 사람이라는 인상을 줍니다.

인터뷰 기회를 얻었다고 해서 취업했다고 착각하는 것

수많은 다른 사람도 지원을 했습니다. 자신감을 갖되 이미 따 논 당상으로 여기거나 거만한 태도는 보이면 안됩니다.

온정과 유머 부족한 것

온정과 유머를 보여 주는 가장 쉬운 방법은 이야기를 하는 것입니다. 누구든 이야기 듣는 것을 좋아합니다. 그러므로 자신의 요점을 설명함에 있어서 얼마간의 짧은 이야기를 곁들인 대화를 하세요. 여러분은 단순히 "이것은 저에게 그때를 생각나게 해줍니다...." 하는 식으로 이야기하면 됩니다. 이야기는 짧게, 1분 이내로 하세요. 그리고 면접관이 중요한 이슈에 관해서 이야기할 때는 경청하고 있음을 알려주기 위해 면접관과 눈을 마주친 상태로 들으세요. 그리고 여러분이 이해하고 있다는 것을 보여주는 표정을 짓고 또 세세한 질문들도 해보세요. 이것은 여러분이 관심을 갖고있음을 알게 해 줍니다. 또 면접관의 유머에 생끗 웃어주는 것도 잊지 마세요.

후속조치 안하기

인터뷰가 끝난 후에 감사편지를 보내지 않으면 면접관은 여러분이 일자리를 원하지 않는다고 생각할 수도 있습니다. 언제나 감사편지를 보내 여러분이 일자리에·관심을 갖고 있다는 사실을 알려주세요. 또 면접이 끝난 뒤 1주일정도 지나 면접관에게 전화하여 취업이 결정됐는지 물어보세요.

핵심 이 모든 내용은 우리가 모두 알고 있는 일반적인 상식과도 같습니다. 그리고 기억해 두어야 할 것은, 비지니스 세계에서는 통용되는 규칙들이 전부 다를수 있다는 것입니다. 그러니 준비를 하고 정중하게, 그리고 존경심을 갖고 인터뷰에 응하세요. 그렇게만 한다면 여러분은 위의 15가지의 실수를 피할 수 있을 것입니다.

취업, 이제는 글로벌 기업이다!

3. 어떤 회사를 선택할까요?

3-1. 여러 군데에서 취업제안을 받았을 때

만약 여러 회사로부터 취업제의를 받았다면 결정과정을 도와줄 연습을 해보세요. 여러분의 가치와 여러분의 직업이 필요로 하는 것을 결정지어줄 길잡이로서 아래 리스트를 이용하세요. 자신에게 중요한 것이 무엇인지 결정하였다면 맨 윗줄에 가로로 회사이름을 쓰고 그 옆을 따라 그 가치와 필요성을 적어 도표로 만들어 보세요. 각 회사의 이름 밑으로 여러분의 판단에 따라 1부터 10까지 점수를 매겨보세요.

- **직위** : 왜 그 자리가 공석이 되었을까? 그 자리에 있던 사람은 어찌 되었을까? 이 직위에 부여된 업무 목표가 현실적이고 달성 가능할까? 이 자리가 자신의 단기 및 장기 목표와 부합하는가? 만약 이 직위에 만족스럽거나 도전 받지 않으려면 무엇을 해야 할 것인가?

- **전문성** : 이 직위에 자신이 얼마나 만족스럽다고 생각하는가? 가장 좋아하는 업무책임과 또 제일 좋아하지 않는 업무 책임은? 자신이 새로운 기술과 경험을 개발하고 있는가? 어떤 훈련 프로그램이 있는가?

- **관리자** : 이 자리에 근무한 기간은? 이 사람과 함께 근무할 수 있다고 생각하는가? 그 관리자를 누가 감독하는가? 회사 관리의 자질은 무엇인가? 회사의 사원 잔류율이 높은가 또는 자연 감소 문제가 있는가?

- **가치** : 회사의 가치는 무엇인가? 회사의 가치가 일상 활동에 어떻게 반영되는가? 이 회사에서는 어떤 유형의 사람들이 가장 성공을 거두고 만족스러워 할까?

- **미래의 기회** : 진급 및 승진의 기회는 무엇인가? 자신이 지금 또는 앞으로 재배치가 필요할까? 앞으로 3-5년 동안 무엇을 하기를 기대하는가? 자신의 업무 이동과 임무를 결정하기 위해 얼마나 많은 자유가 있는가? 전문적인 발전을 위해 어떤 기회가 있는가?

- **개인적인 사항** : 출퇴근하는데 얼마나 시간이 걸리는가? 재택근무 선택권이 있나? 주간 평균 근무 시간은? 현재 사원들의 근무시간과 가정생활의 균형을 어떻게 맞추고 있는가?

- **봉급과 혜택** : 생활비에 비교하여 봉급의 수준은 어떤가? 휴가 및 병가는 얼마나 받나? 추가 혜택(건강보험, 교육, 은퇴, 장애 등)은 어떤 것이 있나? 사원 보조 평생교육 프로그램이 있나?

- **추가 요인** : 이 결정을 하는데 여러분에게 중요한 다른 관련 요인이 무엇인가?

- 세로 칸을 합계하여 전체 점수와 비교해보세요. 전체점수는 어느 회사가 비록 더 많은 봉급을 지불한다 하더라도 위험성이 높고 일상 생활에서 차지하는 시간은 금전으로 계산이 안 되어 있다는 것을 보여줄 것입니다. 여러분의 우선순위가 결정에 영향을 줄 것입니다. 그 결정은 여러분의 우선순위와 가치관에 관한 것으로 여러분의 직장과 일상생활에서의 현 위치를 말해줍니다. 제안을 수락할 때는 예측이 안 되는 변수들이 항상 있지만 그러나 분석적인 방법을 사용하면 그 결정은 보다 더 객관적일 수가 있습니다. 좋지 않은 결정이라고 해서 자신의 직장생활에 필연적으로 엄청난 불행을 가져다주는 것은 아니지만 커다란 좌절감을 안겨줄 수는 있습니다. 몇 달 만에 직장을 떠나는 것은 일반적으로 현명하지 못한 것이므로 선택하게 될 직업이 여러분에게 맞는 것인지 가능한 한 확신을 갖는 것이 중요합니다.

3-2. 자주 묻는 질문

1. 회사가 일자리 제안 후 얼마동안이나 기다립니까?

대부분의 큰 회사는 대개 2 주일 동안 기다립니다. 좀 작은 회사는 그렇게 많은 시간을 주지 않습니다. 얼마나 시간을 주는지 회사에 직접 물어보세요. 만약 회사가 (여러분이 원하는 만큼의) 시간을 주지 않으면 여러분이 생각하기에 회사가 얼마나 당신을 채용하고 싶은지에 대해 스스로가 갖고있는 인식에 근거하여 기다리게 할 것인지, 아닌지 결정해야 합니다.

2. 만약 결정하는 데 시간을 더 달라고 하면 회사가 그 제안을 철회할까요?

그것은 여러분이 이미 얼마의 시간을 요청했느냐에 달려 있습니다. 일반적으로 처음으로 시간을 달라고 하면 제안을 철회하지 않을 것입니다. 그들은 여러분이 원하는 만큼의 시간을 안 주었겠지만 제안을 철회할 이유는 없을 것입니다. 그렇지만 여러분이 정해 진 시간 안에 대답을 하지 않거나 시간을 더 달라고 하면 회사는 딴 데로 눈을 돌릴 수 있습니다. 여러분은 절차를 진행하기 전에 시장의 상황에 유념하시기 바랍니다. 만약 일자리보다 구직자가 많으면 일자리 제안에 대한 회답을 지연시키는 것은 바람직한 일이 아닐 수 있습니다. 또 여러분이 취업기회에 감격하면서 추가 시간을 달라고 신중하게 요청하는 경우 많은 회사들은 그 일자리를 신중하게 생각하는 여러분의 바람을 높이 평가할 것입니다.

3. 한 회사로부터 취업제의를 받은 상태에서 다른 회사로부터 인터뷰 결과를 기다리는 경우. 첫 번째 회사의 제안을 잃고 싶은 생각은 없으나 결정을 하기 전에 다른 회사로부터의 인

터뷰 결과도 듣고 싶은데 어떻게 할까요?

채용 제안을 한 사람(인사부 직원 또는 관리자)과 상의하되 다른 회사의 인터뷰 결과를 기다린다는 사실을 알려주고 최종 결정에 앞서 여러분이 선택사항이 무엇인지 알려달라고 하세요. 이것은 상당히 어려운 대화가 될 수 있으므로 적절하게 말할 수 있도록 준비 해야 합니다. 다른 회사를 더 좋아한다는 말은 절대 하지 마세요.(비록 다른 회사를 더 좋아한다 할지라도) 만약 여러분이 다른 회사의 제안을 기다린다는 말을 하기 거북하면 다른 지연작전을 쓰세요. 배우자와 이 문제를 토의해야 한다든지 또는 이 분야에 대해 조금 더 알아봐야 할것 같다고 말하세요.(만일 여러분이 이직을 하는 경우라면) 만약 여러분이 그들에게 솔직하게 나오면 대부분의 회사는 긍정적인 대답을 할 것입니다. 다른 회사에게는 여러분이 제안을 받아 논 상태라고 알려주고 그들의 결정 절차가 어디 쯤 와 있는지 물어 보세요.

4. 한 회사의 제안을 받아 논 상태에서 다른 회사의 소식을 기다리는 경우.
아직 소식이 오지 않은 회사에 대해 더 관심이 있으므로 좀 더 기다리고 싶지만 첫 번째 회사가 너무 압박을 가해 오고 있는데 어떻게 할까요?

감독관에게 연락하여 추가 시간을 얻기 위해서 자신을 대신하여 개입을 해달라고 요청하세요. 일반적으로는 감독관은 여러분이 결정을 할 때, 당황하거나 스스로 어림짐작 하는 것이 아닌, 그 결정에 자신감을 갖길 바랍니다. 회사는 여러분의 채용을 위해 많은 시간과 돈을 들였기 때문에 앞으로 오래 근무할만한 지원자를 찾는 것이 회사측에서는 중요합니다. 만일 감독관 역시 여러분에게 빨리 결정하라고 압박한다면 자신이 이 일자리를 얼마나 절실하게 바라고 있는지, 또 여러분에게 이미 그토록 많은 압력을 준 회사를 위해 기꺼이 일할 것인지 자문해 보세요.

5. 취업 결정을 한 후에, 취업제안을 받았던 다른 회사에는 어떻게 "거절"하나요?

"배우자와 상의한 결과 지금 당장 이직은 현명한 선택이 아니라고 결론을 내렸습니다"든가 또는 " 지금 저에게는 작은(또는 큰) 회사에서 일자리를 구하는 것이 최상 책이라는 생각이 듭니다. 그렇지만 저는 귀사에 감명을 받고 장래에 귀사와 함께 일할 기회가 있기를 바랍니다." 또는 "저는 그동안 말씀을 나눴던 많은 분들에 감동을 받았지만 지금 당장은 XYZ기술회사에 전념하기로 하였습니다. 장래 제가 ABC System과 함께 일하기로 결정하면 다시 한 번 저와 말씀을 나누기를 고려해 주시기 바랍니다." 등과 같은 합리적인 대답을 하세요.
전문가다운 태도(예: 정직성, 신실성)를 유지하고, 직업상 좋지 않은 관계가 생기지 않게 하세요.

6. 더 나은 제안을 찾는 것을 언제 멈추어야 할까요?

여러분이 일단 어떤 제안을 수락하면 구직활동을 중지해야 합니다. 아직 인터뷰 절차가 진행 중인 회사에는 전화를 해서 더 이상 구직에 관심이 없다고 정중히 말해 주세요. 채용제안을 수락한 뒤에도 여전히 다른 회사와 계속 협상 하는 것은 도덕적으로 옳지 않습니다.

4. 인터뷰의 잘못된 인식들(Myths)

사람들이 인터뷰에서 실패하는 이유 중 하나는 인터뷰하는 동안 일어나는 일에 대한 몇 가지 잘못된 인식들(Myths) 때문입니다. 인터뷰의 목적이 특정 업무를 잘해낼 사람을 채용하는 데 있다는 것은 모두 알고 있지만, 그것을 넘어 인터뷰가 실제 어떻게 기능을 하고 무엇이 한 지원자를 다른 사람보다 더 돋보이게 만드는지 제대로 이해하는 사람은 별로 없습니다. 이런 이해 부족은 지원자가 면접관 앞에서 면접을 볼 때 최선의 대답을 하고 성과를 제대로 내는 데 큰 장애물이 됩니다. 인터뷰란 일상생활의 다른 노력과 별 차이가 없습니다. 왜냐하면 인터뷰가 영향을 주는(영향을 주지 않는) 이유를 잘 알면 알수록 그것을 성공적으로 잘해낼 가능성이 높아집니다. 대부분의 인터뷰에 고유한 중요한 역학 관계를 이해하는 것이 여러분의 면접 성과를 개선하는 중요한 출발점입니다.

Myths 1 : 일을 제일 잘하는 사람이 그 일자리를 얻는다.

어떤 때는 그것이 사실입니다. 예를 들면 특히 회사 내부사원 채용의 경우처럼 모든 사람이 서로 잘 아는 상황에서는 그렇습니다. 하지만 그렇지 않을 때도 종종 있습니다. 가장 적임자가 일자리를 갖게 하려면 매우 중요한 전제 조건이 있어야 합니다(다만 그런 경우마저도 보장은 못합니다). 이런 것으로는,

- 면접관은 지원자가 어떤 질문을 해야 하는지, 그리고 지원자의 대답이 진실한지를 알고 있습니다. 이 두 가지는 아주 간단한 것처럼 보이지만, 실제로 대부분의 면접관들은 인터뷰 훈련을 받지 않았고 인터뷰 경험이 부족할 뿐 아니라, 심지어 인터뷰 준비조차 하지 않습니다.
- 면접관은 매력이나 멋진 외모, 풍부한 유머를 비롯한 지원자의 다른 모습에 속아 넘어가지 않습니다. 이것은 물론 경험이 많은 면접관에게도 어려운 장애물이 될 수 있습니다.
- 지원자는 자신의 기량과 중요한 실적을 분명하게 표현하는 방법과 회사에 가치를 추가할 수 있는 방법을 배웠다는 전제
- 면접관과 지원자 간에 어떤 인간적 마찰도 일어나지 않았다는 전제
- 운이 있어야 한다는 전제

대개 과거에 사람 잘못 뽑았다가 뜨거운 맛을 본 회사들을 포함한 일부 회사는 채용 실수를 줄이려고 전문적인 채용 절차를 마련하느라 최선을 다하고 있습니다. 이런 절차가 지원자 선발을 개선시키는 데 어느 정도의 효과는 있지만, 그렇다고 가장 일 잘하는 사람이 일자리를 얻게 하

는 것을 보장하지는 못합니다. 결국 일자리에 필요한 사람을 선발하는 데는 다른 사람을 판단하기 위하여 적어도 한 사람의 인간이 관여하며, 그래서 주관성을 배제하려고 별짓을 다한다 해도, 인간으로서는 자신의 성향이나 편애, 그리고 개인적인 선호 같은 것을 떨쳐버릴 수가 없습니다. 우리가 아무리 노력을 해도 말입니다.

이상적인 세상에서는 가장 일 잘하는 사람이 일자리를 얻는, 즉 적재적소의 원칙이 항상 적용되겠지만, 현실적으로는 인터뷰를 제일 잘하는 사람이 일자리란 상을 받을 때가 종종 있습니다. 따라서 아래 중요한 교훈을 기억해두시기 바랍니다.

- 자기보다 더 적임자라고 생각되는 사람이 지원했다고 해서 자신의 취업 지원을 자동적으로 중단하는 일은 없어야 합니다. 공들여 인터뷰 준비를 제대로 하면 자신이 오히려 환영받는 지원자로 보일 가능성이 많습니다. 특히 다른 지원자가 인터뷰쯤은 따놓은 당상으로 여기고 준비를 소홀히 할 수도 있다는 점을 유념하시기 바랍니다.
- 또 만약 자기 자신이 그 일자리에 가장 적임자라고 알게 된다 할지라도, 당연히 인터뷰 초청을 받을 것으로 생각하지 않아야 합니다. 오히려 아주 대단한 상대와 경쟁을 해야 하는 것처럼 여기고 시간을 들여 적절한 준비를 해야 합니다. 왜냐하면 업무 경험이 많다는 것이 바로 인터뷰에서 메시지를 제대로 전달하는 방법을 알고 있다는 것을 의미하지 않기 때문입니다.

Myths 2 : 인터뷰는 학교 시험과 같다-그래서 말을 많이 하면 할수록 좋다.

그렇지요. 많은 질문을 받고 영리하게 대답을 해야 한다는 면에서 인터뷰는 시험과 비슷한 점이 좀 있습니다. 그러나 비슷한 점은 거기서 끝납니다. 정확하고 상세해야 하는 시험과는 달리, 인터뷰는 영리한 대답을 또렷이 하는 동시에 상호작용과 관계 형성을 하는 것이 더 중요합니다. 그리고 자세한 대답이 꼭 영리한 대답은 아닐 때도 있습니다. 사실 길고 지나치게 자세한 대답은 정확하기는 해도 면접관의 주의를 끌지 못할 수도 있습니다. 면접에 성공하려면 말을 멈춰야 할 때를 알아야 합니다.

많은 시험과는 달리, 인터뷰에서 때로는 옳고 그른 대답이 없을 때도 있습니다. 우리는 모두 다르고 출신 배경이나 업무 환경도 다릅니다. 인터뷰에서 가장 중요한 것은 신뢰할 수 있는 방법으로 자신의 행위를 설명하고 자신이 성취한 것에 대해서 설명하는 것입니다.

Myths 3 : 면접관은 자신이 하는 일을 잘 알고 있다.

특히 상근 전문 면접관을 비롯하여 대부분의 면접관은 자신들이 하는 일에 대해서 매우 능숙합니다. 그렇지만 작은 기업체 소유주나 매니저들은 인터뷰가 정기적으로 하는 일이 아니라서 당황하는 일이 가끔 있습니다.

잘 못 하는 면접관의 예를 들어보면,

- 면접관이 말을 거의 독점합니다.
- 인터뷰 처음 5분 이내에 어떤 지원자를 결정한 듯한 인상을 줍니다.
- 아무런 질문이나 마구 하는 것처럼 보입니다.
- 인터뷰 중 전화벨이 울리고 또 전화를 받기도 합니다.
- 업무에 대해 소개할 때는 매우 예리하기는 하지만 결코 착하지 않은 영업사원처럼 보입니다.

잘하는 면접관의 예를 들어보면,

- 질문을 미리 신중하게 준비해둡니다.
- 특별한 예를 포함하여, 지원자가 무슨 일을 했으며 또 어떻게 했는지 알려고 합니다.
- 지원자가 대분의 말을 하도록 합니다.
- 지원자를 적어도 한 번 이상 인터뷰하고 싶어 합니다.
- 지원자를 편하게 해주려고 노력합니다.
- 지원자의 실적, 기량 및 인간됨에 진정으로 관심을 갖습니다.

일반적으로 경험이 없는 면접관은 알맞은 질문을 하지 않고 지원자의 업무 수행 능력과는 상관 없는 말을 하기도 합니다. 그러므로 여러분이 경험 없는 면접관과 인터뷰할 때는 자신의 훌륭한 기량과 자질에 대해 설명할 수 있는 좋은 질문이 나올 때까지 기다리지 마세요. 차라리 가능한 한 면접관의 눈에 거슬리지 않는 방식으로 대화를 끌어나가면서 그가 진실로 좋아할 만한 것에 대해서 이야기를 하세요. 불행히도 이것이 항상 가능한 것은 아닙니다. 특히 자신의 목소리 내기를 좋아하는 강한 성격의 면접관과 인터뷰를 할 때는 더 말할 것도 없습니다. 여러분이 그런 경우를 만났다 하더라도 당황하지는 마세요. 인터뷰라는 것은 질문에 대답하는 것 못지않게 관계 형성이 중요하다는 것을 기억해두세요. 그러므로 그런 경우에도 머리를 끄덕이고 미소를 지으며 적절히 맞장구를 치세요. 말을 많이 하는 면접관은 동조하는 사람을 좋아하기 마련이니까요.

Myths 4 : 모르겠다는 말을 하지 말라.

인터뷰란 질문에 대한 똑똑한 대답을 하고 면접관과 인간관계 형성을 통하여 긍정적인 인상을 만드는 데 관한 것입니다. 이런 목적을 위하여 많은 지원자들은 각 질문에 대해서 실제 답을 알든 모르든 완벽한 대답을 해야 하는 것으로 생각하고 있습니다. 확실히 훌륭한 인터뷰란 여러분이 모든 질문에 대답을 할 수 있는 것이기도 합니다(그리고 시간을 내어 정확하게 준비를 하면 그렇게 할 수도 있습니다). 그러나 어떤 질문에 대답하기 어렵다면 아는 체하며 횡설수설하는 것보다 차라리 모른다고 인정하는 것이 더 좋습니다. 대부분의 면접관들은 횡설수설하는 것을 금방 알아차리고 그것을 싫어합니다. 그 이유는 첫째, 그것은 마치 여러분이 정직하지 않은 것처럼 보이게 하고 둘째, 이는 여러분이 별로 영리하지 못한 것처럼 보이게 만들기 때문입니다. 만약 여러분이 착하지도 그렇다고 영리하지도 못하다는 인상을 줄 바에야 차라리 인터뷰에 참석하지 않은 것만 못합니다.

자신이 별 아이디어가 없는 질문에 대답하는 것은 그렇지 않았으면 훌륭했을 인터뷰에 지장을 줍니다. 이것은 확실하지 않은 대답을 하려고 노력하지 말라는 것이 아닙니다. 그것은 자신이 모른다는 사실을 면접관에게 분명하게 밝히기만 하면, 그것을 해보려고 하는 것 자체가 잘못된 것이 아니라는 말입니다. 그럴 듯한 대답은 다음과 같습니다.

−솔직히 말씀드려 저는 이에 대해 별로 아는 것은 없습니다만, 관심은 많이 가지고 있습니다. 괜찮으시다면, 그리고 완벽한 대답을 기대하시지 않으신다면, 이 문제에 관해서 기꺼이 말씀드려보겠습니다.

−그 질문에 대답을 드리고 싶습니다. 그러나 솔직히 말씀드려 이것은 제가 별로 잘 알지 못하는 분야입니다. 그렇지만 저는 이에 대한 지식을 쌓는 데 매우 관심이 많습니다.

Myths 5 : 외모가 좋은 사람이 일자리를 차지한다.

만약 그 일자리가 영화에 출연하는 미녀처럼 넋을 빼게 아름다운 요부 형을 위한 것이라면 준수한 외모는 확실히 도움이 되겠지요, 그러나 여러분이 찾는 대부분의 일자리는 그 찾는 방법이 많은 사람들이 생각하는 것처럼 그렇게 대수로운 것이 아닙니다. 앞에서 말했듯이 피상적인 요인을 기초로 하여 사원을 채용하려는 경험 부족한 회사가 항상 있게 마련이지만, 대부분의 회사는 그보다 더 지혜롭습니다. 외모가 좋은 사람이 평범한 사람보다 더 취업을 잘할 수 있다는 주장은 회사가 자신의 사활에 걸린 이해보다 외모를 앞세운다는 매우 잘못된 가정을 전제로 하고 있습니다. 다수의 경험에 미루어볼 때 이는 전적으로 반대입니다. 대부분의 기업은 고도의 경쟁적인 환경에 처해 있고 또 고용주들은 잘못된 사원 채용이 매우 비싼 값을 치른다는 것을 너무도 뼈저리게 느끼고 있습니다.

이것은 외모와 훌륭한 인간성이 인터뷰에서 중요한 요소가 아니라는 말이 아닙니다. 알맞게 차림을 하고 자신의 모든 친절한 자질을 보여주기 위해 최선을 다하세요. 인터뷰에서 외모가 중시되는 경향이 있으나, 무난한 외모와 친근한 성격은 그렇지 않습니다.

Myths 6 : 대답을 잘하면 취직이 된다.

인터뷰에서 훌륭한 대답을 또렷하게 하는 것은 매우 중요하므로, 그러지 못하면 구직에 실패하는 것을 의미합니다. 그렇지만 우리가 이미 살펴본 것처럼 인터뷰는 오로지 좋은 대답을 하는 것보다 훨씬 더 그 이상의 것입니다. 또 인터뷰는 여러분이 함께 일하기에 훌륭한 사람들이라는 것을 면접관에게 확신시키는 것이기도 합니다. 다른 말로 표현하면 그것은 여러분의 대답이 기술적으로 얼마나 훌륭하냐 하는 것은 문제가 되지 않으며, 그래서 만약 면접관이 여러분을 좋아하지 않으면 여러분은 일자리를 얻을 가능성이 그만큼 줄어들 것입니다(여러분의 재능이 독특하거나 찾기가 극도로 어렵거나 또는 면접자가 다른 사람을 찾을 가망성이 없는 경우를 제외하고). 그래서 인터뷰가 단순히 질문에 대해서 정확하게 대답하는 것이라는 생각을 하지 않아야 합니다. 인터뷰는 또한 관계와 신뢰 형성에 관한 것으로서 이것을 하는 데 있어 자동 안전장치는 없지만, 전적으로 중요한 이런 인터뷰 분야에서 자신의 기량 향상을 위한 먼 길을 함께하기 위해 자신이 할 수 있는 것(또는 할 수 없는 것)들이 있습니다.

Myths 7 : 완벽한 대답을 해야 한다.

너무 많은 사람들이 완벽한 대답이나 완벽하다고 생각하는 대답을 하려다가 말을 더듬거나 한 말을 반복하는 것을 보았습니다. 또 어떤 사람은 완벽하게 대답을 하려는 생각에 너무 사로잡혀 자신이 생각하는 완벽한 대답을 할 수 있을 때까지 멈추지를 않습니다.

어떤 사람은 면접관이 듣고 싶어 하는 것이 무엇인지도 모르면서 계속 말을 합니다. 이런 방법이 문제되는 것은, 말을 너무 많이 하게 되고 그로 인하여 면접관의 집중력을 떨어뜨린다는 점으로서, 이는 물론 인터뷰할 때 필요 없는 것입니다. 현실적으로 대부분의 경우 완벽한 대답이란 없습니다.

여기서 우리가 배울 교훈은 : 어려운 완벽한 대답을 하기 위해 온통 우왕좌왕하는 것보다, 차라리 핵심을 찌르는 좋은 대답으로 만족하는 센스를 길러야 합니다.

Myths 8 : 과시하기 위해 질문을 해야 한다.

많은 지원자들은 인터뷰 끝에 가서 질문을 해야 한다는 그릇된 생각을 가지고 있습니다. 그렇게 하면 자신들이 더 영리하게 보이고 또 업무에 관심이 있는 것처럼 보인다는 것이 공통된 생각처럼 보입니다. 그것은 참말이 아닙니다. 질문을 위한 질문을 하는 것은 구직에 별로 도움이 안 됩니다. 그것은 특히 인터뷰 중 이미 언급한 문제에 대해 질문을 하면 오히려 좀 둔한 것처럼 보이게 하기도 합니다.

정말 의문 나는 사항만 질문하세요. 지원한 업무에 관한 질문이나 근무조건 및 봉급, 휴가 등에 관한 회사의 정책과 직접 관계되는 것은 물어볼 만합니다. 면접관이 그런 문제에 관한 질문에 대답하는 건 별로 문제될 게 없습니다. 그러나 관계없는 질문에 대해 대답하기는 꺼려합니다. 만약 질문이 없으면 단순히 다음과 같은 말을 하는 것이 바람직합니다.

"감사합니다. 면접관님이 인터뷰 동안에 여러 분야에 걸쳐 말씀을 해주셨고, 특히 중요한 일자리에 관한 중요한 사항을 설명을 해주셨기 때문에, 저는 별도로 드릴 질문이 없습니다." 만약 도를 지나쳐 아첨하는 것처럼 들리지 않으면 면접관의 철저하고 전문성 있는 설명에 대한 칭찬

취업, 이제는 글로벌 기업이다!

을 하는 것은 무방합니다.

질문할 때 주의할 사항으로 두 가지를 추가하면, 먼저, 너무 많은 질문을 하지 말라는 것입니다. 일반적으로 면접관은 역할 교대를 달가워하지 않습니다. 그 다음으로, 거북스러워할 만한 질문을 하지 말라는 것입니다. 예를 들면 :

- 부정적인 사건에 관한 질문
- 개인 및 사생활에 관한 사항
- 면접관이 당황스러워할 수 어려운 질문 : 경험법칙 원칙에 따르면, 만약 상대방을 난처하게 만들 가능성이 있다고 생각하면 안전을 위해 지나치지 않을 정도로 하거나 피해야 합니다.

Myths 9 : 긴장을 풀고 평소 모습대로

긴장을 풀고 자신의 좋은 면을 보여주어야 하는 인터뷰지만, 그것이 사교상의 약속은 아니라는 것을 알아야 합니다. 대부분의 인터뷰는 고도로 정형화된 행사로서, 다른 데서는 거슬리지 않는 행동이라도 인터뷰에서는 용납이 안 되는 것으로 여길 수도 있습니다. 요컨대 자신의 평소 차림을 했다가는 낭패를 볼 수도 있습니다(괜찮을 것이라는 짐작과는 반대로). 예를 들면 평소 모습대로가 의자의 등에 기대는 것이나 볼품없는 차림, 농담하는 것을 의미한다면, 여러분은 아마도 셀 수 없을 정도로 많은 인터뷰를 치러야 할 것입니다. 면접관은 한편으로는 지원자들이 긴장을 풀고 편안한 모습을 하기를 바라지만, 다른 한편으로는 인터뷰에 적합한 행동에 관한 확고한 기대도 갖고 있습니다. 따라서 지원자들이 그러한 기대를 저버리면 위험을 감수해야 할 것입니다.

Myths 10 : 인터뷰는 결점을 찾기 위한 것이다.

이 Myths의 9가지 위험성은 인터뷰에서 지원자들을 방어적이고 어쩌면 불신적인 태도를 갖게 만든다는 점입니다. 만약 여러분이 면접관이란 지원자의 결점을 집요하게 찾아내는 사람이라는 생각을 갖는다면, 그 중요한 관계 및 신뢰 형성을 위한 여러분의 노력은 지장을 받을 것입니다. 또한 마음을 열고 전적으로 좋은 대답을 하지 못하게 만들 수도 있습니다. 그러나 대부분의 면접관들이 지원자의 결점을 찾아내기 위해 인터뷰 질문을 준비하는 것은 아니니 안심하시기 바랍니다. 질문은 면접관 자신들이 주로 여러분이 회사에 도움을 줄 수 있는 것이 무엇인가 알아보기 위한 총괄적이고 종합적인 인식을 갖도록 만들었습니다. 훌륭한 면접관은 실제 여러분의 강하지 못한 부분도 알아내겠지만, 그것은 오로지 결점 캐내기로 작정했다는 생각과는 전혀 거리가 멉니다.

따라서 불필요하게 방어적인 태도를 보이기보다, 질문 하나하나마다 자신의 우수성을 내보일 기회로 여기는 것이 중요합니다. 오로지 질문에 대한 대답을 통해서만 여러분이 우수하다는 것을 내보일 수 있습니다. 질문을 마치 의심 대상물로 보는 것은 이치에 맞지 않습니다.

인터뷰를 둘러싼 잘못된 인식들(Myths)을 이해하는 것이 성공의 큰 디딤돌입니다. 따라서 인터뷰는 인생에서 다른 노력과 전혀 다름이 없습니다. 그 본질을 더 잘 파악하면 할수록 그것을 더 성공적으로 해쳐나갈 가능성이 높아집니다. 보통의 인터뷰에 대한 식견은 여러분이 이러한 실망스런 함정에 빠지는 것을 예방하기 위해 필요한 정보를 제공해줄 것입니다. 인터뷰의 참 본성에 대한 개념이 분명하면 할수록 여러분이 해야 할 다른 준비 사항을 더 잘 알려주고, 여러분의 성취와 자신감 형성에도 도움을 줄 것입니다.

주요 핵심 요약

- 가장 우수한 사람이 꼭 일자리를 얻는 것은 아닙니다. 때로는 인터뷰를 잘하는 사람이 얻습니다.
- 인터뷰는 단지 기술적으로 정확한 대답을 하는 것 이상입니다. 관계 형성에 관한 면도 있습니다.
- 모든 면접관이 다 그들이 하는 일을 알고 있지는 않습니다. 따라서 여러분이 할 일은 좋고 나쁜 면접관을 대하는 방법을 아는 것입니다.
- 모르면 모른다고 솔직히 인정하세요. 아는 체하다가 부정직하고 우둔하다는 말을 듣게 됩니다.
- 겉모습이 좋아보이면 헐리우드 영화에서는 그럴지도 모르지만 전체적으로 회사는 겉모양보다 재능 있는 사람을 채용합니다.
- 완벽한 대답을 하려다가 곤란을 당합니다. 완전한 대답보다는 핵심을 찌르는 좋은 대답을 하는 것이 더 좋습니다. 그리고 완벽한 대답이란 것은 없습니다.
- 질문을 위한 질문은 피하세요. 인터뷰 중에 다루어지지 않은 것으로 자신이 정말 의문 가진 것을 물어보세요.
- 인터뷰는 상대적으로 공식적인 행동을 필요로 하는 공식적인 행사입니다. 면접관은 이런 기대를 하고, 이에서 벗어나면 부정적인 반응을 할 수 있습니다.
- 면접관의 목적은 지원자의 흠을 찾는 데 있는 것이 아니라, 지원자가 어떤 사람인지 전반적인 인식을 갖는 데 있습니다. 질문에 방어적으로 대답할 필요가 없습니다. 질문 하나하나를 자신의 장점을 부각시키는 기회로 삼아야 합니다.

취업, 이제는 글로벌 기업이다!

Tips for Your First Day of Work
직장 첫 출근 날을 위한 Tips

활용 방법

이 Chapter에서는 여러분이 첫 출근을 할 때 알고 있어야 할 것들에 대하여 안내해줄 것입니다. 안내해주는 지침들을 잘 숙지하여 성공적인 직장 생활을 하길 바랍니다.

1 직장 첫 출근 :
(첫인상 좋게 만드는 15가지 방법)

2 적절한 업무행동과 업무규정

3 시보 기간의 업무성과 평가

THERAPY SERVICES
PRN Opportunities for
OT, PT PTA
inpatient rehab, acute or
therapy experience desired.
Ohio licensure required.
Speech Language Therapists – FT
Current Ohio licensure required
JOBS
RHIA or RHIT; equivalent medical experience in inpatient/outpatient hospital or rehab desired. Responsible for compilation of
data, ICD-9-CM coding, CCS or
certification preferred.
experience in a medical records
in an acute or rehab hospital

1. 직장 첫 출근 :
(첫인상 좋게 만드는 15가지 방법)

　신입사원이 처음 회사에 들어오면 회사 동료들은 첫 인상을 기초로 그가 어떤 사람인지 파악하는 것이 보통입니다. 이런 순간적인 판단은 여러분의 직장 생활 전 과정에, 그리고 궁극적으로는 직장 생활에서의 성공에 영향을 끼치는 장기적인 인식으로 변화될 수 있습니다. 그것은 긍정적인 인상을 주는 사람들에게 좋은 소식입니다. 그러나 부정적인 첫인상을 만들면 오랜 동안 자신과 자신의 직장 생활에 지장을 줍니다. 이 장에서는 첫 출근 후 며칠 동안 긍정적인 첫 인상을 만드는 15가지 방법을 알아보겠습니다.

1. 일찍 출근하고 늦게 퇴근하세요

제 시간에 출근하는 것은 여러분이 조직적이고 자신의 업무를 귀중히 여기고 동료들의 시간을 배려한다는 것을 보여줍니다. 또한 회사문화를 파악해두어야 합니다. 근무시간과도 관계가 있습니다. 직원들이 몇 시에 퇴근하느냐고요? 구인광고에는 근무시간이 9시부터 오후 5시로 공지되었다 하더라도, 다른 사람이 6시까지 남아 있을 경우 5시에 퇴근하면 점수를 얻지 못합니다. 처음에는 동료들이 가르쳐주는 대로 따라하세요. 업무에 익숙해지면 더 융통성을 보일 수 있습니다.

2. 지위에 어울리는 복장을 갖추세요

자신이 좋든 싫든 사람들은 여러분을 본 대로 평가합니다. 대부분의 경우 사무실은 자신의 고스 풍(Goth leanings) 취향이나 히피 풍 복장을 보여주는 곳이 아닙니다. 자신이 믿을 만하고 조직적이고 신용이 있고 효율적인 사람이라는 메시지를 전달하려면 전문가다운 복장을 하세요. 회사 복장 규정이 엄격하지 않다면 좀 더 자유롭게 할 수 있으나 사람들이 여러분을 알고 난 뒤에 그렇게 하세요.

3. 긍정적인 태도를 보이세요

상냥하고 열성적이며 마주치는 모든 사람에게 친절하게 대하세요. 열의를 가지고 임무를 수행하고 특정 업무나 자신의 일반 업무 또는 동료나 함께 일하는 사람들을 비난하지 마세요. 긍정적인 태도는 오래가는 첫 인상을 형성합니다.

4. 도움을 청하세요

부임 초기에는 업무에 대한 자신의 능력을 과시하고 싶어집니다. 그러나 여러분이 아무리 능숙하고 아는 것이 많아도 모든 해결책을 가진 것은 아닙니다. 정확하지 않게 일을 끝내기보다는, 필요하면 동료나 사무실 사람들에게 도와달라고 부탁하세요. 아무도 여러분이 모든 걸 다 아는 사람이라고 기대하지 않습니다. 도움을 청하는 것은 약점이 아니라 강점의 신호입니다.

5. 솔선수범하세요

대부분의 사람들은 자신이 업무에서 제외되었거나 또는 인정된 적임자답지 않게 현실적으로는 필요한 존재가 아니라는 느낌을 공통으로 갖게 됩니다. 여러분이 일단 어떤 임무를 완수한 뒤에 다른 사람이 무엇을 하라고 말할 때까지 가만히 앉아있지 마세요. 대신 여러분의 상사를 찾아가 업무를 끝마쳤다고 보고하고 다음에 할 일이 무엇인지 물어보세요. 추가 업무가 배정됐는데 여러분에게는 할 일이 별로 없으면 손을 들고 자원하여 일해보겠다고 말하세요.

6. 사적인 일은 사무실 안에서는 하지마세요

엄청난 빚을 지고 있다는 것을 알면 다른 사람들이 여러분을 무책임하고 체계적이지 못하고 주의력이 부족한 사람으로 보게 만들며 직장에서 환영받지 못합니다. 개인 문제는 혼자만 알도록 입을 다물고, 근무시간에 이를 해결하려고 하지 마세요.

7. 회사 동료들과 사귀세요

직장에 소프트 볼 팀이나, 요리 클럽 또는 매주 화요일 저녁 한잔하러 나가는 사람들의 그룹 등과 같은 간단한 모임이 있는지 알아보고 가입하세요. 이것은 관계 형성과 강화에 좋을 뿐 아니라 자신이 팀 안에서 잘 어울리는 사람이라는 것을 보여줍니다.

8. 사무실 정치나 소문내기 등은 하지 마세요

소문내는 일은 멀리하고 이를 옮기는 사람을 피하세요. 쓸데없는 이야기를 하거나 소문을 퍼뜨리면 부정적인 사람으로 인식되며 사무실에 분열을 가져올 수 있습니다.

9. 주목받는 걸 피하세요

처음 출근 후 며칠 동안은 자신이 업무에 대해서 아는 것을 드러내 보이고 싶은 마음이 생깁니다. 결국 자신이 얼마나 유능하고 자질을 갖추었는지 동료에게 드러내 보이고 싶어 하는 것인데, 하지만 계속해서 자신을 드러내 보이려고 하면 결국 어울리지 않게 아는 체하는 바보 취급을 받게 될 것입니다. 그 대신 다른 사람 말을 듣고 그들의 제안과 방법에 마음을 열고, 다른 사람에게 자신의 지식을 강요하는 대신 공유하세요.

10. 감사하다는 말을 자주 하세요

여러분은 아마도 첫 출근 후 얼마 동안은 업무에서 한두 개의 성공을 누릴 가능성이 있습니다.
그럴 때는 여러분을 도왔던 사람들과 공을 나누는 걸 잊지 마세요.

11. 자신의 잘못을 고백하세요

여러분이 성공을 누릴 가능성이 있듯이 업무 시작 후 며칠 동안에 실수할 수도 있습니다. 그럴
때는 자신이 저지른 실수에 대해 다 말하세요. 그리고 고치기 위한 계획을 세우세요. 그리고 남
의 잘못에 대해 손가락질하거나 비난하지 마세요.

12. 좀 더 계획성 있게 행동을 하세요

대부분의 기관이 그들 자신의 독특한 리듬에 맞추지만, 업무를 시작해서 며칠 동안은 마치 외
국에라도 온 것같이 느낄 수 있습니다. 회의나 프로젝트 및 마감일 등을 파악하기 위한 시스
템을 개발해보세요. 중요한 마감일을 놓치거나 아주 중요한 회의에 참석하지 못하면 여러분
이 신뢰감이 없고 규율을 잘 지키지 않고 효율적이지 않은 사람이라는 것을 보여주게 됩니다.

13. 여러 사람과 점심을 함께하세요

동료들로부터 초대받기를 기다리지 말고 먼저 점심에 초대하세요. 동료들과 점심을 같이하면
그들과의 관계 형성에도 좋고 또한 회사 문화를 쉽게 파악하는 데 도움이 됩니다.

14. 회사에 대해 파악하세요

취직한 뒤에도 회사에 대한 공부를 계속하세요. 회사가 제공한 문헌을 가능한 한 많이 읽고 회
사와 경쟁자 관계에 있는 회사 관련 뉴스에 귀를 기울이세요. Linked in, Facebook 또는
Twitter와 같은 사이트를 통하여 그들이 소셜 미디어에 얼마나 노력을 기울이는지 파악하세요.

15. 자신이 형성한 긍정적인 첫 인상을 평가하세요

자신이 어떤 사람인지 동료나 사무실 사람에게 보여주기 위해 모든 단계에 자신감을 가지세요.
자신감 있는 표정이 좋은 첫 인상을 만드는 열쇠입니다.

최고의 첫인상은 직업 생활의 성공으로 이끄는 지름길입니다. 첫인상이 좋으면 사람들의 마음을
열게 만들고, 첫인상이 좋지 않으면 문을 닫게 만듭니다. 윗 글에 나오는 요령을 따라 하면 긍정적인
첫 인상을 갖게 되어 오래도록 여러분의 직업 생활과 성공에 큰 영향을 줄 것입니다.

2. 적절한 업무처리 요령 및 업무규정

여러분이 취직된 다음에는 회사와 동료 및 관리자와 전문적인 관계를 유지하는 것은 매우 중요합니다. 오리엔테이션을 통하여 여러분은 업무에 따라 다양한 업무규정에 대해 소개를 받을 것입니다. 업무규정과 업무행동은 숙지하여 잘 따라야 합니다. 여러분은 업무를 통해서뿐 아니라 의사전달을 통하여 전문성을 발휘해야 합니다. 이메일이나 글 또는 종이 및 펜을 사용하여 의사를 전달할 때는 최고의 언어능력을 활용하세요. 약어나 비속어 그리고 완전하지 않은 문장은 피하세요. 그리고 항상 상대방을 존중하는 마음을 가지세요.

문서에 의한 의사전달의 예를 들어보겠습니다.

좋지 않음	좋음

1. 이거 좀 보세요.
   이런 멍청한 규정이 어디 있어요?
	1. 이번에 새로운 규정을 보았습니까?
	   이 규정이 무슨 소용이 있는지,
	   괜찮으시다면 함께 상의해보고 싶습니다.

2. 제기랄, 집에 강아지가 도망가 잡아오느라 늦었습니다.	2. 집에서 기르는 강아지가 도망가는 바람에 좀 늦었습니다. 죄송합니다.
3. 하하하	3. 재미있군요. 보여주셔서 감사합니다.

업무행동 요령

- 적절한 언어를 사용하세요.
- 자신의 몸짓 언어에 유의하세요.
- 윗사람을 존경하세요.
- 변화를 받아들이세요(일정 및 계획 변경 등).
- 몸이 아플 때는 가능한 한 빨리 상관에게 연락하세요.
- 다른 동료들과 의견이 맞지 않을 때는 문제 해결을 위해 먼저 상관에게 말하세요.

3. 인턴(평가) 기간의 업무 평가

취업 후 대개 90일간은 인턴(평가) 기간으로 그동안의 성과가 평가됩니다. 여러분은 아직 정식 사원으로 등록되지 않았지만, 이 기간 동안의 여러분의 업무 기량은 체크가 됩니다. 또한 자신의 태도나 복장, 그리고 출근시간에 각별한 주의를 기울이세요. 이 기간에는 일반적으로 프로젝트 매니저로부터 어떤 프로젝트를 배당받고 또 업무와 관련된 교육을 받고 매니저로부터 평가도 받습니다. 이 기간이 지나면 여러분이 정식 사원이 될지 안 될지 결정이 됩니다.

Tips

- 자기 생각을 솔직하게 표현하고 또 개선을 위한 아이디어가 있으면 열린 마음으로 검토하세요.
- 적극적인 자세를 가지세요. 회사는 여러분이 성공하기를 원합니다.
- 적극적인 소통 의지를 가지세요. 이것은 정말 중요합니다.
- 누구나 업무 검토 및 평가를 받아야 합니다. 이것은 차별과는 다릅니다.

실질적으로 업무평가가 어떻게 이루어지는지 샘플을 통하여 알아봅시다.

샘플 : 평가 서식

직원 이름	직책	소속 부서
감독자	평가 대상 기간 -연례 평가 -최초 평가	평가일 :

제1부 : 성과 수준과 요소

다음의 평가 수준에 따라 각 평가 요소별로 직원의 직무 성과를 기술합니다. 1개 이상의 단계가 체크될 것입니다. 해당되는 업무의 성취, 완수 및 발전적 관심 또는 필요성에 대한 코멘트 란이 따로 있습니다. 구체적인 예와 관찰 의견을 써주시기 바랍니다. 요소 1부터 10까지는 모든 직원에게 해당되고, 요소 11-12는 감독관에게 적용됩니다. 해당되지 않는 요소는 네모 중 하나에 '해당 무'라고 쓰세요.

평가 수준

고도로 효율적 : 업무 기여도와 업무의 우수함이 널리 인정됨. 대부분의 성과 결과는 일상적으로 그리고 지속적으로 소기의 기대치를 상회하여, 계획의 수립, 집행 및 창의성으로 기업에 중요하면서도 영향을 주는 결과를 가져옴. 계획 사업과 목표 완성으로 임무의 범위와 영향을 확대시킴.

성공적이고 효율적 : 대부분의 직책 수행에 성공을 거두고, 기업에 확실하고 믿을 만하고 의미 있는 공헌을 함. 설정된 기대치에 비추어 성과가 만족스럽고 효율적이고 효과적임. 주도성 및 지략과 좋은 판단력을 꾸준히 발휘함.

일부 개선 요망 : 일부 분야에서는 효율적 성과를 내지만, 일부 다른 분야에서는 기대치에 못 미치는 경우도 있음. 성취도 향상을 위한 성과 목표와 전략을 규명해주는 성과 개선 계획의 개발이나 실천이 필요함.

전반적인 개선 요망 : 주요 업무 분야의 성과가 만족스럽지 않으며 최소한의 기대치에 못 미침. 많은 개선이 요망됨. 성취도 향상을 위한 성과 목표와 전략을 규명해주는 성과 개선 계획의 개발이나 실천이 필요함.

성과 요인	전반적인 개선 요망	일부 개선 요망	성공적이고 효율적	고도로 효율적
1. 업무의 질/생산성 -정확성, 철저성, 효율성, 효과성 및 적시성 고려 -계획 사업의 입안, 분석, 수행의 양호도 고려				
코멘트				
2. 유연성 -중압감 속의 업무성과 다양한 업무처리, 변화에 대한 적응성, 상충하는 우선순위 관리				
코멘트				
3. 주도성 -자발적 태도를 가지고 임무의 수행, 개선을 위한 건의, 직무의 완수와 문제해결을 위해 스스로 조치				
코멘트				
4. 믿음성 -기한 내 임무완수 능력, 지시 이행, 업무계획 준수 능력				
코멘트				
5. 인간관계, 협동성, 팀워크 -개인, 그룹 및 팀과 좋은 효율적 관계, 관계 형성을 위한 전술 및 사교성 발휘 능력 -팀 참여 및 관련 자료와 정보를 다른 사람과 공유하는 능력				
코멘트				
6. 고객 중심 -기업 내외의 다른 사람의 필요를 이해하고 부응에 필요한 상호작용을 위해 예의를 가지고 노력하는 능력				
코멘트				
7. 기술 역량 -서비스 및 업무 개선을 위해 효과적으로 기술을 사용하거나 다른 기술을 포용하는 능력				
코멘트				
8. 안전규정 준수 -기업의 안전 정책과 안전 근무 관행 준수				
코멘트				
9. 의사전달 -간결히 쓰고 말하며 분명한 의사전달 능력				
코멘트				
10. 자원의 활용 -인원 및 장비의 경제적, 효율적 활용				
코멘트				

성과 요인	전반적인 개선 요망	일부 개선 요망	성공적이고 효율적	고도로 효율적
11. 리더쉽 및 직원 개발 - 발전과 향상을 위한 직원 지도 및 기회 제공 - 팀웍,협력을 위한 환경조성 - 개인차이 용인 및 존중 - 고객 서비스 향상				
코멘트				
12. 성과 관리 -성과 표준 기대치 설정 -업무 추진력 및 적절한 피드백, 지도 -성과 문제 해결을 위한 건설적인 조치				
코멘트				
성과 요인	전반적인 개선 요망	일부 개선 요망	성공적이고 효율적	고도로 효율적
대상 직원에 대한 종합 평가				
코멘트				

지난 평가 기간에 설정한 목표 성취 상태를 요약하고, 다음 평가 기간 동안 성취할 목표를 기술한다.

제3부 : 관리자의 추가 코멘트

직원의 업무성과에 관한 추가 코멘트를 쓰고, 해당되는 경우에는 위에 포함되지 않은 성과 요인이나 또는 어떤 구체적인 업무에 관한 코멘트를 한다.

제4부 : 직원의 코멘트

_______________________________   _______________________________
관리자(슈퍼바이저) 서명   날짜

_______________________________   _______________________________
직원 서명   날짜

서명 후 원본은 관리자에게 제출할 것

유의 사항 :
관리자가 어떻게 귀하의 성과를 평가했는지 파악하고 이를 검토할 것. 자신에 대한 평가를 인정하거나 그에 대한 동의를 하지 않더라도, 이를 인지했다는 사실을 확인하는 것임. 평가에 동의하지 않는 경우, 별도의 문서나 또는 본 평가서 뒷면, 또는 추가 면에 의견을 써서 회답할 수 있음. 서명한 평가서와 문서로 된 회답은 귀하의 직무 기록의 일부가 됨.

제6부 : 점검인 서명 및 코멘트(해당되는 경우) 점검인은 대상 직원의 서명 전이나 또는 후에 서명하고 코멘트를 할 수 있음. 만약 대상 직원이 평가서 서명 후에 점검인이 서명하는 경우에는 그 직원이 점검인의 코멘트를 수령했는지 확인할 것.

____

____

____

____

____

_______________________________   _______________________________
최종 확인자의 서명   날짜

Employment Consultation
취업상담 및 클리닉

활용 방법

이 Chapter에서는 여러분이 이 책을 읽고 취업을 위해 상담 받고 싶거나, 이력서 작성 후 혹은 인터뷰 직전에 실전 연습을 하고 싶다면 (이력서, 인터뷰 클리닉 등) 본교재의 안내에 따라 신청 바랍니다. 성공적인 취업 준비가 될 것입니다.

1 취업상담

2 이력서 클리닉(국문/영문)

3 인터뷰 클리닉(국문/영어)

THERAPY SERVICES
PRN Opportunities for:
OT, PT PTA
nursing therapy experience desired.
Speech Language Therapists – FT
Current Ohio licensure required
JOBS
RHIA or RHIT; equivalent medical experience in in/outpatient hospital or rehab.
Responsible for compilation of statistical data, ICD-9-CM coding. CCA or
certification preferred.
Medical

1. 취업상담

여러분이 이 책을 구입하여 읽고 취업상담을 원할 경우 신청 절차는 다음과 같습니다(한국어, 영어 모두 가능합니다). 취업 준비를 하는 분이면 누구나 신청 가능합니다.

취업상담 절차 :

본 교재를 구입(국문/영문)한 분에게 1회에 한하여 무료 취업상담(정상가격 : 20$)을 해드립니다. 등록 절차는 www.joininc.net 으로 가서 신청바랍니다(영문은 eBay를 통해 구입, 국문은 국내서점 혹은 e-Book으로 구매한 영수증을 스캔하여 보내주면서 취업상담 클리닉을 신청하면 됩니다). 취업상담은 평균적으로 1시간 기준이며, 통화료 절감을 위하여 Skype를 통해 화상 면접으로 진행됩니다(추가 상담이 필요할 경우 별도 협의함을 양해 바랍니다).

2. 이력서 클리닉(국문/영문)

여러분이 이 책을 읽은 후 이력서, 자기소개서, 커버레터 등을 작성하고, 이에 대한 클리닉을 받기 원한다면, 다음 신청 절차를 따라 신청 바랍니다(한국어, 영어 모두 가능합니다).
취업상담 절차를 거친 분에 한하여 아래 클리닉을 받으실 수 있습니다.

이력서 클리닉 절차 :

취업상담을 하며 추가로 이력서, 자기소개서, 커버레터를 클리닉하기를 희망할 경우,
● 국문인 경우, 30$ 상당 금액(클리닉 정상가격 : 50$)
● 영문인 경우, 60$ 상당 금액(이력서 클리닉 정상가격 : 80$)으로 도와드릴 것입니다.
(단, 이력서, 자기소개서, 커버레터를 대신 써주는 것이 아니라, 본인이 작성한 것의 부족한 부분을 지적하여 본인이 수정하는 것입니다.)
해당 양식은 www.joininc.net에서 국문 양식과 영문 양식을 모두 다운받을 수 있습니다.

최근 6개월 이내 사진	이름(한글)		이름(영어)	
	생년월일		Skype ID	
	Email		결혼/종교	/
	전화		휴 대 폰	
	주소			

학 력 사 항

입학년도	졸업년도	학교명	학 과	졸업 구분	학점	소재지
		고등학교				
		전문대학			/	
		대학교			/	
		대학원			/	

병 역 사 항

군 별	병과	계급	복무 기간

가 족 사 항

관계	성 명	직 장	관계	성 명	직장

경력 및 자격 사항

경력 사항 *인턴 회사 경력 교육 이수 현황 내용 및 기간을 구체적으로 작성	

어학 능력	영어 말하기	상 중 하	작문	상 중 하	독해	상 중 하
	( ) 말하기	상 중 하	작문	상 중 하	독해	상 중 하
컴퓨터 활용 능력	Excel	상 중 하	Word	상 중 하	PowerPoint	상 중 하
	Google Blog	상 중 하	Linkedin	상 중 하	Internet Search	상 중 하
자격 사항						
취미 및 특기						

※ 경력 및 자격 사항 기재 시 부족한 경우, 다음 장을 추가하거나 자기소개서에서 충분히 기재

취업, 이제는 글로벌 기업이다!

- 제목 (본인을 한 마디로 말한다면…)

- 성장 과정

- 성격의 장단점

- 학창 생활

- 경력 사항(동아리, 서클 활동 등을 포함)

- 지원 동기

- 장래 계획 및 포부

※ 추가 하고자 하는 내용은 첨부 제출(예. 경력 기술서 등)

Client Company

Job Title

Personal Information

- Name :
- Working Status :
- Home Address :
- Mobile, Home Phone & Skype ID :
- e-mail :

Education

Languages

English : Native
Chinese/others :
Korean : Native

Expected Compensation

Expected Salary :　　K USD

Professional Experience

Full Resume

CONFIDENTIAL

Tip 자기소개서

▶지원 동기 및 직무 관련 역량 소개

지원 동기와 직무 관련 역량은 다른 질문 같지만 같은 질문으로 봐야 합니다. 지원 동기를 물어보는 이유가 바로 "당신이 일에 적합한 역량을 가지고 있습니까? 혹은 유사 역량을 가지고 있습니까?"를 알아보기 위한 것이기 때문입니다.

Dont's(하지 말아야 할 것)

막연히 하고 싶다는 이야기를 전면에 내세우지 않는 것이 좋습니다. 특히 많은 학생들이 경험해보고 싶어 하는 해외 영업, 전략 기획, 상품 기획 직군 등의 경우 동경만을 표현하는 것은 삼가야 합니다.

Do's(해야 할 것)

철저하게 해당 직군의 업무 수행을 위해서 필요한 역량에 대한 이해를 바탕으로 접근해야 합니다. 아울러 해당 부문의 최신 기술, 산업 트렌드를 파악하여, 이를 기반으로 한 자신만의 역량을 강조하고, 이를 발휘하고 싶어서 지원했다는 식으로 작성하는 것이 좋습니다.

〈장래 계획〉

장래 계획은 시시콜콜한 개인사를 묻는 질문이 아닙니다. 이것도 역시 회사의 비전, 사업 전략, 시장 동향 등을 파악하고, 그 선상에서 자신의 계획과 포부를 밝혀야 합니다.

"CEO가 되고 싶습니다.""세계 1인자가 되고 싶습니다."라는 식의 막연하게 최고를 지향하는 표현은 크게 어필하지 못합니다. 이는 마치 장래 희망이 뭐냐는 질문에 "대통령이요."라고 답하는 초등학생과 다를 바 없습니다. 기타 논리적으로 뒷받침하기 힘든(즉 왜 그런 계획인지 설명하기 어려운) 사항은 쓰지 않는 것이 좋습니다.

▶자기소개서 질문 유형별 답변 원칙

회사마다 정도의 차이는 있지만, 자기소개서에서 물어보는 질문은 크게 4가지 유형으로 나뉩니다.

- **자기소개** – 성장과정, 생활신조, 취미, 특기, 장·단점, 가치관 등
- **지원 동기 및 직무 관련 역량 소개** – 지원자를 뽑아야 하는 이유, 역량 적합성, 지원 부문, 관심 분야 등

- 장래 계획 – 개인의 비전, 경력 목표, 장래 계획 등
- 과거 경험 – 특별활동 내용, 특이한 경험, 열정, 성취감, 실패 경험, 힘들었던 것을 극복하여 성공한 경험, 협 동 경험, 이견을 좁힌 경험, 도덕적 행동의 경험, 창의적 문제 해결 사례, 주도적 목표 달성 사례, 도움을 준 사례 등

참고 – 자신의 단점 쓰는 법

많은 회사들이 자신의 단점 혹은 보완점을 자기소개서에서 밝혀주길 원합니다. 단점은 자기 비하를 하라는 말이 아니므로 "단점은 이런 것들이 있으나, 이를 보완하기 위해서 OOO 노력을 하고 있습니다."라는 식으로 말하는 것이 바람직합니다. 또한 단점은 자신의 가치를 지나치게 떨어뜨리는 치명적인 것일 필요는 없습니다. 그럼 구체적으로 어떤 내용을 단점으로 쓸 수 있을까요? 대표적인 예를 봅시다.

단점 1 남의 일에 너무 많이 관여하는 경향이 있습니다. 오지랖이 넓다는 이야기를 종종 들은 적이 있습니다. (보완하기 위한 노력 : 남을 도우려는 뜻에서 관여하는 경우가 많은데, 과유불급이라는 말을 항상 명심하고 나름의 기준을 만들어놓고 지키기 위해 노력하고 있습니다.)

단점 2 중대한 일에 결단을 잘 내리지 못합니다. 주변에서는 너무 많은 것을 모두 고려하는 것이 아니냐는 말을 종종 듣습니다. (보완하기 위한 노력 : 작은 것 하나라도 놓치지 않기 위해서 너무 많은 고민을 하는 것 같습니다. 나무 하나하나를 보기보다는 숲을 보려는 노력을 하고 있습니다.)

단점 3 남의 말을 너무 귀담아 듣는 경향이 있습니다. (보완하기 위한 노력 : 주변 사람들에 의해서 나 자신의 의사결정을 계속 번복하다 보면 궁극적으로 달성하려는 바를 놓치는 경우가 많습니다. 나만의 소신을 만들기 위해서 매번 궁극적인 목적을 명확히 하여, 나만의 결정에 좀더 노력을 기울이고 있습니다.)

예를 보면 알겠지만, 자기소개서에 쓰기 적합한 단점은, 통상적으로 보면 장점이지만 그것이 과하여 단점이 되는 경우입니다. 위의 예들 외에도 리더십이 너무 강해 독단적이라든지, 남을 너무 배려하여 자신의 실속을 챙기지 못한다든지, 한 가지 일에 너무 집중하여 폭넓게 보지 못한다든지…, 다양하게 찾아볼 수 있을 것입니다.

▶자기소개서 주요 고려 사항

- 글을 읽는 이를 고려하여 작성
- 어디서 첨삭 받았다고 자기소개서를 맹신하지 말기

● 중요한 포인트가 무엇인지 제3자의 시각에서 보기
● 자신이 사소하다고 생각하는 Extra Information도 무시하지 말기
● 회사 및 산업에 대한 기본적 이해의 당위성

회사마다 차이가 있지만, 자기소개서에서 요구하는 질문은 지원자 그 자체에 대한 확인뿐만 아니라 회사가 요구하는 역량 및 특성 파악과도 떼어놓을 수 없으며, 단순히 인사 부서의 1차 심사를 위한 것에 그치지 않고 임원 및 실무 면접의 기초자료로 활용된다는 점을 명심해야 합니다. 이러한 이유로 최근에는 심사 변별력 강화를 위해 기업과 관련된 전문 영역에 대한 질문을 자기소개서에 직접 반영하기도 합니다.

● SKT 사례
  스마트폰 어플리케이션 중 향후 가장 활성화될 것으로 보이는 분야와 서비스 형태는? 그 이유는?
● 우리은행 사례
  우리은행이 대한민국의 행복 파트너가 되기 위해 우선적으로 추진해야 할 사항 세 가지

따라서 자기소개서의 지원 동기(역량 적합성/수준), 미래 계획 (career 계획), 과거 경험 등을 작성할 때, 막연히 나의 이야기만 쓰는 것보다는, 회사가 어떤 인재를 필요로 하는지, 어떤 비전을 가지고 있는지, 해당 산업의 최근 이슈가 무엇인지를 명확하게 이해하고, 이를 활용하여 자신이 적합한 인재임을 논리적으로 설득하는 것이 효과적입니다.

3. 인터뷰 클리닉(국문/영어)

    모의 인터뷰를 통하여 개선해야 할 여러 가지 부분들을 지적해주고 답변하는 요령 등을 제안해줍니다. 취업상담 절차를 거친 분에 한하여 아래 클리닉을 받으실 수 있습니다.

인터뷰 클리닉 절차 :

취업상담을 하며 추가로 인터뷰 클리닉을 받기를 희망할 경우

- 한국어인 경우 50$ 상당 금액(인터뷰 클리닉 정상가격 : 70$)
- 영어인 경우 100$ 상당 금액(인터뷰 클리닉 정상가격 :120$)으로 도와드릴 것입니다.
  (Pre-Interview는 평균적으로 1시간 기준이며, 통화료 절감을 위하여 Skype를 통해 화상 면접으로 진행됩니다.)

인터뷰 트렌드

- 취업시장의 Rule of Game이 바뀌고 있습니다. 스펙 중심에서 면접 중심으로 바뀌고 있습니다.
- 논리적인 답변은 곧 통찰력(Insight) 있는 답변을 의미합니다.
- 창의적인 아이디어는 '새로운 것'보다 ' 실현 가능한 것'이 중요합니다.
- 자신의 과거 경험만큼 자신을 가장 잘 나타내주는 것은 없습니다.
- 면접관이 선호하는 3분 자기소개 – 조리 있게 청산유수처럼 말할 필요가 없습니다.

3분 자기소개 모범 답변

저를 크게 성격, 내재된 역량, 그리고 소신, 이렇게 세 가지로 나누어 설명해보겠습니다.

첫 번째, 저는 주위 사람으로부터 끈기가 많다고 평가받습니다. 모 유통사에서 3개월간의 인턴 중에 4번의 밤을 새는 프로젝트가 있었는데, 취업이 보장되어 있는 것은 아니었지만 한번 시작한 일은 끝을 봐야 하는 성격인지라 제대로 된 결과물을 내놓느라 매번 밤을 샌 적이 있었습니다. 적당히 하자고 하는 친구들이 많았지만, 결국 경쟁사 분석과 상품 분석까지 제대로 된 보고서를 냈습니다. 결국에는 이 회사에 지원하고자 중간에 그만두기는 했지만, 이런 경험을 보고 주위에서는 참을성과 끈기가 많은 친구라고 평가했습니다.

두 번째, OO을 전공한 저는 실전 역량을 가지고 있습니다. 다행히 산학 협동 과제를 많이 하는 교수님이 지도교수로 있어서, 교과서에서만 끝나지 않고 실제로 산업에 적용될 때 어떤 것을 고민해야 하는지를 실질적으로 배울 수 있는 프로젝트를 3차례에 걸쳐서 수행했습니다. 이를 통해서 현장에서 필요로 하는 것이 무엇인지를 알 수 있었고, 이후 관련된 영역에 더욱 매진할 수 있었습니다. 한 마디로, OO 분야에서 현장 실무 지식을 갖추었다고 설명드릴 수 있습니다.

끝으로, OO회사가 최근 위기를 헤쳐 나가는 모습을 보면서, 사회를 살아가는 소신이 생겼습니다. 어떤 어려움이 있더라도 결코 굴하지 않고 최고를 만들어내고야 만다는 OO회사의 불굴의 의지가 바로 그것입니다. 저의 끈기 있는 성격과 역량을 바탕으로, 속도와 품질을 동시에 달성하는 것, 연성과 강성을 동시에 달성하는 것, 가격과 품질을 동시에 달성하는 것 등의 불가능한 문제에 (불굴의 의지를 가지고) 도전하여 세계 최고를 달성해보는 것을 삶의 목표로 삼고 있습니다.

 취업, 이제는 글로벌 기업이다!

For our JOININC members, Heejun, Yeabin & Jongsoo,

without whose enthusiasm this book might still be unfinished.

Design Your Dream & Sell Yourself !